주택, 시장보다 국가:
독일 주택정책 150년

문수현

서울대학교 서양사학과와 같은 학교 대학원을 마치고
독일 빌레펠트대학교에서 독일 현대사 연구로
박사학위를 받았다. 유니스트UNIST 기초과정부를 거쳐,
현재 한양대학교 사학과 교수로 재직 중이다.

주택,
시장보다 국가

독일 주택정책 150년

문수현

 이음

네 자녀를 기른 후에도 황혼육아를 피하지 못하신

문재수, 정영숙 두 분 부모님께

차례

서문 009	집이란 무엇이고 누가 취할 것인가?

제1부 037	"주택 문제는 결국… 권력문제" - 독일 제국 시기(1870~1918)

1장 독일 제국 시기 주택 문제:
    "인간을…집으로도 죽일 수 있다."
2장 프로이센 의회와 제국 의회 사이에서 좌초된 주택법
3장 토지초과이득세, 공익주택회사와 주택조합

제2부 105	"먼저 식량, 임대료는 그 다음에!" - 바이마르 공화국(1919~1933)

1장 '주택강제경제':
    파리, 런던과 다른 베를린의 길
2장 '주택이자세시대'의 공공 주택 건설
3장 나치로의 길:
    '주택강제경제'의 철폐와 '주택이자세시대'의 종언

제3부

171

"도시의 쇠락에서
동독 시위가 발화되었다"
 - 동독 시기(1949~1989)

1장 시민의 권리로서 주거권
2장 방치된 구도심 對 신도시 조립식 주택
3장 '정치적 임대료'와 주택배당

제4부

243

'주택공익성' 對 소유권
 - 서독 시기(1949~)

1장 "목적없는 소유욕"의 귄터 카우셴Günther Kaußen
     스캔들과 '주택강제경제'
2장 '주택강제경제'의 철폐와 임대법
3장 노조기업 '노이에 하이마트Neue Heimat' 스캔들

제5부

311

'임차인 민족'의 근심
 - 현대 독일

1장 21세기 독일의 주택 문제와 해결을 위한 모색들
2장 통일 이후 동독 주택 문제:
     반환, 민영화, 공가

맺는 말

370

"집을, 필요로 하는 사람에게"

서문

집이란 무엇이고
누가 취할 것인가?

영국의 목사이자 20세기에 가장 영향력 있는 작가 가운데 한 명으로 꼽히는 길버트 키스 체스터턴G.K.Chersterton은 "서민들에게 유토피아, 공산주의 미래 국가, 새로운 예루살렘, 심지어는 머나먼 행성까지도 약속되었지만, 그가 원한 것은 단 하나, 마당이 딸린 집일 뿐이다."라고 언급한 바 있다.[1] 그의 의견에 대해 반박할 근거를 찾기란 쉽지 않다.

집은 인간의 근본적인 필요에 속한다. 4차 산업혁명이 어떤 변화를 야기하건 인간이 화성에 여행을 가게 되건 모든 인간이 항상 집을 필요로 한다는 사실 자체를 변화시킬 수는 없다. 주택은 비바람을 피하게 해줄 뿐만 아니라, 인간의 정체성, 희망, 사회적 지위 등 많은 의미를 내포하고 있고, 그리하여

"시대 정신과 사회 세력 관계"를 표현한다.[2]

그러나 이러한 다층성과 더불어 집은 시장에서 거래되는 상품이기도 하다. 태평양이 지구상에 존재하는 것 중에 가장 큰 존재이듯이, 대부분의 인간에게 주택은 평생 소비하는 상품 가운데 가장 큰 상품이다. 여타의 상품들에 대한 소비가 특정한 그룹의 소비자들에 의해 간헐적으로 이루어지는 것과 달리, 집은 인간이라면 누구나 365일 필요로 하는 상품이다. 이 절박성, 혹은 근원성으로 인해 주택을 두고 벌어지는 사회적 갈등은 다른 어느 갈등보다 격렬하다.

상품으로서의 주택은 복잡한 특성을 갖는다. 시장의 수요에 즉각 반응하기에 주택 건설에 드는 시간과 비용이 매우 많고 표준화된 생산이 불가능하거나 매우 어렵다. 게다가 글자 그대로 '부동' 자산으로서 주택은 여타의 상품과 달리 공간에 매인다. 따라서 주택을 '수입'하는 것이 불가능하기 때문에 주택시장은 항상 전국적이기보다 지역적일 수밖에 없고, 지역 안에서도 하나의 단일한 시장이 존재하기보다는 구매, 임대 등 거래 유형이나 가격 범위에 따라 나누어진 여러 개의 하부시장이 존재한다고 볼 수 있다. 매우 제한적인 교환만 가능한 셈이다. 그런가 하면 주택처럼 시장에서 수명이 긴 상품도 드물어서 신축주택뿐만 아니라 매우 다양한 구주택들이 시장 상황을 결정한다. 또한 입지에 따라 좌우되는 부동산의 속성상 오래된 주택이라 해서 시장에서 가격이 일괄 하락하는 법도 없다.

인간의 근본적이며 지속적인 필요와 잇닿아 있고 시장 교환에 있어 여러 제한성을 가진다는 의미에서뿐만 아니라, 그 포괄성 때문에라도 주택은 여타의 상품과 궤를 달리한다. 주택 문제는 임금, 세금, 복지, 즉 국내 경제 전반의 문제이면서 동시에 국제 경제 및 금융의 영향력 아래에 있을 수밖에 없다.

상황을 한층 더 복잡하게 만드는 것은 '주택 문제'를 엄밀하게 정의하는 것 자체가 어렵다는 사실이다. 주택은 언제 충분한가, 혹은 언제 부족한가? 주택이 충분한지 부족한지 우리는 어떻게 판단할 수 있는가? 일반적으로 공실률Vacancy rate이 3% 이상일 때 주택이 충분하다고 판단해왔지만, 이를 모든 주택시장에 적용할 표준으로 삼을 수는 없다. 독일의 경우 주택 부족이 심각하다고 여겨지던 1920년대에도 주택 부족이 아니라 주택 배분이 문제이며 낮은 출산율을 고려할 때 주택난을 개선하기 위해 대규모 주택 건설에 나섰다가는 20년 후 주택 과잉의 문제를 맞게 될 것이라고 주장하는 전문가들이 드물지 않았다.[3] 같은 문제 상황에 대한 이처럼 상반된 해석은 100년이 지난 2021년에도 재연되고 있다. 2018년 독일 정부는 "공세적인 주거공간 마련Wohnraumoffensive" 캠페인을 통해 향후 150만 호를 짓겠다고 약속했고,[4] 실제로 2021년 현재 120만 호를 건설한 것에 대해 자축하는 분위기이다. 이와 관련하여 독일에서 시장자유주의를 대표하는 정당인 자민당에서는 주택을 더 싸게, 더 많이 지어야 한다고 주장하지만,[5] 현재 주택은 부족하지 않으며 문제는 소득 하위계층이 도심에서 주거공간을 마련하지 못하는 데 있다는 전혀 다른 해석도 존재한다.[6] 주택을 많이 짓는다 하더라도 정작 가장 심각한 주택 문제, 즉 임차인의 이해를 보장하는 것은 또 다른 문제로 남게 된다는 것이다. 이처럼 주택 문제에 대한 전혀 다른 분석이 공존하는 현상은 현재 우리에게도 전혀 낯설지 않다.

집을 누가 획득할 것인가

인간은 집을 늘 필요로 했지만, 주거의 방식은 통시적으로도 공시적으로도 변화와 다양성을 보여왔다. 근대화된 19세기 이후의 사회에서 인간 주거는 대체로 다섯 가지로 특징지어지고 있다. 노동과 주거를 분리함으로써 주거공간이 비노동의 공간으로 등장하게 된 것, 핵가족 혹은 일인 가족이 주거의 기본 단위가 된 것, 공사를 구분하여 거주 공간이 사적인 공간으로 남게 된 것, 그리고 기술 발전의 결과로 거주 공간에 여러 기술이 활용된 것, 그리고 마지막으로 주택이 상품으로 등장하게 된 것 등이 그것이다.[7]

이처럼 근대화된 주거와 관련하여 현재 사회학에서 제기되는 질문들로는 '주거할 때 무엇을 하는가', '누구와 함께 주거하는가', '주거는 어떻게 체험되는가', 그리고 '어떻게 주택을 획득하는가' 등을 꼽을 수 있다.[8] 이 글은 이 가운데 '주택을 누가 획득할 것인가'라는 문제를 다룬다.

'주택을 누가 획득하는가'는 결국 주택 시장과 국가 간의 역학 관계에서 결정될 수 밖에 없다. 주택이 시장에서 거래되는 상품인 것은 오늘날 너무나도 당연한 사실이지만, 역사적으로 보자면 예외적인 현상이었다. 인구의 증가와 광범위한 도시화를 통해서만 주택시장이 생겨날 수 있었기 때문이다. 근대 이전 유럽 도시에서 새로운 건물은 일반적으로 거주자 개인이나 사용하고자 하는 단체가 지었고, 실제로 직접 활용했다. 건설 과정에 금융이 개입하는 경우는 드물었으며 주택이 상품으로 간주되지도 않았다. 그러나 급격한 산업화를 동반한 19세기 들어 상황은 급변했다. 도시의 택지는 자산이자 투기의 대상이 되었고, 이에 따라 '임차인'이라는 집단이 새롭게 나타나게 되었다.[9] 한 걸음 더 나아가 금융화가 널리 운위되고 있는 현재, 주택은 금융상품이기조차 하다.

이처럼 주택이 시장에서 거래되는 상품이 되는 과정은 동시에 국가가 주거안전성을 보장하기 위해 주택이 상품이기만 하지 못하도록 시장에 적극 개입하는 과정이기도 했다. 이 과정에서 주택시장과 국가 간의 역학 관계는 역사적 맥락 및 사회적 조건에 따라 매우 다양하게 나타났다.

21세기에는 주택 부문에서 시장과 국가 간의 무게중심 찾기를 더욱 어렵게 할 여러 변화들이 노정되어 있다. 핵가족이 더 이상 주거의 기본 단위가 되지 못하는 가운데 1인 가구가 점점 더 증가하고,[10] 노령화가 가속화되며, 근대를 특징지어 왔던 노동과 주거의 분리가 점차 사라지는 양상이 나타날 것으로 전망되고 있다. 특히 '스마터 워킹Smarter working'이라는 모토 하에 고용안정성이 사라지고 단기 고용 계약이 증대됨에 따라 사무실 밖의 노동과 가정 내 노동이 점차 정상적인 고용 양상이 될 것으로 예견된다.

그런가 하면 도시 외곽의 중산층 주택을 선호하던 과거와 달리 도시 안에 거주하는 것을 선호하는 재도심화Reurbanisierung 양상도 나타나고 있다. 유럽에서 전차와 지하철이 최초로 들어서게 되었을 때 도심 인구의 외곽 진출을 가능케 함으로써 도심의 인구밀도가 낮아진 바 있었고, 인터넷도 마찬가지 효과를 가져올 것으로 예상되었지만 실제 상황은 반대였다. 발달된 교통을 통해서건 인터넷을 통해서건 도시와 농촌, 혹은 수도권과 지방이 더 긴밀하게 연결될수록 인구는 점점 더 도시에, 특히 대도시에 몰리고 있는 것이다. 그 결과 '대도시의 르네상스Die Renaissance der großen Städte'라는 표현이 널리 회자될 정도로 주택 수요가 대도시에 집중되는 한편으로, 농촌 및 중소도시에서는 공가 및 폐가의 비율이 늘고 있다.

결국 상당수 선진국들의 주거난은 대도시에 한정된 현상이며, 이 현상에는 여러 가지 이유가 있는 셈이다. 현재 새로 만들어지는 일자리 가운데 대다수가 대도시 서비스 분야에 집중되고 있고, 이들의 경우 높은 임대료를 감당할 수 있는 임금을 받는다. 또한 유가 인상, 교통난 등으로 인해 이동비용이 높아짐에 따라 도시에서의 삶이 훨씬 더 매력적으로 보이고 있다. 자동차를 포기하더라도 도시에 거주하려는 경향성을 보이는 시민들의 숫자가 늘어나고 있으며, 아울러 노년층이 문화 활동, 의료서비스 등을 위해 대도시로 이주하는 경향성도 높아지고 있다.[11] 도시 외곽의 정원을 중시하는 문화에서 도심에서 테라스 가꾸기가 선호되는 양상이 나타나고 있는 셈이다.[12]

이러한 기류를 종합하면 도심 안의 주택에 대한 수요는 점점 더 증대될 수밖에 없고 이에 따라 주택을 둘러싸고 시장과 국가가 벌이는 주도권 다툼이라는 근대 이후의 과제는 점점 더 난제가 될 수밖에 없음이 분명해 보인다.

각국의 주택정책

주택 문제의 다층성, 복합성은 어느 시대 어느 정부이건 주택 문제에 대해 개입하는 것을 주저하게 만든다. 주택 문제가 보이는 매우 큰 경로의존성은 그 필연적인 결과일 것이다. 1960년 61.9%에[13] 달하던 미국의 자가주택 보유율은 부동산 버블이 가장 심각하던 2008년 금융위기 직전에도 69.2%였고, 2020년 현재 65.8%이다.[14] 그런가 하면 1970년대 중반 40%대에 진입한 독일의 자가주택 보유율은 1998년 40.9%, 20년 후인 2018년에도 46.5%였다.[15] 주거난이 심각해진 최근 몇 년간 자가보유율이 증가하기는 하였지만 2020년 51.1%로 여전히 낮은 편이다.[16] 이처럼 큰 경로의존성을 고려할 때, 공시성, 통시성이라는 두 가지 측면을 함께 아우르지 않고서는 각 사회의 주택 문제를 제대로 파악할 수 없다는 점을 부인하기는 어렵다.

그리하여 현재에 이르러서는 개별 국가들의 구체적인 주택정책을 고려하는 선을 넘어 이를 '주택체제Housing Regime'로 폭넓게 바라볼 필요가 있다는 주장이 널리 받아들여지고 있다. 주택 문제를 '주택체제'로 바라본다는 것은 자유주의, 보수주의, 사회민주주의 등 다양한 이데올로기와의 관련 속에서, 그리고 계급 갈등, 국민국가 건설, 조합주의, 부의 재분배 등 권력 관계들과의 폭넓은 관련 속에서 바라본다는 의미이다.[17] '주택체제'를 구성하는 각국의 현재 정책들을 나열하고 그 최종결과물인 최근의 표와 그래프를 보여주는 것만으로는 각국의 '주택체제'가 가지는 특징을 밝힐 수 없다. 각국 '주택체제'를 제대로 파악하기 위해서는 이를 구체적인 사회적 갈등관계 속에서 파악하고 역사적인 변동 추이를 살펴보는 것, 즉 '역사적 접근'이 절실히 필요하다.

미국과 프랑스의 주택정책

하나의 주택체제로서 미국이 보이는 특징은 자가 보유 비율이 매우 높다는 점이다. 미국의 자가 보유 가구 비율은 전체 인구의 2/3에 달하고 있다.[18] 그리하여 미국 주택정책의 핵심은 주택 소유자 지원이다.

미국의 주택 소유자들은 먼저 조세정책을 통해서 국가의 지원을 받고 있다. 연방 정부의 주택 관련 조세 지출 중 대부분이 주택 구매자에게 돌아가고 있다. 주택담보대출을 받은 사람은 매달 지불하는 이자에 대해서 소득 공제를 받을 수 있으며, 2년을 보유한 후 주택을 매각하는 경우 높은 정도로 양도소득세를 감면받을 수 있다. 또한 주택 소유자가 직접 거주하는 주택에 대해서는 재산세를 감면해주기도 한다.[19]

미국의 높은 자가보유율을 가능케 하는 또 다른 요소는 매우 발전된 미국의 주택금융 시스템이다. 이미 1932년에 '연방주택대출은행'을 창설해서 주택담보대출 재원을 늘렸고, 1934년에는 '연방주택청'을 설립해서 지급보증 기능을 수행하도록 했으며, 1937년에는 '연방주택저당공사'를 통해 주택담보대출채권을 매입하도록 함으로써 대출기관의 자본이 장기 주택담보대출에 묶이지 않고 추가적인 신규 담보대출을 할 수 있도록 했다. 그런가 하면 1968년에는 '연방주택저당공사'를 둘로 나누어 '연방주택저당공사'는 민간기업으로 전환하였고, '정부주택저당공사'는 정부가 100% 지분을 보유하고 주택저당증권 투자자들에게 지급보증을 하게 했다. 1970년에는 공공기관인 '연방주택담보대출공사'를 추가로 설치하여 1차 주택담보대출 기관의 대출 채권을 매입해 증권화함으로써 소위 '2차 주택담보대출 시장'을 활성화시켰다. 이러한 일련의 과정을 거쳐 자본시장과 주택금융시장이 서로 긴밀히 엮이게 되었으며, 그 결과 주택담보대출 비율인 LTV$^{Loan-To-Value}$가 최대 93%에 달하고, 대출 기간도 25~30년에 이를 정도로 장기화되었다.[20]

물론 주택 마련이 불가능하거나 어려운 취약계층을 위한 지원책도 다양하게 제공되고 있기는 하다. 이를 위한 구체적인 정책으로는 민간임대주택시장과 경쟁하지 않도록 빈곤층을 주된 대상으로 하는 공공 주택의 건설, 그보다 훨씬 높은 비중을 차지하는 저소득 가구에 대한 주거보조금 지원인 주택 바우처 지원,[21] 그리고 임대료가 절대적으로 높은 뉴욕 등의 대도시를 중심으로 한 임대료 규제 정책 등을 꼽을 수 있다.[22]

프랑스의 경우는 어떠한가? 2019년을 기준으로 프랑스 국민의 주택 점유 현황을 보면 자가보유율이 64.1%에 달한다.[23] 이웃나라 독일보다 훨씬 높은 이 비율은 자가 소유를 촉진하기 위한 정부 지원 없이는 생각하기 어렵다.[24] 프랑스 정부는 자가비율을 높이기 위해 1977년부터 20년 만기 상환, LTV 90%까지 대출 지원, 대출 이자율에 대한 정부 규제 등의 조치를 마련했다. 그런가 하면 1995년부터는 소득 수준에 따라 이

자율과 상환기간을 차등 적용하는 정책금융상품을 도입하는 등 자가보유율을 높이기 위해 노력했다.

이와 동시에 프랑스 정부는 임차인 보호도 강화하고 있는 추세이다. 일정한 시간이 경과하고 나면 자동적으로 민간주택으로 전환되는 사회주택정책을 시행한 독일이나 사회주택을 매각해온 영국과 달리, 프랑스는 사회주택의 비율을 점점 높여가고 있어 눈길을 끈다. 과거에는 소득 하위계층을 사회주택 거주자로 상정했으나 최근 국민 가운데 70%를 포함할 정도로 자격 범위를 넓혔다.[25] 그런가 하면 1990년부터는 '주택연대기금'을 도입하여 사회주택 건설을 더욱 촉진하고 있다. 사회주택이 "모두를 위한 주거"이다가 "운 좋은 소수를 위한 주택"으로 변하게 된 독일과는 정반대의 길에 들어선 것이다.[26]

현재 프랑스 내의 사회주택Habitation a Loyer Modere, HLM은 전체 주택의 17%를 차지하고, 임차인 비율이 60%인 파리의 경우 2025년까지 파리 시민의 25%, 2030년까지 30%를 사회주택에 수용하려는 목표를 세우고 있다.[27] 구체적으로 2000년 '도시의 연대 및 재생에 관한 법률Loi relative à la solidarité et au renouvellement urbains, SRU'을 제정하여 지역 주택의 20%를 공공주택으로 삼고자 했다가 2013년 개정을 통해서 2025년까지 사회주택의 건설 비율을 전체의 25%까지 높이도록 하는 의무를 각 지자체에 부여했고,[28] 이를 따르지 않으면 벌금을 부과할 정도로 강하게 규제하고 있다.[29] 특히 파리는 신축공사 시 30%

를 임대주택으로 짓지 않으면 건축허가를 내주지 않을 정도로 적극적이다.[30]

이처럼 사회주택 건설을 강화하는 조치는 강력한 임대료 통제를 동반하고 있다. 파리의 경우 2014년에 제정된 알뤼르 법에 따라 도시를 80개 구역으로 나누어 실제 임대료를 조사한 후, 이를 토대로 임대료의 상한선과 하한선을 제시하는 방식으로 임대료를 규제하고 있다.[31]

임대료에 대한 규제는 주거보조금 축소와 연결되고 있다. 프랑스는 1970년대부터 주거수당의 비율을 높여서 2002년 주거수당 수혜 비율이 유럽 국가 가운데 가장 높은 25%에 달할 정도가 되기도 했다.[32] 그러나 주거보조금이 결국 임대료 인플레를 유발한다는 전제 하에 현재는 주거보조금 축소에 나서게 되었다. 이에 따라 사회주택 거주 자격 조건을 강화하고 과거 2년의 소득이 아니라 현재의 실질 소득에 따라 주거보조금을 책정함으로써 주거수당 수취자의 비율을 10%대로 낮추기 위해 노력하고 있다.[33]

독일의 주택정책

독일 '주택체제'의 특징은 자가 보유와 임대가 균형을 이루고 있다는 점이다. 이는 부동산 시장에의 접근성도 높지만 동시에 임대주택시장의 효율성도 높은 것으로 해석될 수 있다. 임대주택에 대한 통제와 자유가 공존하는 가운데 민간 임대 부문이 매우 발전했고 공공 및 민간임대가 하나의 '단일한 임대시장'을 이루고 있다는 점을 그 이유로 꼽을 수 있다.[34]

그리하여 독일의 대표적인 주간 신문 『차이트』Zeit의 표현을 빌자면, "독일인들은 100년 이상 임차인 민족이었다"[35]. 2021년 퇴임하기까지 16년간 총리를 지낸 앙겔라 메르켈이 2005년 기준으로 평방미터 당 임대료가 20유로인 것으로 알려진 베를린의 한 건물에 임차인으로서 계속 거주하고 있다는 사실 자체가 이러한 상황을 웅변하고 있다고 볼 수 있을 것이다.[36]

독일 정부는 주택 소유를 인위적으로 촉진하지 않았다. 주택 소유자에 대한 세금 감면을 통해서 주택 소유자 비율을 높여온 스페인, 아일랜드, 미국 등과는 달리, 독일은 부동산 취득세가 높고 주택 소유자들에게 담보대출 이자를 감면해주지 않는다. 또한 주택과 관련한 투자를 매우 제한하고 있어서 신용등급이 낮은 경우 주택 관련 융자를 받기가 매우 어렵고 LTV 역시 2009년 기준 74%이다가 금융위기 이후 주거난이 매우 심각해진 2020년에 들어서야 81%로 80%대에 진입했다.[37] 충분한 자기자본 없이 주택시장에 뛰어들기가 어려운 구조인 것이다. 따라서 독일인들은 대출이 아니라 저축을 통해서 주택을 구매하는 경우가 많다. 주택 건축주 및 주택 구입자의 70%는

주택저축은행Bausparkasse에 오랜 기간 저축을 해온 경우이다.[38]

부동산을 구매하느라 부채를 지고자 하지 않는 독일 특유의 사회적 분위기는 이러한 구조에서 가능했다. "직업이 안정적이면 주택 융자받기가 어렵잖"고, "이자 무는 것이 셋집의 월세보다 저렴하므로, 수백만 원 목돈만 있으면 사는 쪽을 택한다"는 영국과는 현저히 다른 분위기인 셈이다.[39] 스페인, 영국, 아일랜드인들에게 있어 주택이 "자산 사다리"로 받아들여져 투자목적의 주택 매입이 일상적으로 이루어지는 것과 달리, 독일에서는 일생에 한 번 거주목적으로 주택 매입이 이루어지는 경우가 많다. 이에 따라 최초로 주택을 구입하는 평균연령이 40세로서 다른 나라들보다 훨씬 높다.[40]

그 결과 독일은 자가보유율이 낮다. 2019~2020년 통계를 기준으로 헝가리 91.3%, 노르웨이 80.3%, 이탈리아가 72.4%, 아일랜드가 68.7%, 영국이 65.2%, 독일은 50.4%로, 유럽 국가들 중에 41.6%인 스위스를 제외하고는 가장 낮은 비율이다.[41]

자가보유율이 상대적으로 낮다는 점 이외에 독일 주택시장의 특징을 반영하는 또 하나의 주요한 사실은 임대주택에서 민간 임대인 비율이 매우 높다는 점이다. 민간 대 공공임대의 비율은 2010년 기준 26:1일 정도로 민간임대의 비율이 높다.[42] 15채 미만을 임대하는 개인 임대인의 비율이 2006년 기준 61%로 가장 높고, 민간주택회사들이 17%로 그 뒤를 이었다.[43] 이 민간임대업자들 가운데 대다수는 자영업자이거나 연금생활자들로서 장기적이고 안정적인 투자를 중시했다.

이처럼 민간임대 부문이 발전했다는 사실과 더불어 동전의 양면을 이루는 것은 매우 강력한 임대차보호법이다. 독일에서 임대 계약을 해지하고자 할 경우 임대인이 계약 해지에 합당한 이유를 갖고 있다는 분명한 증거를 제시할 수 있어야 한다. 한국에서라면 매우 당연한 이유, 즉 단순히 임대료 인상을 목적으로 하는 임대 계약 해지는 1960년부터 1971년 사이에 한시적으로 허용되었다가 1971년 이래 법적으로 금지되었다.

이처럼 엄격한 임차인 보호조치가 존재할 뿐만 아니라 임대료의 안정성도 높다. 지속 계약인 경우 임대료 인상은 3년간 과거 임대료의 20% 이내, 그리고 많은 도시들에서 15% 이내로만 허용된다.[44] 독일의 주택가격이 매우 느리게 인상되어 왔기 때문에 임대료 변동성이 크지 않고, 주택담보대출이 대출 기간 내내 고정이자율을 적용받는 것도 주택가격의 변동성을 낮추는 데 기여하고 있다.[45] 따라서 임차인들은 임대료가 지불 가능한 수준에 머무를 것으로 신뢰할 수가 있었다.

결국, 독일의 민간 임대시장이 발전할 수 있었던 것은 정부에 의한 통제와 민간 투자 촉진, 양측 어느 한편에 편중되지 않은 주택정책 때문으로 생각할 수 있다. 예컨대 영국의 경우 지방정부나 비영리 주택 개발업자들만 주택 건설과 관련된 보조금을 받을 수 있었다. 이에 따라 민간 부문은 임대시장에 진출하지 않게 되었다. 또한 공공임대주택의 건설비용 및 임대비용을 규제함으로써 공공임대주택의 질이 현저하게 낮아지게 되었고, 이 격차가 시간이 지남에 따라 점점 더 커지면서 공공임대주택은 빈곤층 주택이라는 낙인을 얻게 되었다.

반면 독일은 전후에 부과된 임대료에 대한 제한 조치를 다른 어느 국가보다 빨리 완화함으로써 민간자본이 임대주택시장에 남을 수 있도록 했다. 지속되는 임대 계약의 경우 임대료표에 따른 인상 허용치 기준을 따라야 하지만 신규로 임대 계약을 체결할 때 월세 상한선은 원칙상 존재하지 않는다. 따라서 임대가격이 시장을 통해 결정됨으로써 유연성을 갖는다. 이를 통해 독일의 민간임대 시장이 발전함으로써 주택임대시장이 극도로 위축된 영국, 스페인 등과는 현저히 다른 양상을 보이게 되었다.[46]

이처럼 민간 임대주택 육성을 통한 주거안정성 확보는 매우 중요한 독일적인 성취인 것이 분명하지만, 이를 마냥 긍정적으로만 바라볼 수 없게 하는 다른 경제지표도 존재한다. 독일의 중위 가구 자산Median net household wealth은 유럽연합의 어떤 나라보다도 낮다. 유럽연합 평균이 109,000유로이지만 독일의 경우 51,000유로에 불과하다. 즉, 독일의 국부는 극단적으로 불균등하게 분배되어 있는 셈이다. 자가주택 소유 비율이 낮은 것이 이 불평등한 재산 구조를 만들어내는 데 크게 기여하고 있음은 말할 나위도 없을 것이다.[47] "(주거) 안정성의 대가가 우리가 생각하는 것보다 클 수 있다"는 평가가 나오는 것은 이러한 맥락에서 이해할 만한 일이며,[48] 이로써 긍정적인 결과만을 낳는 주택정책이 있기 어렵다는 결론이 가능할 것이다.

독일 주택정책의 현재

독일에 유학하던 기간 가장 인상적이었던 것은 매우 좋은 주거 조건이었다. 침실이 두 개인 기숙사 아파트 가운데 방 하나에 세를 들어 5년여 거주하는 동안 월세는 20만원 미만이었고, 박사논문 마지막 단계는 세입자 보호조치 대상이어서 단 한 번도 이사하지 않고 한 집에서 박사과정을 마칠 수 있었다. 그런가 하면 독일의 단독주택 단지가 각자의 개성대로 너무나 아름답게 꾸며져 있어서 주말이면 그저 동네 산책만으로도 만족스러운 시간을 보내곤 했다. 공업지대에 속한 도시였어도 흙냄새를 맡는 일이 일상이었다. 어느 날 인근 도시를 다녀오는 완행열차 안에서 친구들과 독일 전역의 주거 조건이 너무 좋다는 얘기를 나누다가 아무 이유 없이 다음 역에서 내린 적이 있다. 시골 마을의 주거 조건도 중소도시만큼 좋은지 확인하고 싶은 객기였다. 어지간히 큰 지도가 아니고서는 다뤄질 리도 없는 이름 없는 마을이었지만, 그 이름 없는 마을은 오래된 관청건물과 분수를 중심으로 "작은 것이 아름다울" 수 있음을 보여주었다. 오랜 기간 많은 독일 유학생들에 의해 부풀려진 긍정적인 독일의 이미지는 지갑 얇은 유학생들도 누릴 수 있었던 주거 안정성에 상당 부분 기인한 것일 듯하다.

그러나 독일에서 주택 문제가 해결된 듯 보이던 상황도 이 제는 과거가 되었다. 주택 문제는 2000년대 이후부터 다시 정 치적인 아젠다로 부각되었다. 지금껏 자가주택의 비율이 낮고 민간 임대주택의 비율이 높은 독일 주거구조는 네 가지로 설명 되어왔다. 첫째, 공공 및 민간임대 부문이 모두 질적, 양적으로 높은 수준을 유지하고 있다는 점, 둘째, 스페인, 네덜란드와 달 리 높은 보조금이 자가주택 보유자들에게 지급되지 않는다는 점, 셋째, 임대주택 부문이 활성화되어 있다는 점, 그리고 넷째, 장기적으로 독일 주택가격의 변동성이 작다는 점이다.[49] 본문 에서 상세히 설명하겠지만, 사회주택의 비율이 현저히 축소되 어 가고 있고, 주택시장의 금융화로 인해 독일 주택가격의 변 동성이 커졌으며, 그로 인해 '임대료 통제Mietbremse' 등의 방식 으로 임대 부문에 대한 통제가 강화되는 등 독일 주택체제를 특징지어 온 여러 조건들이 변화하고 있는 것이 현재의 모습이 모습이다.

이처럼 독일의 '주택체제'를 이루는 여러 요소들이 변화하 고 있는 가운데서도 집이 시장에서 거래되는 일반 상품과 마찬 가지로 다루어질 수는 없다는 사회적 합의는 견고하다. 이 책 을 준비하면서 독일의 주택 문제에 대해 무수히 많은 뉴스 보 도, 다큐멘터리[50], 웹사이트[51] 등을 보았다. 대부분 선량한 일반 시민의 주거권이 투기자본에 의해 짓밟히고 있다는 분노를 표출하는 내용이었다. 주택 건설업자, 혹은 임대인이 등장한다면 예외적으로 임차인에게 우호적인 경우일 뿐이었다. 임차인의 시선에서 주택시장 상황을 바라보는 것이 현재 독일 언론이 주택 문제를 바라보는 관점이다.

반면 한국에서 주택 문제는 임대차보호법으로 인해 마음대로 임차인을 내몰 수 없게 되었거나 갑작스럽게 주택보유세를 내게 된 주택 소유자의 입장을 주로 다루고 있다. 드물게 임차인의 입장에서 주택 문제가 다루어진다면, 임대인이 불이익을 얻게 됨으로써 임차인도 함께 불이익을 얻게 되리라는 식의 보도이다. 간단히 말해 주택 가격이 폭락해 손해를 보거나 주택보유세 부담을 어떻게 질 것인가는 한국 언론에서는 매우 심각한 사회문제이지만, 독일 언론에서는 언급조차 되지 않는 문제이다. 결국 한국 사회에서 임차인은 미래에 임대인이 될 가능성을 기약하면서 미리 임대인의 입장에서 생각하기를 강요받고 있는 셈이다. 이러한 접근은 임차인인 한국인들이 자신들의 이익에 맞는 방식으로 사고하는 것을 저해한다. 이와 더불어 소유자를 연민하는 시선은 사회 전체에 대한 책임을 감당하는 정신적 성숙에의 도달을 불가능하게 하고 있는지도 모른다. 한국과 달리 독일 언론은 "사회의 공동체성과 효율성을 유지하기 위해 합당한 세금 부담은 필수적"[52]이라는 점을 두말할 필요가 없는 일로 전제하고 있는 듯하다.

한국인의 자가보유율은 2014년 이래 꾸준히 상승하여 2019년 기준 58%에 달하고 있다. 반면, 서울의 자가보유율은 42.7%이다.[53] 즉, 전국적인 차원에서 보자면 한국 전체는 영미권의 상황에 근접하고 있지만, 서울은 독일의 상황에 근접해있는 셈이다. 이로 인해 임차인과 임대인 간의 힘겨루기가 격렬할 수밖에 없는 상황임에도 불구하고 언론에서는 임대인의 시선이 압도적으로 과잉 대표되고 있는 구도인 셈이다.

곰곰 생각하면 주택 문제는 결국 임금의 문제일 수밖에 없다. 주택을 시장에 전적으로 맡겨둘 수 없는 것은 약자 배려의 차원에서만은 아니다. 프랑스가 사회주택 비율을 높여가고 있는 것도, 그리고 그 중요한 재정적 기반이 전체 직원 급여의 1%에 해당하는 '건설 노력을 위한 기업주의 분담금'(1953), 혹은 '주택법Action des Logements'(2004)에 놓여 있는 것도 이러한 맥락에서 이해될 수 있다.[54] 주거비용 인상은 임금인상을 낳고 종래 기업경쟁력 저하로 이어질 수밖에 없다. 전후 독일에서 있었던 '라인 강의 기적'은 '주택강제경제'를 통한 낮은 주거비에 기인하고 있었다. 이토록 자명한 경제적 현실을 독일 언론은 문제로 제기하지만, 한국 언론은 감수해야 할 부분인 양 다루고 있다.

결국 주택 문제뿐만 아니라 주택 문제를 바라보는 우리의 시선 역시도 매우 높은 경로의존성을 따르고 있음을 볼 수 있다. 주로 주택 소유자의 시선에서 주택 문제를 바라보게 만드는 경로의존성에서 어떻게 하면 벗어날 수 있을까? 한국사회가 고수하는 주택 소유자에 편향된 시선은 국가가 임차인과 임대인, 주택 소유자를 대할 수 있는 다양한 방식이 존재한다는 것마저도 잊게 만든다. 영미권은 임차인과 임대인을 민법상의 대등한 계약당사자로 간주하며, 독일, 네덜란드, 북유럽 국가들은 임차인을 약자로 보호해야 한다는 입장이다. 절대적인 사유재산권을 보호하는 것만이 주택 문제를 바라보는 유일한 접근법이 아니라는 점을 상기시킨다는 점에서 영미권과는 다른 독일의 주택정책은 우리에게 매우 소중한 경험이다.

이 책을 바람직한 주택정책의 모델을 서구 선진국 가운데 하나인 독일에서 찾아내서 우리 사회에 적용하자고 제안하려는 의도로 쓰지는 않았다. 주택 문제처럼 복잡하고 경로의존성이 큰 문제는 외국의 경험에서 영감을 얻을 수 있을지언정 해법으로 삼을 수는 없다. 최소 19세기 중후반으로 거슬러 올라가는 주택 문제와의 대결을 통해 다양한 해결책들이 여러 겹의 지층을 이루고 있는 독일의 주택체제를 한국 상황과 맞비교하는 것은 무의미할 뿐만 아니라 심지어 해롭다.

　역사를 전공하기 시작한 이래 '역사적 교훈'이라는 말이 과거의 경험인 역사가 미래사회가 나아가야 할 방향을 지시한다는 말로 들리던 시간도 꽤 길었다. 그러나 역사에서 얻을 수 있는 혜택이란 같은 문제 상황에 대한 다양한 해석과 해결이 가능하다는 것, 그리고 그 문제 상황이 변화한다는 것, 그리하여 그 앞에서 좀 더 의연해지도록 하는 것이 아닐까 싶다. 이 글에서는 독일 제국 건설 이후 150년간 독일인들이 "집을 누가 가질 것인가"의 문제를 두고 다퉈온 경험의 넓은 스펙트럼과 복잡한 층위들을 분석하고자 했다. 이를 위해 구체적으로 독일 근현대사의 여러 역사적 국면에서 특징적인 주택정책이 무엇이었는지, 그 주택정책은 어떤 사회적 논의의 결과물이었는지, 그리고 어떻게 장기적으로 지속되거나 혹은 변화했는지, 무엇보다 그 안에서 독일인들의 삶은 어떠했는지를 살펴보게 될 것이다. 이를 통해 모세혈관처럼 복잡하게 연결되어 있는 주택 문제의 복합성에 대한 사회적 감각을 제고하고 그에 근거하여 우리 상황에 합당한 해결책을 찾아내는데 기여하게 되기를 희망한다.

주택에 빗댄다면 출판사는 임대인이고 저자는 임차인일듯 하다. 좋은 임대인을 만나 주거안정성을 누릴 수 있었던 덕분에 안심하고 책을 써갈 수 있었다. '모든 책이 안 팔린다'는 어려운 시절임에도 자리를 내주신 이음 출판사 주일우 대표의 넉넉한 마음에 감사드리고, 서재에서 '시장'으로 나아가는 막막한 과정에서 곁을 지켜주신 강지웅 편집자께 감사드린다.

서문 주

1   https://www.faz.net/aktuell/wirtschaft/wohnen/lifestylewohnen-in-berlin-
    co-macht-die-staedte-kaputt-13545952.html

2   Adelheid von Saldern, "Wohnen in der europäischen Grossstadt 1900-1939:
    Eine Einführung," in: Alena Janatková et al.(eds.), *Wohnen in der Grossstadt
    1900-1939*(Franz Steiner Verlag, 2006), 11.

3   Dan P. Silverman, "A Pledge Unredeemed; The Housing Crisis in Weimar
    Germany," *Central European History*, Vol. 3, No. 1/2(1970), 118.

4   주무부서인 "주택, 도시개발과 건설부(Bundesministerin für Wohnen,
    Stadtentwicklung und Bauwesen)"가 홈페이지에 공개하고 있는 내용이다.
    https://www.die-wohnraumoffensive.de/home/

5   Daniel Föst (FDP) zum Wohnungsbau: "Wir müssen günstiger bauen",
    Deutschlandfunk(2021년 7월 14일).
    https://www.deutschlandfunk.de/daniel-foest-fdp-zum-wohnungsbau-
    wir-muessen-guenstiger.694.de.html?dram:article_id=493010

6   Stadtforscher zur "Wohnraumoffensive": "Wir haben keinen Mangel an
    gebautem Wohnraum", *Deutschlandfunk*(2021년 2월 3일).
    https://www.deutschlandfunkkultur.de/stadtforscher-zur-wohnraumoffensive-
    wir-haben-keinen-mangel.1008.de.html?dram:article_id=492984

7   https://www.bpb.de/apuz/183450/zum-wandel-des-wohnens

8   H. 호이써만 외 지음, 『주거사회학: 주거의 변동과 세분화에 관한 개론』
    (백산서당, 1996), 19.

9   Jürgen Osterhammel, *Die Verwandlung der Welt: Eine Geschichte des 19.
    Jahrhunderts*(C.H.Beck, 2010), 363.

10 2013년 현재 1인 가구 비율은 독일의 경우 40%, 특히 대도시의 경우 50%에
    달하고 있다. 1, 2인 가구를 합하게 될 경우 그 비율은 전체의 3/4에 달한다.
    Statistisches Bundesamt (ed.), *Fachserie 15, Sonderheft 1:
    Wirtschaftsrechnungen. Einkommens- und Verbrauchsstichprobe 2013,
    Wohnverhältnisse privater Haushalte* (Wiesbaden, 2013).

이는 사회노령화의 결과 '빈 둥지'인 가구 수가 증대된 것, DINK 족의 증대 등 여러 사회적인 변화의 산물이다.
https://www.statistischebibliothek.de/mir/servlets/MCRFileNodeServlet/DEHeft_derivate_00012241/2152591139004.pdf

11 Michael Voigtländer, "Herausforderungen der Wohnungspolitik aus ökonomischer Perspektive", *Aus Politik und Zeitgeschichte*, Vol. 64(2014), 20.
    https://www.bpb.de/shop/zeitschriften/apuz/183444/herausforderungen-der-wohnungspolitik-aus-oekonomischer-perspektive/

12 "Triumph der City," *Der Spiegel*, 2/2006(2006년 1월 9일), 134-135.
    https://www.spiegel.de/kultur/triumph-der-city-a-de916304-0002-0001-0000-000045280077

13 https://www2.census.gov/programs-surveys/decennial/tables/time-series/coh-owner/owner-tab.txt

14 https://www.statista.com/statistics/184902/homeownership-rate-in-the-us-since-2003/

15 https://www.destatis.de/DE/Themen/Gesellschaft-Umwelt/Wohnen/Tabellen/eigentuemerquote-nach-bundeslaender.html

16 https://www.statista.com/statistics/246355/home-ownership-rate-in-europe/

17 최근의 논의를 정리한 글로는 Caroline Dewilde, "Do housing regimes matter? Assessing the concept of housing regimes through configurations of housing outcomes", *International Journal of Social Welfare*, Vol. 26, No. 4(2017), p.384-404.

18 진현환, 『쉽게 읽는 미국 주택정책』(삼성경제연구소, 2013), 27.

19 진현환, 『쉽게 읽는 미국 주택정책』, 78-80.

20 진현환, 『쉽게 읽는 미국 주택정책』, 59-62.

21 진현환이 제시한 2012년 통계를 보면 바우처 예산액이 공공 주택보다 네 배 많았다. 진현환, 『쉽게 읽는 미국 주택정책』, 116.

22 미국도 1943~1950년 동안 연방 정부 차원의 주택 임대료 규제가 있었으나, 여러 차례의 규제 완화를 통해 1984년부터는 주 단위의 규제 조치만 남아있다. 진현환, 『쉽게 읽는 미국 주택정책』, 129.

23 https://de.statista.com/statistik/daten/studie/370712/umfrage/bevoelkerung-in-frankreich-nach-mieter-und-eigentuemer/

24 Michael Voigtländer, "Why is the German Homeownership Rate is so Low?," *Housing Studies*, Vol. 24, No. 3(2009), 355.

25 우리 나라의 경우 공공임대주택에 거주하기 위해서는 도시 근로자 평균 임금의 70% 이하라야 하고, 행복주택의 경우에도 도시 근로자 평균 소득의 100% 이하라야 한다.

26 Barbara Schönig, "Paradigm Shifts in Social Housing After Welfare-State Transformation: Learning from the German Experience," *International journal of urban and regional research*, Vol. 44, No. 6(2020), 37.

27 Paris's new public housing push aims to offset soaring rents, *France 24* (2020년 3월 11일).
https://www.france24.com/en/20200311-paris-seeks-to-double-down-on-new-public-housing-to-offset-soaring-rents

28 Paris's new public housing push aims to offset soaring rents, *France 24* (2020년 3월 11일).
https://www.france24.com/en/20200311-paris-seeks-to-double-down-on-new-public-housing-to-offset-soaring-rents

29 최민아, "프랑스 도시연대및재생에관한법률SRU법의 연대Solidarité 개념의 구체화에 관한 연구," 『국토계획』, 46권 7호(2011), 15.

30 최민아, 『우선 집부터, 파리의 사회주택』(효형출판, 2020), 44.

31 최민아, 『우선 집부터, 파리의 사회주택』, 33.

32 최민아, 『우선 집부터, 파리의 사회주택』, 35.

33 France's popular housing support to be cut, *Reuters*(2017년 9월 20일).
https://www.reuters.com/article/france-reform-idUSL5N1M13I8

34 Peter A. Kemp/Stefan Kofner, Chapter 2. Germany, in: Tony Crook/Peter A. Kemp(eds.), *Private Rental Housing: Comparative Perspectives* (Edward Elgar Publishing, 2014), 29.

35 "'Wohnwahnsinn': Doch noch schnell was kaufen," *Zeit*(2018년 11월 1일).
https://www.zeit.de/entdecken/2018-10/wohnwahnsinn-buch-utta-seidenspinner-wohnungsmarkt-wohnraum-kaufen-mieten-tipps/seite-3

36 "Hier wohnt die Kanzlerin," *Stern*(2005년 12월 22일).
https://www.stern.de/politik/deutschland/angela-merkel-hier-wohnt-die-kanzlerin-3502160.html

37 2017년에도 LTV는 76%였다. 다음을 참조.
EMFEuropean Mortgage Federation, *HYPOSTAT 2017*, 61.
https://hypo.org/app/uploads/sites/3/2017/09/HYPOSTAT-2017.pdf
2019년의 경우는 78%였다. EMF, *HYPOSTAT 2019*, 72.

https://hypo.org/app/uploads/sites/3/2019/09/HYPOSTAT-2019_web.pdf
2020년의 경우 81%였다. EMF, *HYPOSTAT 2020*, 79.
https://hypo.org/app/uploads/sites/3/2020/11/HYPOSTAT-2020-FINAL.pdf
이 수치는 2021년에도 유지되고 있다. EMF, *HYPOSTAT 2021*, 87.
https://hypo.org/app/uploads/sites/3/2021/11/HYPOSTAT-2021_vdef.pdf.

38 Stefan Kofner, "The German housing system: fundamentally resilient?,"
Journal of Housing and the Built Environment, Vol 29, No. 2(2014), 272.

39 김헌숙, 『영국학교 시민교육』(땅에 쓰신 글씨, 2002), 14.

40 Stefan Kofner, "The German housing system: fundamentally resilient?," 272.

41 https://www.statista.com/statistics/246355/home-ownership-rate-in-europe/

42 Peter A. Kemp/Stefan Kofner, "Chapter 2. Germany," 29.

43 Peter A. Kemp/Stefan Kofner, "Chapter 2. Germany," 35.

44 https://www.mietrecht.com/mieterhoehung/

45 주주가 단기차익보다 장기적인 수익을 지향하는 것은 가족기업이 중심이 되는
독일 산업계 전반에서 나타나는 현상이고, 이러한 경향성은 주택 부문에서도
마찬가지로 나타나고 있다.

46 임대부문이 발전한 독일과 영국, 스페인 등을 비교한 연구로는 다음을 참조.
Michael Voigtländer, "Why is the German homeownership rate so low?,"
355-372.

47 European Central Bank, "The Eurosystem household finance and
consumption survey," *Statistics Paper Series*, No. 2(2013, April), 75-76.
https://www.ecb.europa.eu/pub/pdf/scpsps/ecbsp2.en.pdf

48 Stefan Kofner, "The German housing system: fundamentally resilient?," 273.

49 Michael Voigtländer, "Why is the German Homeownership Rate so Low?,"
355-372.

50 최근 3년 이내 독일의 주거난을 보여주는 자료로는 "Wohnen. Mieten.
Abzocken"; "Warum wird Wohnen immer teurer? - Wohnraum als Ware -
Das Versagen der Wohnungspolitik"; "Kampf ums Wohnen - wenn die vier
Wände unbezahlbar werden"; "Leben nach der Zwangsräumung - Wohnung
weg und was kommt dann?"; "Was darf Wohnen kosten? | Eine Frage der
Haltung"; "Wohnen für alle - neue Ideen gegen die Wohnungsnot";
"Teure Mieten: Die neue Wohnungsnot"; "Kampf ums Wohnen - wenn die
vier Wände unbezahlbar werden". 베를린의 임대료통제 관련 다큐멘터리로는
"Kontraste, die Reporter: Mieten unterm Deckel - Berliner Wohnungspolitik

zwischen Fluch und Segen"; "Baustelle Berlin - Wo bleiben die neuen Wohnungen?"; "Wie wird Wohnen bezahlbar? | Wir müssen reden".
오스트리아 수도 빈과 비교하는 다큐멘터리로는 "Gegen hohe Mieten in Wien: "Wohnen als Menschenrecht"; "Die lebenswerteste Stadt der Welt: Was macht Wien so einzigartig?". 모두 유튜브에서 볼 수 있다.

51 http://wohnkrise.de/aktuelles

52 https://www.hani.co.kr/arti/opinion/column/1006272.html

53 국토연구원, 『2019년 주거실태조사』(2020.3).

54 최민아, 『우선 집부터, 파리의 사회주택』, 138.

서문 주

제 1 부

"주택 문제는 결국 ... 권력 문제"

독일 제국 시기(1870~1918)

독일에서 주택 문제에 대한 해결책들이 논의되고 제시된 역사는 생각보다 길다. 야콥 푸거Jakob Fugger가 독일어권에서 최초로 지어진 사회주택이라 할 '푸거라이Fuggerei'를 건설한 것이 1516년이었다. 민간을 넘어 주거에 대한 공적인 개입이 이루어진 것은 늦어도 18세기, 프리드리히 대제(1712~1786) 시기의 일이었다. 보상을 통해 토지를 확보하는 것, 적합한 가격에 택지를 제공하는 것, 건설 보조금을 지불하거나 한시적으로 세금을 감면해주는 것 등이 그 대표적인 방식이었다.[1]

그러나 독일에서 주택이 "문제", 즉 정부가 개입해야 할 사회 문제로 본격 논의되기 시작한 것은 19세기 후반이었다. 산업화가 본격화되기 이전 전통적인 독일 도시들은 인구밀도가 낮았다. 도시를 둘러싼 성벽이 시의 자율성에 대한 상징이기도 했지만, 도시 인구 통제 기능을 하기도 했던 탓이었다. 그러나 19세기 후반 급속한 산업화를 거치며 1875년 4,100만 명이던 독일 전체 인구는 1910년 6,500만 명으로 급증하게 되었고,[2] 1871년부터 1910년 사이 10만 명 이상 도시가 8개에서 48개로 급증하였다.[3]

이처럼 급격한 산업화와 대도시로의 인구집중, 그리고 그에 따르는 형편없는 주거 여건이 심각한 문제이기는 했지만, 정부는 건설 규정을 만들고 소방법을 제정하는 것을 제외하고는 주거와 관련된 사회정치적인 문제에 개입하기를 꺼려했다. 그러다가 점차 도시 노동자들의 열악한 주거 여건에 대한 비판이 사회 전반으로 확산되고, 토지개혁 운동, 전원도시 운동Garden city movement 및 각종 주거개혁 운동이 나타나기 시작했다. 이를 통해 주택 문제가 윤리, 도덕 등 개인의 문제가 아니라 사회 문제라는 인식, 즉 민간 주택 시장을 통해서 주거난이 해소될 수 없고 전통적인 경찰국가를 넘어서서 정부의 포괄적인 개입이 필수적이라는 인식이 사회 전반에 확산되었다. 이러한 인식은 토지 거래에 대한 과세를 통해 토지 투기를 막고, 장기적인 계획에 따른 토지 활용을 위해 제국 차원의 주택법을 제정하며, 공공 주택, 특히 저소득층용 소형주택들을 제공하는 것 등의 해결책들로 수렴되어 갔다.

독일 제국 시기에 이루어진 이러한 시도들은 절반의 성공을 거두었다고 볼 수 있다. 한편으로 토지초과이득세가 1911년에 제정되었고, 제국 차원의 주택법안이 각 연방 주 정부, 특히 프로이센의 반대에도 불구하고 제국 의회에서 본격 논의되었으며, 공공 주택 건설이 활성화되기 시작했다. 그러나 다른 한편으로 토지초과이득세는 2년 남짓 부과되다가 결국 1913년 철회되었고, 제국 차원의 주택법안 역시도 제국의회를 통과하지는 못했으며, 건설된 공공 주택의 경우 건설 물량이 매우 제한적이었다.

그럼에도 불구하고 장기적으로 보자면 제국 시기의 이러한 노력들이 이후 독일 주택정책 논의의 근간이 되었다는 점을 기억할 필요가 있다. 제국 시기에 전방위적으로 이루어진 주택정책에 대한 논의가 없었다면 1차 대전 중에 이미 가시화되기 시작한 정부의 적극적인 주택정책을 생각하기는 어려운 일이다. 또한 제국 시기에 그 면모를 드러내기 시작한 주택 협동조합 및 공익주택 건설회사는 바이마르 시기에 본격적으로 건설된 공익주택, 그리고 2차 대전 후 사회주택Sozialwohnung의 주요 건설 주체가 되었다.

1장

독일 제국 시기 주택 문제:

"인간을...
집으로도 죽일 수 있다."

급격한 산업화와 열악한 주거

19세기 후반 이후 급격한 산업화로 인해 다수의 인구가 대도시로 몰려드는 현상이 나타났다. 1850년에서 1900년 사이 베를린의 인구는 40만 명에서 2백만 명으로 급증했다.[4] 도시로의 인구 밀집이야 급격한 산업화에 따른 필연적인 현상이었지만, 후발 산업국가인 독일은 그 정도가 훨씬 심각했다. 유럽 내에서 도시화의 정도가 프랑스나 영국과 비교했을 때 낮은 수준이었다가 급작스럽게 도시화의 길로 접어들었던 탓에 주거 여건은 훨씬 열악했다. 독일 제국 시기 무주택 가구가 백만으로 추산되고 있었고,[5] 베를린, 함부르크, 라이프치히 등 대도시들의

공실률이 3% 이하, 즉 통계상 주택 부족 상태에 놓여있었다.[6]

특히 저소득층 노동자들의 주거 여건은 형편없는 수준이었다. 좁고 어두운 골목, 무너져 가는 건물, 채광 및 환풍이 거의 안 되는 노동자용 임대 숙소 등이 노동자 주거 구역을 특징짓고 있었다. 1871년 자료에 따르면 75%의 베를린 아파트가 임대병영Mietkaserne 아파트였고, 10%는 지하주택이었다.[7] 앞선 산업화와 도시화를 경험한 영국인들마저도 독일의 열악한 주거 환경에 대해서는 고개를 젓는 상황이었다. 한 영국인 관찰자에 따르면 독일인들은 형편없는 주택에 살면서 영국인 노동자들보다 두 배의 임대료와 세금을 내고 있었다. 그는 이러한 상황을 두고 "독일인들은 주택을 건설하는 법을 배우기도 전에 도시를 건설하는 법을 배운" 형국이라고 표현하기도 했다.[8]

독일인 자신들의 인식도 다르지 않았다. 독일의 열악한 주거 조건과 관련하여 사진가이자 삽화가였던 하인리히 칠레Heinrich Zille가 남긴 말은 널리 인구에 회자되었다. 제국 시기 열악한 베를린 뒷골목의 사정을 잘 알고 있던 그는 "인간을 도끼로 죽일 수 있는 것만큼이나 집으로도 죽일 수 있다"는 말을 남겼다.[9] 열악한 주거는 높은 신생아 사망률, 전염병 등으로 이어졌고, 이에 따라 특히 노동자 계층의 주거 문제는 주요한 사회 문제로 다루어질 수밖에 없었다.

중간계급 자유주의자들은 이러한 주거 상황이 좌파 정치에의 경도와 도덕적인 타락을 낳는다고 진단했다. 대표적인 부르주아 사회개혁가 단체이던 사회정책협회Verein für Sozialpolitik, 이하 VSP는 당시 주택 문제의 핵심이 노동자 주택의 문제라고 규정했다. 1886년 사회정책협회VSP의 모임에서 논의된 바에 따르면 적합한 위생 조건을 가진 소형주택의 부족이 주택난의 핵심이었다. 특히 규모가 극히 작고 환기, 통풍, 화재 대비 등에서 여러 가지 문제를 안고 있던 "임대병영", 즉 방 두 개, 혹은 방세 개의 주거지 50~80개가 한데 모인 대도시 대규모 임대주택들이 주택 문제를 상징하고 있었다.[10]

그러나 주택이 양적, 질적으로 불충분한 수준이었다고 해서 주택 부문에 대한 투자가 적었다는 의미는 아니었다. 1850년부터 1900년 사이 주택 건설에 대한 투자는 10배로 증가했다. 1905년 건설업은 당대의 주력산업이던 금속가공업 만큼이나 많은 인원을 고용하던 산업이었다. 투자 비율로 보자면, 19세기 후반 전체 순수 투자 가운데 30%가 도시주택 건설에 투입되었다. 부동산과 건설업은 19세기 후반 가장 수익성이 높은 사업 분야에 속했다.[11] 1870년대 베를린에만 60개의 건설 회사가 존재했고, 지역의 택지개발회사Terraingesellschaft의 경우 이보다 너 많아서 1909년 1,500개에 달했다.[12]

그 결과로 통일 직후인 1871~1873년을 비롯하여 초과공급이 이루어지는 시기도 있었다. 베를린의 사례를 살펴보면 주택 건설의 리듬을 짐작할 수 있다. 1901년 베를린은 주택난에 봉착했고, 그 위기는 근 30년 내에 가장 심각한 정도였다. 공실률은 1.5% 미만으로서, 당시 인구가 190만 명이던 이 도시는 처음으로 인구 감소를 경험하던 중이었다.[13] 일자리가 줄어서 가 아니라 거주할 곳이 없는 인구가 떠났기 때문이었다. 경제가 급격히 성장하고 있었기 때문에 이자율은 높았고, 산업투자를 선호하던 당시 금융권의 분위기로 인해 주택 건설 관련 대출을 받기가 극히 어려웠던 탓에 충분한 주택 건설이 이루어지지 못했다. 그로부터 불과 10년 뒤 베를린 주택시장은 다시금 위기를 맞았다. 이번에는 임차인을 찾지 못한 임대인의 문제였다. 대규모 주택임대 회사조차도 주택가격 및 주택 수요 하락으로 인한 심각한 어려움에 봉착하고 있었다.

이와 같은 방식으로 베를린은 1880년대부터 1914년까지 5번에 걸쳐 과잉공급과 과소공급으로 인한 주택난을 겪었다. 주택시장에서 수요가 생겨날지에 대해 민간 건설주들이 파악하기 어려웠을 뿐만 아니라, 주택 건설에 많은 시간과 비용이 소요되기 때문에 수요에 민감하게 반응하기도 어려웠다. 특히 방이 세 개 이하인 소규모 주택의 경우, 채산성이 높아 놀라운 속도로 건설이 이루어진 고급 주택들과 달리 민간 부문이 건설에 소극적이었다. 소형주택의 경우 '월세 수입이 불확실하고 관리가 어렵다'는 평가가 만연했기 때문에 노동자 주택의 경우 공급부족에 처하는 경우가 많았다.

주택의 수요와 공급이 불일치하는 경우가 많았던 점뿐만 아니라 임대 계약의 편향성도 심각한 문제였다. 당시 임대 계약은 양측 모두가 언제라도 계약 해지를 선언할 수 있는 일반 계약으로 간주되고 있었지만, 만성적인 주택 부족 상태에서 이러한 조건이 양측에 같은 방식으로 영향을 미쳤을 리 만무하다. 당시의 임대 계약은 불과 몇 개월씩 지속되었을 뿐, 그 기간 이후에는 임대료 인상이 뒤따랐다. 주택시장의 하위에 위치할수록 이사가 빈번했음은 말할 나위도 없다. 4월 1일과 10월 1일 등 대부분의 임대 계약이 만료되는 날에는 세간살이를 실은 각종 교통수단들로 도로가 마비되곤 했다. 야반도주도 흔했다.

1872년 베를린 블루멘슈트라세Blumenstrasse에서 발생한 소요는 불공정한 임대 계약의 문제가 집단 시위로 번진 경우였다. 1872년 7월 25일 한 목수가 재임차인Untermieter을 받았다는 이유로 집을 비울 상황에 처하게 되었다. 이는 당시로서는 터무니없는 사유에 해당했다. 용적률 등을 고려하지 않고 가능한 방을 많이 욱여넣는 방식으로 건설된 임대주택은 열악한 주거 여건에도 불구하고 임대료가 매우 높았고, 이를 감당하려는 임차인들이 하루 중 단 몇 시간 동안 침대만 이용하는 재임차인을 따로 받아 임대료를 충당하는 것이 일반적이었던 것이다.

이 목수는 오랫동안 같은 건물에 거주해왔기 때문에 이웃들과 깊은 유대를 갖고 있었다. 퇴거 조치에 반발하는 목수와 유사한 주거 조건을 공유하던 이웃들, 인접 공장 노동자들 2천 명이 점심시간을 활용하여 모여들었다. 바로 다음 날 정부가 1872년 9월로 예정된 러시아 황제 알렉산더 2세Alexander II와 오스트리아 황제 프란츠 요제프 1세Franz Joseph I의 방문을 준비하느라 도로정비에 나섰던 것이 상황을 더욱 악화시켰다. 소방대가 나서서 도로변의 가난한 움막들을 없애버리자 전날 목수 일가를 위해 모인 시위대보다 더 많은 시위대가 모여들었다. 군병력이 투입되지는 않은 채로 사흘 후 시위가 잦아들기는 했지만, 빌헬름 황제가 이 시위를 1848년의 바리케이드 전투와 비교했을 정도로 당시로서는 큰 사건이었다.

블루멘슈트라세의 주택들을 건설한 제임스 호브레히트 James Hobrecht는 원래 이 신축건물의 옆면과 후면에는 저소득층이 거주하되 저층 중심부에는 상층이 거주함으로써 "재정적 상황이 아무리 상이하더라도 임차인들 간의 우호적인 관계"가 형성되고 그에 근거하여 사회적인 조화를 꾀할 수 있으리라는 구상을 갖고 있었다.[14] 그러나 이상과 실제는 이처럼 현저하게 달랐다.

이 에피소드는 주택정책을 연구하는 일반 학자들의 연구서에서도 다루어지지 못했다. 주택 문제에 대한 연구서들에서는 독일 제국 시기가 임차인 운동이 본격화되지 못한 시기로만 다루어지고 있을 뿐이다. 최근 베를린의 임차인 운동 단체에서 이 에피소드를 발굴하여 140년 동안 아무것도 달라지지 않았다고 비감한 어조의 논평을 내놓은 바 있다.[15]

경제불황과 주택 문제

1872년 베를린 임차인 시위는 같은 시기 금융공황과도 긴밀히 결부되어 있었다. 2008년 미국 주택시장의 붕괴로 인해 촉발된 세계금융위기를 두고 언론에서는 1930년대의 대공황과 비교하곤 했지만, 최근 들어 1930년대의 대공황은 당시의 경제적, 정치적 특수성에서 비롯된 것일 뿐 근대 자본주의 발전의 일반 사례로 보기 어려우며, 2008년의 금융위기는 부동산 시장과 연계된 금융공황이라는 점에서 1870년대의 공황과 비교하는 편이 타당하다는 주장이 세를 얻어가고 있다.[16] 19세기 후반 선진국 대도시들의 성장이 엄청난 부동산 시장 성장을 유발한 후 금융위기로 이어지는 현상이 반복되곤 했으며, 1873년의 공황이 그 시초였다는 것이다. 그도 그럴 것이 시장에서 거래되기 이전의 토지는 각종의 봉건적인 규제 하에 놓여 있었고, 교회나 왕실, 혹은 공동체 소유였다. 부동산이 시장에 자유롭게 거래되는 것은 19세기에야 가능해진 새로운 현상이었다.

유럽과 미국의 금융시장은 이미 19세기 후반에도 깊게 연계되어 있었고, 이 국제화된 금융시장은 다시 부동산과 긴밀히 결부되어 있었다. 이 연계로 인해 오스트리아-헝가리 제국과 독일에서 서구 세계 최초의 심각한 부동산 위기였던 "건국위기 Gründerkrise"가 발생했다. 1870년 오스트리아-프로이센 전쟁 직후의 호황으로 인해 대도시들의 건설 붐이 야기되었고 이로부터 머지않은 1873년, 건설 붐 당시 투기를 주도하던 토지은행과 건설 회사의 위기가 빈과 베를린의 주식시장 붕괴로 이어지게 되었던 것이다.

독일의 경우 부동산 및 건설 투기와 깊이 연계되어 있던 하인리히 크비슈토프-협회은행Quistorp-Vereinsbank이 지불불능에 처하게 됨으로써 엄청난 혼란을 겪게 되었다. 하인리히 크비슈토프Heinrich Quistorp는 영국 산업화의 양상을 목도한 후 독일로 돌아와 베를린, 브레슬라우, 마그데부르크, 단치히, 프랑크푸르트 등 여러 지역에서 부동산 개발에 참여하였다. 1870년에 창립된 크비슈토프 은행은 베를린 인근 지역에서 무수한 고급주택들을 건설한 크비슈토프 부동산 회사의 재정을 담당하는 한편, 신생기업들이 주식시장에 접근하는 것을 돕는 유가증권발행은행Emissionsbank 역할도 담당했다.[17] 그리고 부동산 붐이 사라진 후 이 은행이 상장시킨 회사들뿐만 아니라 이와 연계된 다른 기업과 은행들도 파산하게 되었다.

이 1870년의 "건국위기"는 국제 자본시장의 연계로 인해 세계적인 차원의 위기로 이어졌다. 특히 독일의 투자자들이 미국의 자본시장에서 철수함으로써 여러 미국 기업들도 함께 위기에 봉착하게 되었다. 이 위기가 부동산 부문에서만 촉발된 것은 아니었지만, 부동산 부문이 중요하게 연루되어 있었던 것도 사실이었다.

이처럼 부동산과 연계된 재정위기는 1880년대에도, 1890

년대에도 프랑스, 이탈리아, 오스트레일리아, 아르헨티나 등 여러 국가들에서 놀라울 정도로 같은 패턴으로 나타났다. 예컨대 로마의 경우 1887년 장기 건설 붐 이후에 부동산 시장 가격 폭락이 나타났다. 이 시기 다수의 프랑스 은행들이 이탈리아에서 자본을 회수하면서 다수의 이탈리아 건설 회사들이 지불불능에 처하게 되었다. 그리고 이 부동산 기업의 위기는 머지않아 부동산 시장에 엄청난 투자를 했던 이탈리아 은행 위기로 이어지게 되었다. 그 결과 당시 이탈리아의 1, 2위 은행이던 제네랄리 은행Banca Generali과 모빌리아레 유동자산은행Credito Mobiliare이 파산했고, 이탈리아 재정 시스템이 붕괴함에 따라 여러 기업들이 연쇄 도산하게 되었다.

부동산 시장이 1차 대전 이전 재정 위기들에 중요한 기여를 하게 된 이유는 여러 가지로 분석되고 있다.[18] 먼저 부동산 시장 자체가 12~20년 주기로 장기간의 불황과 호황을 반복하는 특징을 보였다는 것이다. 독일의 경우로 한정하더라도 1850년부터 1914년 사이 네 차례에 걸쳐 호황과 불황을 반복했다. 인구구조의 변화, 공급탄력성 부족, 그리고 장기적으로 부동산이 오를 수밖에 없다는 견고한 믿음 등으로 인해 주택에 대한 수요와 공급이 다른 여타의 상품과 달랐기 때문인 것으로 설명되고 있다.

두 번째로 부동산 시장은 대규모 자본이 필요하기 때문에 은행 체계와 긴밀한 관련을 가질 수밖에 없었다. 1913년에 이르면 전체 독일 신용 대출의 절반이 부동산 부문에 투입되고 있었다. 특히 1840년대부터 주택 건설을 지원하는 부동산은행들이 우후죽순 생겨나고 있었고, 저축은행Sparkassen과 보험회사들도 25%에서 50%에 달하는 자산을 주택 부문에 투입하고 있었다. 이에 더해 19세기 유럽 문화에서 대출받는 것은 금기시되고 있었지만, 주택을 위한 신용대출은 사회적으로 통용되고 있었기 때문에 개인 역시도 주택 관련 대출에 뛰어드는 경향을 보이고 있었던 것으로 평가된다.

세 번째로 부동산 투자를 위해 필요한 높은 신용대출은 자본시장을 통해서 이중융자 방식으로 이루어지는 경우가 많았다. 모기지 은행은 다시금 자본시장에 뛰어들어서 담보증권Pfandbrief을 발행하였다. 1870년에 독일의 부동산은행Hypoth-ekenbank들이 통용시킨 담보증권은 전체 담보액Hypothekenbastand의 75%에 육박하고 있었고, 1900년경에 이르면 이 비율은 100%에 달했다. 그리고 이는 독일뿐만 아니라 산업국가 전체에서 나타나고 있던 현상이었다.

마지막으로 주목할 것은 부동산 시장과 자본시장이 19세기부터 매우 높은 정도로 국제화되어 있었다는 점이다. 철도, 통신 등 대규모 인프라 사업이나 건설 투자는 거의 국제 자본시장을 통해서 자본을 조달하고 있었다. 자국 내 자본이 취약했던 남부, 동부 유럽, 오스만 제국, 라틴아메리카, 그리고 영제국 식민지가 대표적이다.

부동산과 연계된 19세기의 금융위기를 분석한 경제사학자 알렉산더 뉘첸아델Alexander Nützenadel의 연구를 상세히 언급한 것은 이러한 분석이 20세기, 21세기에라도 고스란히 적용될 법하기 때문이다.

토지 투기와 건설 문제

독일 제국 시기 주택 문제는 무엇보다도 토지문제로 인식되곤 했다. 토지문제가 주택 문제에 대한 논의에서 중시되었던 것은 영국이나 프랑스라고 다를 것이 없었지만, 독일의 경우 유독 토지 투기 문제에 관심이 집중되었다.[19] 특히 1870년 통일 직후의 호황기에 급작스러운 지대 인상과 투기가 만연했고, 그로 인해 주택 문제에 대한 사회적 관심이 토지 투기로 쏠리는 경향을 보였다.

베를린에서 활동한 카슈텐J.A.W.Carstenn은 대표적인 사례였다. 함부르크 출신의 사업가인 그는 1870년대 초 베를린에서 땅투기 업계의 나폴레옹으로 불렸다. 그는 베를린에서 1,700 헥타Hectar의 땅을 샀는데, 이는 당시 베를린에서 개발된 전체 토지의 20%에 달하는 면적이었다. 이 시기 독일에는 영국 자본의 지원을 받아 영국식으로 땅 투기를 하는 회사들이 다수 존재했다. 런던 교외 지역이 팽창되어 가는 과정에서 영감을 얻은 카슈텐의 택지개발 회사도 같은 맥락에서 이해될 수 있다.

이 택지개발회사 자체가 건설에 나서는 경우는 드물었고 택지 판매에서 이익을 얻는데 집중하는 경향을 보였다. 이 과정을 중개인이 매개했고, 이 중개인들이 같은 토지를 여러 번 사고팔아서 지대를 높이는 경우도 흔했다. 그 결과 정작 최종적으로 택지를 개발하는 역할을 하던 주택 건설 회사들은 "허수아비"로 지칭되는 경우가 많았다. 택지개발회사들은 안정적으로 이익을 얻었지만, 주택 건설회사들은 제1저당, 제2저당에서 얻은 자본을 토지매입에 쓰느라 실제 건축 대금은 이자율이 매우 높은 제3저당을 통해서 얻곤 했던 탓이었다. 결국 최종적으로 주택이 개발되기까지 과정에서 가장 많은 수익을 얻은 주체는 택지회사들인 셈이었다.

당시 주택 건설회사들의 위험은 택지개발회사에 비할 수 없는 것이었다. 주택 건설회사는 규모 면에서 작았고, 기술적으로 저발전 상태였다. 1890년대 200인 이상 노동자를 고용한 건설회사는 하나도 없었고, 1907년이 되어서 31개 정도로 늘었을 뿐이었다. 6인 이상 노동자를 고용한 건설회사의 비율이 1907년까지도 25%에 불과했다.[20]

이처럼 영세한 규모로 인해 공사대금 지불이 건설 물량의 판매가 끝났을 때 이루어지는 경우가 많았고, 건설노동자들은 노동력뿐만 아니라 건설자재 자체도 신용으로 먼저 조달해야 했다. 이러한 방식으로 인해 주택 건설업자들은 여러 가지 위험에 노출되어 있었고, 장기적으로 볼 때 이윤도 낮았다. 1907년 이후의 불황 시기에는 다수의 주택개발업자들이 파산하기도 하였다.

　이러한 패턴이 반복되었던 것은 주택 부문의 채산성이 매우 높았던 탓이었다. 주택 부문에서 예상되는 엄청난 이익은 무수한 투자자들을 끌어들였다. 주택이 건설된 토지가 원래 농지였을 경우, 농지 구매가와 최종적으로 건설된 임대주택 가격 사이의 격차로 인해 엄청난 이윤이 보장되고 있었음은 말할 나위도 없다. 택지개발이 활발하게 일어나던 1870년대 초, 택지로 개발된 토지가 원래 농지 가격의 10~50배로 오르는 일은 다반사였다.[21] 조물주 위의 건물주에 대한 꿈은 21세기 한국뿐만 아니라 19세기 후반 유럽인들 다수의 꿈이기도 했다. 로마의 건설 투기와 관련하여 이탈리아 소설가인 조반니 베르가 Giovanni Verga가 언급한 바에 따르면 "택지를 획득하여 임대주택과 빌라를 짓는 것은 모든 사람의 꿈이었다."[22]

2장

프로이센 의회와
제국 의회 사이에서
좌초된 주택법

정당들, 임대인과 임차인 단체들

이처럼 심각한 주택난과 만연한 투기를 두고 사회적인 논의
가 활발하게 이루어졌다. 각 정당들이 적극적으로 주택 문제에
대한 논의에 참여하고 있었음은 말할 나위도 없다. 자유주의
를 표방하되 교육 및 자산 부르주아 층의 이익을 대변하던 민
족자유당Nationalliberal은 주택 및 토지소유주 단체의 이익을 수
호하기 위해 정부가 주택 분야에 개입하는 것을 막고자 노력했
다. 사회 문제에 대한 정부 및 정당의 개입을 강조하던 사민당
Sozialdemokratische Partei Deutschlands과 가톨릭 중앙당Zentrumspartei의
경우 주택 문제에 대한 논의에 적극적이었고, 특히 사민당의

지역 정치가들이 그러했다.

　기실, 사민당이 주택 문제에 대해 보인 태도는 양가적이었다. 바이마르 시기 사민당은 주택정책에 있어서 매우 적극적인 역할을 담당했지만, 독일 제국 시기의 사민당은 이 문제에 대해 아직 입장을 정립하지 못하고 있었다. 1872년에 발간된 엥겔스의 "주택 문제에 관하여Zur Wohnungsfrage"는 주택 문제에 대한 사민당의 정책 방향을 결정하는데 중요한 자료였다.[23] 이 책자에 따르면 노동자와 하층 중간계급 일부의 주택 문제는 자본주의 생산방식에서 비롯된 여러 부차적인 난제들 가운데 하나에 불과했다. 또한 부르주아 개혁가들이 노동자 주택 문제의 해결책으로 제시한 대로 노동자를 주택 소유자로 만들게 될 경우 주택 소유를 통해 생겨나는 사회적 연결고리들로 인해 노동자들의 투쟁력이 약화될 뿐이었다. 이에 따라 엥겔스는 주거난 해결은 혁명 이후에야 가능하다는 입장이었다.

　그러나 노동자들의 주거난 해결을 '혁명 이후'로 미뤄두기에는 주거 여건이 너무도 열악했기 때문에, 최소한 사민당 지역 정치가들은 주택 문제에 관심을 기울일 수밖에 없었다. 1875년 고타 강령 6조에서 당대 사회에서 이루어질 수 있는 9가지 개혁안 가운데 "노동자의 생명과 건강 보호법"의 일환으로 "노동자 주택의 위생 통제"를 요구하고 있었던 것은 이러한 맥락에서 이해될 수 있는 일이었다.[24] 뉘른베르크, 오펜바하, 브레멘 등의 도시에서 지자체 선거에 참여한 사민주의자들의 경우 특히 실용주의적인 태도를 견지했다. 이들은 고타 강령에 언급된 내용을 넘어서 주택감독관 설치, 적합한 가격의 주거 공간 마련을 요구하였다. 한걸음 더 나아가 당시 베를린의 시의원이던 파울 히르쉬Paul Hirsch는 위생적이고 적합한 가격의 주택 여러 채를 지방정부 지원으로 건설해야 하고, 이를 위해서는 지자체 선거에서 임대인의 특권을 없애는 것이 필수불가결한 조건이라는 입장을 피력하기도 했다.[25] 주택 문제 해결을 혁명 이후로 미루자던 엥겔스의 입장을 벗어난 수정주의적이고 실용주의적인 태도가 사민당 내에서 점차 자리를 얻어가고 있었던 것이다.

그런가하면 주택 문제의 이해 당사자 가운데 주택 소유자들이 일찌감치 조직화에 나섰다. 가장 먼저 임대인 단체가 조직된 함부르크의 경우 1832년에 토지소유자협회Grundeigentürmer-Verein가 창설되었다.[26] 이런 지역 조직들의 연합체로서 1879년 드레스덴에서 "독일주택토지소유자협회중앙회Zentralverband der Haus- und Grundbesitzervereine Deutschlands"가 최초로 조직되었고, 1912년까지는 800개의 지방협회를 포괄하게 되었다. 이들의 기본 입장은 "주택 문제는 사회문제가 전혀 아니며", "주택 부족은 없다."는 것이었다. 이들에 따르면 주택 문제는 임차인의 욕망과 인색함에서 유래하는 것일 뿐이었고, 주택시장에 국가가 개입하는 것은 사회주의로의 행보에 불과했다.[27]

이들은 임대료와 계약 조건, 임차인 블랙리스트 등을 공유하였고, 지역 차원의 주택관리 및 건설정책에 대해 영향력을 행사했다. 기실 독일 도시들은 오랜 시 자치의 전통으로 인해 시 엘리트들이 도시 행정에 지속적으로 관여해왔고, 이들은 대체로 주택소유자들이었다. 이에 따라 임대인들인 도시 상층 계급의 경우 따로 단체를 조직하지 않아도 지방정치에 큰 영향을 미칠 수 있었다.

주택 문제에 대한 정부 개입이 점차 가시화되어 감에 따라 임대인들의 저항도 거세지게 되었다. 1900년 "독일주택토지 소유자협회중앙회"가 주택조합에 대한 지원을 중단할 것을 프로이센 의회에 청원하고 나서는 등 여러 가지 방식으로 저항의 수위를 높여갔다. 프로이센 의회 등 연방주 의회를 통한 임대인 단체의 저항이 거세지면서 주거개혁가들 사이에서 각 연방주를 넘어 전국 차원의 주택법을 제정하는 것이 불가피하다는 인식이 확산되기에 이르렀다. 라인란트 지역의 도시 계획가이던 요제프 슈튀벤Josef Stüben이 "주택 문제는... 결국 권력 문제"라고 일갈했던 것은 이러한 맥락에서 이해할 수 있는 일이었다.[28]

임차인 단체가 만들어지게 된 것은 임대인 단체에 대한 대응 차원에서였다. 최초로 임차인 단체가 조직된 것은 1870년대 에어푸르트에서였고, 유사한 조직들이 1880년대에 여러 도시에서 설립되었다. 2022년 현재에도 활발히 활동하고 있는 베를린의 임차인 협회Berliner Mieterverein가 조직된 것은 1888년

프로이센 의회와 제국 의회 사이에서 좌초된 주택법

이었다. 이들은 당시 보다 나은 주거 조건을 위한 캠페인을 벌이거나 중간계급 개혁가단체들과 협력하여 "주택토지소유자협회"가 제기하는 재산권 옹호 프로파간다에 맞서는 데 보다 관심을 기울이고 있었다. 따라서 임차인의 권리를 실질적으로 보호했다고 보기는 어려워 보인다.[29]

사회정책협회와 "임대병영" 논의

주택 문제에 대한 사회적 논의를 이론적으로 풍부하게 했던 것은 사회개혁가 집단이었다. 이들 부르주아 개혁가단체들은 열악한 주거 상황으로 인해 사회의 도덕률과 국민 건강이 나빠질 것을 우려했으며, 주거 개선을 통해 사회주의의 영향력을 차단하려 했다.

특히 1873년에 조직된 대표적인 사회개혁가 단체인 사회정책협회Verein für Socialpolitik가 사회문제의 일환으로서 주택 문제에 대해 큰 관심을 표했다. 프로이센의 최고위 관료들이던 요하네스 폰 미크벨Johannes von Miquel, 한스 헤르만 프라이헤어 폰 베를렙쉬Hans Hermann Freiherr von Berlepsch 등이 직접 사회정책협회의 회의에 참석하여 주택 문제에 대해 입장을 표명했고, 독일농업가연맹Bund Deutscher Landwirte, 독일산업가중앙회Centralverband Deutscher Industrieller 등 대표적인 경제단체들도 사회정책협회의 논의에 적극 참여했다.

사회정책협회는 먼저 프랑크푸르트 시장이던 요하네스 미크벨Johannes Miquel의 권고에 따라 13개 도시의 주거 여건을 조사하고, 영국 및 프랑스의 주택법을 분석한 자료집을 발간하였다. 이 자료에 근거하여 1886년 9월 24일 주택 문제의 원인과 해결책에 대한 포괄적인 논의에 착수하였다.[30] 그리고 이 논의에 근거하여 대표적인 강단사회주의자 구슈타프 슈몰러Gustav Schmoller는 이듬해인 1887년 "주택 문제에 대한 경고Mahnruf in der Wohnungsfrage"를 출간하였다. 그가 "어떠한 대가를 치르고서라도", "대도시의 사회 하층이 그들의 주거 상황으로 말미암아 야만적이고 짐승 같은 존재로 떨어지게" 되는 것을 멈출 조치를 해야 한다고 주장했던 것은 부르주아 개혁가들이 주택 문제에 대해 가진 우려가 얼마나 컸는지를 잘 보여주고 있다.[31]

이 시기 부르주아 개혁가들은 주택 문제가 주거의 문제일뿐만 아니라 노동자 계급의 도덕성을 높이고 문화적인 최저선을 유지하는 길이라는 입장이었다. 이들은 주거 조건에서 인간의 존엄성을 지키는 것이야말로 사회가 해체되는 것을 막고, 독일 문화국가의 전통을 지키는 길임을 강조했다.

사회정책협회는 이후에도 주택 문제에 대한 논의를 꾸준히 진행시켰다.[32] 저명한 경제학자 베르너 좀바르트 등이 참여하는 가운데, 당시 34세이던 국민경제학자Nationalökonom 칼 요하네스 푹스Carl Johannes Fuchs를 중심으로 한 위원회가 주택 문제

해결을 위한 정책 자료집을 발간하기도 했다. 1901년에 발간된 이 자료집은 네 권, 1,400페이지에 달했다.[33] 이 자료집에서는 오스트리아, 스위스, 영국, 벨기에, 프랑스, 미국, 러시아 및 스칸디나비아 등 여러 국가들의 주택 건설 및 임대 관련 법령들도 상세히 분석하고 있었다.

당시 사회정책협회의 주택 문제에 대한 논의의 초점이 되었던 것은 '임대병영'이었다. 택지개발회사와 대규모 은행들의 결탁을 통해서 임대주택 건설 규모가 현저히 커지게 되었다. 이 규모의 경제로 인해 대규모 건설회사들이 '임대병영'으로 불리던 대단지 주택을 짓는 것이 일반적이었다.[34] 물론 '임대병영' 같은 고밀도 개발은 매우 큰 경제적 위험성도 동반하고 있었다. 자본이 보험 및 연금 기금으로부터 모기지 은행으로 유입되고, 이 모기지 은행으로부터 대출의 수위를 한껏 높인 끝에 건설된 '임대병영'의 부채는 자산가치를 훨씬 초과하는 경우가 많았다. 매우 부채가 높고 고평가된 이러한 자산들이 경매로 넘겨지는 것은 흔한 일이었다.

'아파트 공화국'인 한국의 상황을 떠올리게 하는 이 고밀도 개발을 두고 구슈타프 슈몰러Gustav Schmoller, 아돌프 바그너Adolf Wagner, 그리고 루요 브렌타노Lujo Brentano, 루돌프 에버슈타트Rudolph Eberstadt, 칼 요하네스 푹스Carl Johannes Fuchs 등 비판적인 논자들이 한편에 있었고, 다른 한편으로 오이겐 폰 필리포비치Eugen von Philippovich, 안드레아스 포이그트Andreas Voigt 등 보다 시장 경제 지향적인 그룹이 서로 맞서게 되었다.

푹스, 슈몰러, 에버슈타트 등은 대도시 소형 주택의 부족 및 높은 임대료, 임대병영 건설 증가 등이 주로 인위적인 토지 투기의 결과일 뿐 역사적으로 불가피한 현상은 아니라고 보았다. 이들은 원칙상 임대병영의 반대자로서 임대병영이야말로 악의 현현이라는 입장이었다.

에버슈타트는 농지가 택지로 개발되고 택지에 주택을 건설해 매매 혹은 대여되기까지의 전 과정에 투기가 개입하게 된다고 보았다. 특히 택지개발회사가 많은 돈을 벌게 됨으로써 자본이 주택 건설에 생산적인 방식으로 투자되지 못하게 되고 그로 인해 임대료 인상이 불가피하게 된다고 분석하고 있었다. 그는 주택 문제가 건설비용의 문제라면 주택 건설이 완료됨으로써 문제가 해결되겠지만, 실제로는 완공됨과 동시에 주택 문제가 시작된다고 주장했다. 주택이 완공된 후 임대료 및 주택 가격을 인상시키려는 노력이 나타난다는 것이었다. 그는 임대병영, 즉 대량임대주택은 거주공간으로서가 아니라 판매용 상품으로 건설되고 있다는 점에서 과거의 주택과 본질적으로 다르다는 입장이었다. 결국 에버슈타트의 결론은 모든 법적, 행정적 수단을 통해서 토지 투기와 임대병영 체제에 맞서야 한다는 것이었다.

이와는 달리 '투기'라는 개념을 감정적으로 사용해서는 안 된다는 전제를 갖고 있던 폰 필리포비치와 포이크트 등은 대도시의 토지 소유자들이 독점적인 지위에 오르게 되는 현상이 모든 주택 문제의 본질적인 입장이라는 슈몰러, 바그너 등의 입장을 두고, "농촌적-중간계급 구세주적" 태도라고 비판했다. 토지 소유자들이 가능한 높은 가격에 토지 매매를 하고자 하는 희망을 투기로 간주할 수는 없다는 것이었다. 이들은 토지 가격이 임대료를 결정하는 것이 아니라 임대 가치가 토지 가치를 결정한다고 보았다. 즉 투기의 결과로 지대가 인상되는 것이 아니라 이미 존재하는 토지의 가치에 지대가 맞춰질 뿐이었다. 기본적으로 이들 시장 지향적인 그룹은 민간 분야의 건설을 촉진함으로써 주택 문제를 해소할 수 있다는 입장이었다. 이러한 논리의 연장선상에서 도시의 인구밀도는 높아지고 택지는 줄어들 수밖에 없기 때문에 임대병영은 저가 소형 주택을 마련하기 위한 효과적이고도 피할 수 없는 해결책이라고 주장했다.

특히, 포이크트는 에버슈타트와 마찬가지로 '토지의 가치가 임대료에 의해서 결정된다'는 리카도 이론을 출발점으로 했지만, 높은 임대료를 투기의 결과라고 보았던 에버슈타트와 달리 도시 팽창의 자연스러운 결과라고 보았다. 즉 산업화로 인한 필요의 결과일 뿐 투기의 결과가 아니라는 것이었다. 그는 에버슈타트가 지대가 건설 비용에 미치는 영향을 과대평가하고 있으며, 토지 거래에 정부가 개입하게 될 경우 지방 행정 당국이 그와 관련된 위험을 잘못 평가하는 등 결과적으로 실패할 가능성이 크다고 보았다. 포이크트에 따르면 다른 투자에서 얻어지는 수익에 비해 토지 투자에서 얻어지는 수익은 실제로는 낮으며 이익을 얻기까지의 긴 시간을 고려하면 더욱 그렇다는 입장이었다. 상업용지의 수익에 비할 때 노동자 계급 주거지에서 얻는 수익은 실제로 낮다는 것이 그의 결론이었다.

한 걸음 더 나아가 그는 임대병영이 산업화된 도시에서 임대료를 낮게 유지하기 위해 불가피하며, 택지개발회사와 주택건설회사 모두 도시를 발전시키는 데 있어 불가피한 행위자라고 주장했다. 포이크트에 따르면 에버슈타트는 토지로부터 얻어지는 이익을 과장하고 있으며, 그 결과 택지개발회사나 토지개발회사가 모든 주택 문제에 있어 희생양이 되고 있다고 보았다. 포이크트는 건축가들이 건설 단가를 낮출 수 있도록 하는 등 보다 실용적인 차원의 접근을 중시했다.

이와 같은 사회정책협회의 논의에는 강단사회주의자들 뿐만 아니라 지역정치가, 제국 내무부 관료 등이 참여함으로써 더욱 정교해질 수 있었다. 당시 논의에 참여한 만하임과 에센 시장은 도심의 고층 건물이 토지 소유자뿐만 아니라 도시에서 활동하는 시민들에게도 유리하기 때문에 이를 더 이상 억압할 수 없고, 결국 정부가 주택 감독 및 건설규정을 강화함으로써 임대병영의 열악한 조건들을 제거하는 것이 타당하다는 입장이었다. 주택 관련 통계청, 주택감독관청 등을 만들고 도시 건설규정을 강화하며 주택신축을 위한 주택은행 등 신용기구를 만들 필요가 있다는 입장이 개진되기도 했다. 이러한 주택 관련 기구를 제국 정부 산하에 둘지 지역 행정관할 하에 둘지에 대해 논란이 있었을 뿐, 정부 개입 자체에 대해서는 모두가 찬성하고 있었다.

이러한 논의의 결과로 단일하고 포괄적인 주택개혁안이 제시될 수는 없었다. 앞서 언급된 바대로 주택 문제의 원인과 관련된 입장 차가 기본적으로 매우 컸다.[35] 그럼에도 이들의 논의를 통해서 주택 문제가 당시 내정에서 매우 중요한 문제로 부각될 수 있었다. 무엇보다 이들이 만들어낸 여러 포괄적이고 근본적인 통계 자료, 설문 조사를 통해서 전반적인 문제 상황에 대한 파악이 가능케 되었다. 예컨대 이들의 연구에 근거하여 주택 문제가 도시화 및 인구 폭발과 결부된 문제이며, 조망이 불가능한 토지, 주택시장이 이미 생성되었고, 투기적인 건설 기업과 거대한 규모의 주택 금융 및 임대업자 그룹이 존재한다는 것이 드러나게 되었던 것이다.

전국 차원의 주택법 제정을 위한 노력들

1871년에 제정된 독일 제국 헌법Verfassung des Deutschen Reiches에 따르면 주택 문제는 중앙정부가 아니라 연방주와 기초자치단체인 게마인데Gemeinde의 업무에 속했다. 19세기 말부터 이들 지방정부들은 법규명령Verordnung과 권고Empfehlung 등의 형태로 주택 문제, 즉 규제와 건설 부문 모두에 개입하기 시작했다.[36] 그러나 지역마다 상이한 이해집단 및 정당들 간의 세력 관계로 인해 각 연방주에 따라 매우 다양한 주택정책이 나타날 수밖에 없었음은 물론이다. 그리하여 전국적인 차원의 주택법안이 제정되어야 한다는 목소리가 점차 커져가게 되었다.

독일에서 전국적 차원의 입법에 대한 논의를 복잡하게 했던 것은 연방주의 구조였다. 주택 문제에 대한 정부의 개입 자체에는 동의한다고 할지라도 주택정책을 연방 정부가 담당할지 지방정부가 담당할지를 결정하는 것은 또 다른 쟁점이었다. 기초자치단체와 연방주 간에도 갈등이 있었지만, 연방주와 제국 사이에서도 갈등이 생길 수밖에 없었다. 예컨대 프로이센 보수주의자들의 입장에서 볼 때, 베를린 제국의회의 사회주의자 의원들이 자신의 지역구인 동부 프로이센의 주거 여건에 대해 개입하는 것은 생각할 수 없는 일이었다.

이러한 제국, 연방주, 기초자치단체 간의 권한 다툼 이외에도 주택 문제에 대한 관심이 경기 변동에 매우 영향을 받는다는 사실 역시도 상황을 복잡하게 만들고 있었다. 주택난이 심했던 1901년, 1910년 무렵의 경우 주택 문제에 대한 논의도 활발했지만, 1903년부터 1907년 사이 상대적으로 경제상황이 나쁘지 않던 국면에서는 주택 문제에 대한 제국 차원의 개입이 별반 호응을 얻지 못하고 있었다.

그럼에도 불구하고 전국 차원의 주택법안에 대한 논의가

불가피했던 것은 연방주 의회 및 주 정부 차원으로 주택정책의 주체를 축소시킬 경우 지역 토호 세력인 주택소유주들의 영향력을 벗어나지 못하리라는 판단이 널리 받아들여졌기 때문이었다.

　이와 관련해서라면 1차 대전 이전 평등 선거권이 수용되지 않은 상태로, 경제적 자립도, 주택 소유 여부, 그리고 세금 부담 정도에 따라 차등 선거권이 부여되고 있었다는 점을 기억할 필요가 있다.[37] 결국 1차 대전 이전 독일 제국의 선거권은 기본적으로 유산자들을 위한 것이었다. 작센과 프로이센 등 주요 연방주에서 납세액에 따른 삼계급 선거권이 존재했는가 하면, 지역선거권의 경우 오랜 체류 기간, "나무랄 데 없는 생활방식 untadeligen Lebenswandel", 그리고 시민권세 납부가 전제조건이었다. 사민당이 먼저, 그리고 이후에 중앙당이 선거권세를 납부하기 위한 "저축협회Sparverein"를 만들었던 것은 이러한 배경에서였다. 이와는 반대로 사민당의 영향력을 차단하고자 이 세액 기준을 높이는 경우도 나타났다. 북부 도시 킬Kiel의 경우 1891년 이러한 방식으로 전체 유권자의 절반이 선거권을 상실했으며, 이들 대부분이 노동자였음은 말할 나위도 없다.[38]

　프랑크푸르트의 경우 훨씬 더 노골적인 방식으로 주택소유자의 발언권이 유지되고 있었다. 시민권을 획득하기 위해서는 1년 이상 도시에 거주하고, 빈곤층을 위한 공적 지원을 받지 않아야 했으며, 게마인데 세Gemeindeabgabe를 납부해야 했다. 이

0
6
6

주택, 시장보다 국가: 독일 주택정책 150년

에 더해 주택을 소유하거나 2인 이상 작업장을 소유하거나 혹은 연간 소득이 700굴덴(1,200마르크) 이상이라야 했다. 또한 게마인데 자치법Gemeindeverfassungsgesetz에 따르면 시의원 가운데 절반은 주택소유자로 구성되어야만 하는 규정이 별로도 존재했다. 그 결과로 1905년 64명의 시의회 의원 가운데 75%인 48명이 주택소유자였고, 그 가운데 다시 33명이 주택임대인이었다.[39] 당시 시의회는 시 행정 자체를 통제할 수 있었기 때문에 지방의 주택정책에 주택소유자의 영향력이 압도적이었다고 볼 수 있다.

함부르크시의 사례도 주택소유자들이 주택정책에 얼마나 영향을 미치고 있었는지를 잘 보여주고 있다. 1913년 함부르크의 주택소유자는 20,483명으로, 시 전체 인구의 2%를 차지하고 있었다.[40] 이들은 수적으로 적었지만, 시의회에서 차지하는 비중이 매우 높았고 시 세수의 상당한 부분을 차지하고 있었다. 또한 이들의 모임인 토지소유자협회Grundeigentümer-Verein는 함부르크에서 가장 영향력 있는 단체에 속했다. 1832년에 결성된 이 협회는 독일에서 가장 먼저 만들어진 주택소유자 조직에 속했으며, 이들은 임대료를 받는 부동산 소유자의 이익을 대표하고 있었다. 1879년의 경우 회원 수가 600명에 불과했지만, 1906년에 이르자 회원 수가 10배로 급증하였다. 이는 도시의 부동산에 대한 법적 제한을 가하려는 움직임에 맞서기 위해서였다.

당시 함부르크의 사민당과 토지소유자협회는 주택 부문에 대한 정부 개입을 둘러싸고 매우 격렬하게 충돌하였다. 시의회가 빈민가를 정비하고자 하였을 때 주택 소유자들은 정부의 개입이 임대인의 권리에 대한 개입이면서 임대인이 감당할 수 없는 부담을 지운다는 이유로 이 과정을 최대한 지연시키고자 하였다. 이들은 당시 저가 주택을 공급하기 위한 주택 건설 조합들에 대해서도 주택의 가치를 떨어뜨린다는 이유로 반대했다.

이들은 주택 관련 법안을 저지시키려는 시도로 인해 함부르크 부두 노동자들의 주거비를 떨어뜨리는 데 관심이 있는 고용주들의 반발을 사기도 했다. 고용주들은 주거비가 높아질 경우 임금을 높여야 한다는 점에 불만을 가졌지만, 주택 소유자들은 부두에 가까운 도심 지역에 빈민 노동자들을 위한 저가 주택을 공급하는 것에 반대하는 입장이었다. 오늘날에도 그러하듯이 산업계와 임대인들의 입장은 엇갈릴 수밖에 없었다.

프로이센의 주택법안 vs. 제국 주택법안

이러한 지방의 사례들을 고려할 때 전국 차원의 주택법을 통해서만 주택 문제를 해결할 수 있을 것으로 여겨졌던 것은 이해할만한 일이다. 여러 단체들과 사민당, 중앙당, 자유주의 정당들이 제국 차원의 주택법 마련에 관심을 기울였다. 1898년 제국 차원의 주택법안을 마련하기 위해 조직된 제국주택법협회 Verein Reichswohnungsgesetz의 경우 제국 주택법안에 반영될 내용들을 포괄적으로 제시하고 있다. 기존의 논의들을 종합하여 이들이 요구한 내용들은 주택 감사, 주택 조사 및 강제 구매력을 활용하여 슬럼을 철거할 것, 건축법과 도시 계획법을 통해 주택 구조를 개선할 것, 조합, 지자체, 민간 기업들을 통해서 노동자 주택의 건축을 늘릴 것, 토지 강제매매와 관련되는 법 개정에 나서는 등의 방식으로 지방정부가 저렴한 주거를 위한 택지를 조성할 것, 교통 체계를 개편할 것, 임대 계약의 형식을 바꿀 것, 주거 개혁 프로그램을 만들어낼 특별 위원회를 창설할 것 등이었다.[41]

이러한 사회적인 논의는 제국 의회에도 가닿아서 1895년, 1899년에 각각 논의되었지만 결정은 유예되었다.[42] 보수주의 정당들 측에서는 지방정부에 맡기는 편이 합리적이라는 입장이었던 반면, 사민당과 자유주의자들은 연방주와 시 차원에서의 적극적인 주택정책이 가능하기 위해서라도 제국 차원의 주택법안이 필요하다는 입장이었다.

이 논의의 촉진제이자 걸림돌이 되었던 것은 독일 제국 전체 영토의 2/3를 차지하던 프로이센에서[43] 독자적으로 논의되고 있던 주택법이다. 제국 의회 논의가 지지부진한 가운데 1904년 프로이센 의회에서 주택법안 초안을 공개하기에 이르렀다. 기본적으로 프로이센 정부는 비영리주택조합에 보조금을 지급하는 등의 적극적인 개혁은 피하고자 했으며, 대신 비영리조합이건 민간 기업이건 모두가 저소득층 주택을 매력적으로 볼 수 있도록 장려하는 편을 택하고자 한다는 점을 서문에서 명시했다. 구체적으로 5개조로 구성된 이 법은 제1조에서 정원, 놀이터, 위락시설 등을 위한 공간이 마련될 수 있도록 건축제한선을 통제하고, 저소득층용 주택을 위한 도로개발 비용 몫을 축소할 수 있도록 지자체의 권한이 강화되어야 하며, 이를 위해 기존의 도로교통법을 개정해야 한다고 주장했다. 2조에서 건설법규를 통해서 인구밀도 구획density zoning을 실시할 것, 3조에서는 저소득층 주택의 경우 하수도, 가스, 수도세 등의 비용을 인하할 것, 4조에서는 모든 주택의 주방, 화장실, 상수도 등과 관련한 최저기준을 마련할 것, 5조에서는 주택에 대한 감독을 강화하기 위한 주택청을 설립할 것을 주장하고 있었다.[44] 결국, 과밀에 대한 제한 및 감독 등 통제 조치와 저소득층 주택 건설의 개발 비용을 일부 낮춰주는 정도의 개입일 뿐이었다.

이 법 초안이 발표되었을 때 특히 문제가 되었던 것은 각 도시와 게마인데의 자율성 문제였다. 주택정책상 불가피한 경우 지자체의 저항에도 불구하고 이를 강제해야 하며, 이는 주택소유자들이 지자체를 통제하는 경우가 많기 때문이라는 주장은 도시가 누린 전통적인 자율성에 대한 전쟁 선포로 여겨지고 있었다. 이에 따라 프로이센에서 주택법안에 대한 논의는 구체적인 조항이 아니라, 지자체의 자율성에 대한 개입이라는 측면에서 여러 혼란스러운 반응들을 낳고 있었다. 주택소유자 집단의 영향력에 대해 반대하면서도 중앙정부의 경찰력이 강화될 것에 대한 우려로 인해 사민당이 이 법안에 반대하고 있었던 것은 대표적인 사례였다. 획일적인 법안이 지자체가 처한 상황의 다양성을 담아내지 못하리라는 우려 역시도 제기되고 있었다. 이 논의과정에서 프로이센 정부는 법안을 철회하였다.[45]

프로이센에서 이 법안이 다시 논의된 것은 1913년 이후였다. 중앙당이 1911년부터 주택법안에 대한 논의를 요구하기도 했거니와 제국 의회에서 주택법안에 대한 논의가 이루어지고 있었던 것도 중요한 압력이 되었다.

여러 행위자들이 다양한 각도에서 이 논의에 참여했다. 보수주의자들은 이 법안에 포함된 주택통제가 농촌 지역으로 확대되는 것에 대해 반대했다. 민족자유당Nationalliberale 역시도 같은 입장이었다. 자유보수당Freikonservative Partei은 이 법안을 통해 경찰력에 의한 통제가 강화될 뿐 소형주택 건설을 촉진하는 것이 주가 되지 못하고 있다고 비판했다. 중앙당은 기본적으로 이 법안을 환영했고, 이제는 사민당도 강화된 규정이 필요하다는 입장이었다. 결국 이 법안이 통과되지 못한 것은 보수주의자들의 반대, 그리고 제국 전체에서와는 달리 프로이센 지역에서 유독 보수적인 색채가 강하던 민족자유주의자들 Nationalliberale의 반대 탓이었다.[46]

프로이센 의회와 제국 의회 사이에서 좌초된 주택법

프로이센을 넘어 제국 의회 차원으로 시선을 돌리자면, 제국 의회 차원의 논의가 본격화되었던 것은 1912년이었다. 당시 정부는 여전히 주택 입법이 개별 연방주들의 소관사항이라고 주장했지만, 사민당과 중앙당 일부의 경우 전국적인 차원의 입법을 통해서만 프로이센과 같은 보수적인 주들을 움직일 수 있다는 입장이었다. 관련 의회 위원회에서 합의된 초안에는 주거지의 활용과 점유를 통제할 최소한의 기준을 마련하고, 주택 감독을 강화하며, 저소득층용 주택을 위한 임대전용권Leasehold system of land tenure의 확대와 이를 위한 재원 마련 등의 내용이 담겨있었다. 이와 더불어 개별 연방주들로 하여금 주거용 토지를 강제로 매매할 수 있도록 하고 저소득층용 주택을 위한 조세 정책을 마련하도록 장려하는 안 역시도 논의되었다. 이 제안들은 연방의회를 만장일치로 통과함으로써 잠시 "역사적 시간" 앞에 섰다는 흥분된 분위기가 조성되기도 했다.[47] 그러나 제국 주택법에 대한 프로이센의 반대가 거셌고, 상원인 분데스랏Bundesrat의 헤센과 바덴 지역 대표의 반대가 거셌기 때문에[48] 이 제국의회 법안이 입법화되는 것은 지연될 수 밖에 없었다.

당시 프로이센 의회와 제국 의회는 동시에 주택법안에 대한 논의를 이어가고 있었다. 그러나 상황은 현저히 달랐다. 프로이센 의회의 주택 관련 소위원회는 6명의 보수주의자들과 한 명의 사민주의자를 포함하고 있었지만, 제국 의회 주택위원회의 경우 6명의 사민주의자들과 두 명의 보수주의자들이 포진한 상태였다. 이러한 차이야말로 주거개혁가들이 전국 차원의 입법을 통해 주택 문제를 해소하고자 한 이유였을 것이다.[49]

결국 프로이센의 주택법안은 매우 완화된 형태로도 통과되지 못했고,[50] 전쟁 이후인 1918년에야 통과될 수 있었다. 제국 의회의 경우 프로이센 입법의 결과가 분명해지고 난 이후에 주택법을 다루기로 결정했기 때문에 제국 차원의 주택법안도 프로이센의 주택법안과 더불어 표류하게 되었다.

이처럼 제국 차원에서 주택법안 마련에 실패한 것은 다른 유럽국가들과 비교했을 때 이례적인 일이다. 벨기에가 1889년, 영국이 1890년, 그리고 오스트리아-헝가리 1892년에 주택법을 통과시킨 바 있고, 이들 국가의 사례를 참고하여 프랑스가 주택법을 통과시킨 것은 1894년이었다.[51] 이러한 차이는 결국 독일의 지방분권적인 정치 구도에 기인한 것으로 설명할 수 있다. 주거개혁가들은 가족 및 사회질서 위협 등 사회 전체를 위한 도덕 차원에서 관심을 끄는 데 성공했지만, 민간 주택에 대한 어떤 개입도 거부하던 주택 소유자 단체의 반대 등 전형적인 이유에 더해 중앙정부의 개입에 반대하던 연방주들 및 기초자치단체들의 자율성 훼손에 대한 불안감을 극복해내는 데 실패했던 것이다.

그 결과로 주택 문제가 지방정부에 맡겨지게 되었을 때, 재산에 따른 차등 선거권으로 인해 임차인들이 충분한 정치적인 영향력을 행사하지 못하는 가운데 지역정치를 장악하던 토호인 임대인들의 영향력을 제어할 길이 없게 되는 결과를 낳게 되었다. "주택 문제가 권력 문제"라는 요제프 슈튀벤의 논리에 따르자면, 독일 제국 시기에 임차인 편에서 주택 문제를 해결할 가능성은 거의 없었던 셈이다.

3장

토지초과이득세, 공익주택회사와 주택조합

토지 개혁에 대한 사회적 논의

독일제국 시기 주택 문제에 대한 사회적인 논의에서 '임대병영' 만큼이나 논의의 대상이 되었던 것은 지대의 문제였다.[52] 유럽에서 토지 개혁 운동이 가시화되기 시작한 것은 1830년대부터였다. 사적인 토지 소유가 노예화의 근원이라는 영국 기독교 개혁운동 측의 주장은 칼 맑스, 칼 카우츠키, 에두아르트 베른슈타인 등 여러 사회주의자들에게 두루 영향을 미쳤다.[53] 이에 더해 1879년에 출간된 헨리 조지Henry George의 "진보와 빈곤Progress and Poverty"도 독일에서의 논의에 많은 영향을 끼쳤다. "진보와 빈곤"은 1880년에 일찌감치 독일어로 번역되었다.[54]

헨리 조지는 사회의 부가 증대되고 있음에도 불구하고 개인의 빈곤화가 나타나는 것과 관련하여, 지대Bodenrente가 도시에서 나타나는 모든 빈곤의 원인이며, 지대 인상으로 인한 소득에 과세해야 한다고 주장했다.

미국의 사상가인 헨리 조지가 독일에서 반향을 불러일으킬 수 있었던 것은 독일에서도 비슷한 관념이 통용되고 있었기 때문이다. "주택 문제는 일차적으로 토지문제"라는 전제하에, 토지 투기에 맞서 싸우고 지대를 낮게 유지함으로써 최종적으로 임대료를 낮추도록 하자는 주장이 독일에서도 세를 얻어가고 있었다.

토지가 주택 문제에 미치는 영향에 대한 논의가 본격화되었던 것은 1880년대 말이다. 헨리 조지의 영향을 받은 미하엘 플뤼어샤임Michael Flürscheim, 아돌프 다마쉬케Adolf Damaschke, 아돌프 바그너Adolph Wagner 등이 대표적인 인물들이었다. 특히 이론적인 논의를 주도한 아돌프 바그너는 독일 제국 시기의 대표적인 경제학자로서 구슈타프 슈몰러Gustav Schmoller와 더불어 강단사회주의자 조직인 사회정책협회를 창설했고 프로이센 의회 의원을 지내기도 했다.

1875~76년 사이에 출판된 "토대Grundlegung"라는 저서에서 바그너는 맨체스터 학파의 절대적 소유권 개념을 비판하면서 미래 세대의 경제적 이익을 보존하고 사회 불평등의 문제를 해결하기 위해 국가가 적극적인 역할을 할 것을 강조했다. 그

는 영국의 절대적 소유권 대신 제한된 기간만 유효하여 영국의 임대 체계와 유사한 독일의 이용권Nutzungsrecht이 가지는 장점에 주목했다. 그러나 기존의 이용권이 적합한 이윤을 창출하기에는 너무 짧은 기간 지속되고 있기 때문에 충분한 투자가 이루어지지 못하고 있다고 판단했으며, 따라서 토지의 소유권이 연방주이건 기초자치단체이건 공동체로 이전될 필요가 있다고 주장했다. 그러나 소유권 이전이 단기에 이루어질 수는 없으므로 여러 실제적인 개혁을 주장하는 가운데 토지초과이득세Wertzuwachssteuer를 제안하기에 이르렀다.[55] 토지초과이득세는 판매를 통해 토지와 재산의 가치가 높아진 경우에 대한 과세였다. 공동체 자체가 창출한 토지 가치의 증대로부터 공동체가 이익을 얻을 수 있도록 할 일이지, 토지 투기자의 부당한 개인소득이 되어서는 안 된다는 것이 기본 전제였다.

독일토지개혁가연맹Bund deutscher Bodenreformer, 이하 BdB은 토지초과이득세를 지지한 대표적인 단체였다. 토지개혁가연맹은 헨리 조지와 아돌프 바그너의 아이디어를 융합한 끝에 1880년대부터 조직되기 시작했으며 1914년경에는 13,000명의 회원을 거느린 대규모 단체가 되었다. 이 단체의 대표이던 미하엘 플뤼어솨임Michael Flürscheim의 경우 원래는 정부가 공채를 발행하여 토지를 구매하는 방식으로 토지에 대한 공동체의 소유를 확대해야 한다고 주장했다가, 나중에 토지초과이득세를 지지하는 것으로 방향을 선회하였다.[56] 플뤼어솨임에 뒤이어 1898년

이 단체의 대표가 된 후 1935년 사망 시까지 회장직을 유지한 아돌프 다마쉬케Adolf Damaschke의 조직력이 더해지면서 토지초과이득세는 저변을 확대할 수 있게 되었다. 원래 토지 개혁 운동은 사회주의 운동의 일환으로 간주되어 중간 계급이 적극 참여하지 않았었지만, 다마쉬케가 이 운동에 적극 참여하면서부터 토지개혁에 대한 중간계급의 관심이 확대되었다.

흥미롭게도 이들의 주장에는 민족주의적인 요소가 잠재해 있었다. 토지개혁운동가들 가운데서는 독일의 토지권, 즉 이용권Nutzungsrecht이 로마의 토지권, 즉 소유권Besitzrecht으로 대체됨으로써 토지 및 주택 문제가 유발되었다는 주장을 내세우는 경우도 있었다. 기실 토지이용권이 특별히 독일적이지 않다는 것은 이들 개혁가들도 인지하고 있었지만, 이러한 방식으로 민족주의 진영에서 토지 개혁에 대한 지지를 끌어내고자 활용된 측면도 있었다.

제국토지초과이득세(1911~1913)

토지초과이득세가 토지 자산에 대한 최초이자 유일한 세금이었을리는 만무하다. 이미 19세기 말부터 다양한 방식으로 산업화, 도시화 과정에서 토지로 인해 발생하는 이득에 대해 과세하기 위한 노력들이 있었다. 그러나 산업화시대에 걸맞는 방식은 아니었다. 1861년의 법에 따르면 토지의 경우 도시의 토지가 농지이던 때의 가치에 따라 과세가 이루어지고 있었고, 건물 과세 역시도 15년마다 평가하여 과거 10년간 연평균 수익의 4%를 과세하도록 되어 있었다.[57] 그러나 이는 예컨대 1860년부터 1900년 사이 56만 명에서 270만 명으로 인구가 다섯 배 증가했던 베를린처럼[58] 급속한 성장을 보이는 도시에 적합한 과세 방식일 수는 없었다.

1893년 프로이센 지방세법은 변화를 위한 계기를 제공했다. 당시 프로이센에서는 주택 문제에 대한 사회개혁가 협회의 논의에 적극 참여하던 요하네스 미크벨Johannes Miquel이 재무장관을 맡고 있었다. "지방세법Kommunalabgabengesetz"이라는 명칭을 가진 이 법안은 여러 세금원을 연방주에서 기초자치단체인 게마인데로 넘기고 기존의 세수를 재평가하는 방법으로 수익을 늘림으로써 게마인데의 재정을 확충하고자 했다. 특히 게마인데가 부동산에 대해 과세하는 것을 가능케 했다는 점에서 큰 의미를 갖고 있었다.

이 방식이 징세액 인상을 보장하는 것은 아니었지만, 과세 형평성 확보에는 기여한다고 평가되고 있었다. 특히 개발되지 않은 토지에 대해서도 판매 가치에 근거하여 일반적으로 과세할 수가 있게 되었고, 이는 택지로 개발될 토지가 농지로만 간주되어 이 토지가 매매되었을 때 토지소유주가 엄청난 이익을 거두는 과거 방식으로부터의 탈피를 의미했다.

이 "지방세"의 실제 양상은 지역마다 달랐고, 지역의 세력 관계, 특히 자산층의 로비가 어느 정도인지가 결정적이었다. 미크벨 자신이 시장을 역임했고, 개혁가 그룹의 주요한 리더이던 프란츠 아디케스Franz Adickes가 미크벨에 이어 후임 시장이 되었던 프랑크푸르트의 경우, 이 기회를 활용하여 토지와 재산에 대한 전면적인 재평가에 돌입했다. 토지의 위치와 토지 활용의 특징에 따라 분류되었고, 세금 액수는 그 토지가 속한 같은 그룹 토지 판매가의 0.3%로 책정되었다. 주택의 경우 전년 임대료의 4%를 책정하였고, 임대료가 높은 건물들의 경우 보다 높은 임대료율에 따라 과세되었다.[59]

반면, 자산 소유자층의 로비가 매우 강했던 베를린의 경우 이에 대한 대대적인 저항이 있었다. 당시 베를린 시의회 Stadtverordneteversammlung의 경우 64%가 이들 자산가 그룹이었다는 단순한 통계를 기억하는 것만으로도 이들의 저항이 가졌을 파급력을 짐작할 수 있다.[60]

'지방세'를 통해서 개발되지 않은 토지에 과세할 수 있게 된 것은 분명한 진보였지만, 개혁가들은 토지거래세Umsatzsteuer를 통해서 토지 투기 및 토지 시장에 대한 통제를 더욱 강화하기를 원했다. 프랑크푸르트는 거래세Umsatzsteuer를 일찍이 1893년 제도화하였고, 베를린도 1895년 거래세를 부과하였다.[61] 베를린의 경우 개발된 토지와 건물의 경우 판매 가격의 0.5%를 과세하였고, 개발되지 않은 토지의 경우 판매가의 1~2%를 과

세하였다.[62]

판매가격에 부과된 이 세금은 토지로부터의 이윤에 대한 직접적인 과세라는 점에서 큰 진보라고 할 수 있었다. 그러나 토지개혁가들이 가장 중시했던 세금은 토지초과이득세Reichs-wertzuwachssteuer였다. 이 토지초과이득세는 1차 세계 대전 시기까지 '독일토지개혁가연맹BdB'의 가장 중요한 요구사항이었다. 독일토지개혁가연맹BdB과 토지초과이득세는 '연관검색어'였다. 독일토지개혁가 연맹에 따르면 이 세금이 가장 성공적으로 도입된 사례 가운데 하나는 중국에 있던 독일식민지 청도, 자오저우만 조차지였다. 1898년 독일 해군이 중국의 지주들에게 부과한 "독일의 청도 지역에서 토지획득과 관련되는 법규명령 Verordnung betreffend den Landerwerb in dem deutschen Kiautschougebiet"이라는 명칭의 이 세금은 거래세와 보유세를 망라하는 것으로서 이 재원으로 식민 지배에 필요한 인프라 건설에 나설 수 있었다.[63]

기술적으로 토지초과이득세는 다수의 도시들에 이미 허용되어 있던 지방세 명목으로도 부과될 수 있었다. 1904년 실제로 이 세금을 최초로 부과한 도시는 토지 개혁가 아디케스가 시장으로 재직 중이던 프랑크푸르트였다. 토지거래세Umsat-zsteuer이던 이 토지초과이득세는 뒤이어 쾰른, 도르트문트, 브레멘, 킬 등 여러 도시들에서 도입되었다. 1911년경 76,000개 기초자치단체 가운데 650개가 이 토지초과이득세를 도입하였다. 과세 방식은 도시마다 달랐다. 가령 브레스라우Breslau 지역의 경우 전형적인 편에 속했다. 이윤이 10% 이하일 경우 비과세였고, 10~20%의 경우 초과된 가격의 6%를 과세하였으며, 증가율이 100%보다 높을 경우 최대 25%까지 과세할 수 있었다.[64]

독일토지개혁가연맹은 토지초과이득세를 제국 전체 차원으로 확대하기 위해 노력했고, 결국 1911년에 이르러 제국토지초과이득세Reichswertzuwachssteuer가 부과되기에 이르렀다. 이 법은 누진세로서 이미 건설이 이루어진 토지이건 아니건 부과되었으며 토지초과이득 가운데 최대 30%까지 과세할 수 있었다. 이 세금은 1885년부터의 증가분을 소급하여 토지구매액과 판매액 간의 차액에 부과되었고, 세금의 50%를 연방주가, 40%를 기초자치단체가, 그리고 10%를 제국 정부가 수령하도록 설계되어 있었다.[65]

그러나 불과 2년 후인 1913년 이 세금은 철회되었다. 의미 있는 결론을 도출하기에는 너무 짧은 시간 존속했던 가운데, 이 법의 효과에 대한 일반적인 평가는 규정이 너무 복잡하고 과거로 너무 많이 소급했으며 과세액이 너무 높다는 것이었다.[66] 이외에도 다수의 개혁가들은 이 제국 차원의 세금이 각 도시의 다양한 상황에 걸맞지 못하다고 여겼다. 그런가 하면 주거 개혁을 강조한 경제학자 에버슈타트의 경우 더 많은 세수를 확보하기 위해 지방정부가 지대를 낮추기 위해 노력하지 않게 되는 등 토지 투기를 억제하고자 하는 원래의 목적을 달성하지 못할 것이라고 보았다.

무엇보다 큰 난관은 법률상의 검토조항이 너무 많아서 과세를 실행하는 것이 사실상 불가능했다는 점이다. 토지'초과이득'세가 구매한 가격과 판매가격의 차이에 근거하고 있었던 가운데, 그 차액에 대해 과세하는 것은 매우 복잡한 여러 단계의 계산을 전제로 하고 있었다. 이 난관 가운데 몇 가지만 살펴보더라도 이 문제가 얼마나 복잡한지가 분명해진다. 먼저 토지 매매가 이루어진 시점을 언제까지로 소급할 것인지가 문제되었고, 결국 1885년 이전으로는 거슬러 올라가지 않도록 했다. 그럼에도 불구하고 해마다 다른 토지의 가치를 계산해서 과세하는 것은 난제일 수 밖에 없었다.[67]

다음으로 "소유자의 노력없이 발생한" 이익에 대한 과세를 목표로 하고 있었기 때문에 토지에 대한 투자가 이루어졌을 경우 징세과정에서 배제되어야 했다. 과세를 해야하는 가치증식과 그렇지 않은 가치증식을 구분해내는 것이 매우 복잡한 일이었음은 말할 나위도 없다. 토지의 경우 가격 뿐만 아니라 토지 이용과 관련되는 권리도 포함되는 경우가 있었기 때문에 이를 화폐가치로 환산하는 것도 큰 문제였다. 그런가하면 토지의 가격이 토지가치를 충분히 반영하고 있는지에 대한 판단도 필요했다. "도로 설비... 및 나머지 공적인 노력과 지출이 토지판매가격에 미친 영향", 즉 공공투자가 토지가격인상에 영향을 미쳤을 경우 이 역시도 과세액 산정에 포함되어야 했지만, 지역마다 다른 이 공공투자의 가치를 평가하는 것도 난제일 수밖에 없었다.[68] 그 외에도 과세액 산정에 고려되어야 하나 정확한 계산이 불가능한 경우들은 넘쳐나고 있었다. 결국 도덕적으로 매우 자명해보이는 이 법의 의도와 달리 '악마는 디테일에 있었다.'

지방세건, 거래세건, 토지초과이득세건, 다양한 토지 과세가 어떤 결과를 낳았는지에 대해 평가하기란 극히 어렵다. 그러나 토지초과이득세로만 한정하면 초과 이득이 많이 발생했을 것으로 짐작되는 베를린도 1910년 기준으로 세수에서 토지초과이득세가 차지하는 비율은 3.7%에 불과했다.[69] 베를린의 경우 제국토지초과이득세가 1911년 도입되기 1년 전인 1910년 지방세로서 토지초과이득세를 도입한 상태였다. 실제 과세액과 무관하게 자산가에게 이 토지초과이득세는 심각한 침해로 간주되었다. 베를린의 경우 특히 저항이 거셌다. 세금이 도입되기 시작한 시점이 주택시장 붐이 잦아들기 시작하던 시기라 더욱 그러했다. 이들은 제국토지초과이득세 도입으로 토지 매매 수익 가운데 10~30%가 세금으로 징수될 것이라고 주장했다. 이 법이 도입되기 직전인 1909~1910년 사이에 토지 매매 광풍이 일었는가 하면, 다수의 토지개발회사들이 회사를 청산했다. 독일주택소유자연맹Deutscher Hausbesitzerbund이 1911년에 창설된 것도 제국토지초과이득세에 대응하기 위해서였다.[70]

지자체의 토지 정책

도시의 토지 투기가 낳은 파괴적인 효과를 극복하는 데 보다 성공적이면서 광범위한 지지를 받았던 것은 토지에 대한 과세가 아니라 체계적인 정부 차원의 토지개발 정책이었다. 대토지 소유주라 할 수 있던 지자체가 다른 지주들을 견제할 수 있다는 것이 토지개혁가들의 입장이었다. 지자체가 토지 거래 및 관리에 대한 일관되고 단호한 프로그램을 견지할 경우, 다른 어떤 정책보다 효과적으로 토지에 대한 공동체의 통제를 가능케 하리라 여겨지고 있었다.

이를 위해서는 무엇보다 지자체가 소유한 토지가 많아야 했다. 프로이센의 경우 나폴레옹 전쟁의 여파로 왕실이 재정난을 겪게 된 1808년 이후부터 왕령지에 대한 토지 매매가 광범위하게 일어났다. 공유지, 왕령지가 분할되었고, 급격한 속도로 민간에 매매되었다. 따라서 지자체 소유 토지를 늘려야 한다는 주장이 세를 얻었던 것은 이미 1870년대부터였다. 특히 독일 토지개혁가연맹BdB에서 이를 위해 매우 적극적이었다. 그 결과 예컨대 프랑크푸르트의 경우 1898년 시 보유 토지가 49.4%에 달했고,[71] 여타 도시들도 30% 정도의 도시 내 토지를 확보하고 있었다.

많은 지자체가 1900년경부터 보유 토지를 비영리 주택 건설에 제공함으로써 토지 투기의 경제적 기반을 약화시키고자 했다. 이 정책의 성공은 지속적으로, 즉 택지로 개발된 이후에도 투기꾼을 배제할 수 있는지 여부에 달려있었다. 비영리 주택이 건설된다고 할지라도 이후 자유 시장에서 사고 팔리게 되면 도시 토지 정책의 유용성이 사라지게 되는 셈이었다. 따라서 대여되거나, 혹은 일단 팔리게 된 경우일지라도 필요에 따라 정부가 토지를 환수할 수 있도록 하는 것이 중요했다.

이러한 맥락에서 토지개혁가들 사이에서는 '지상권Erbbaurecht'이 도시 토지 및 주거 정책의 축으로 논의되기도 했다. 토지의 이용과 소유를 분리하는 이 '지상권'은 유럽법제사에서 로마 시대로 거슬러 올라가는 전통을 갖고 있다. 로마 시대 소유권은 여러 "부분 소유권Teilrechte"으로 분리되어 상이한 개인들의 손에 놓일 수 있었다. 중세 독일법에서는 소위 "도시의 건설임대권Bodenheihe"이 생겨나게 되었다. 연간 이자를 지불하는 댓가로 공사장소Baustelle에 대하여 상속이 가능하지만 매매가 불가능한 이용권, 그리고 건축에 대한 이용권이 생겨나게 되었다.

16세기에 들어서면서부터 부분 소유권들이 점차 토지소유자의 손에 집중되면서 토지와 건물이 하나로 귀속되는 현재적 의미에서의 소유권 개념이 나타나게 되었다. 이로써 자본주의적인 토지시장이 생성될 조건이 마련된 셈이었다. 프랑스 혁명은 이러한 소유권의 개인화 경향을 촉진하고 고착화하는 계기가 되었다. 당시 프랑스의 지배를 받거나 혹은 나폴레옹 법전의 영향을 받은 지역의 경우 독일에 남아있던 '지상권'이 점차 뒷전으로 밀리게 되었다. 1900년 민법전Bürgerliches Gesetzbuch, 이하 BGB에서도 이 '지상권'이 철폐되지는 않았지만, 실제적으로는 무의미한 것으로 간주되었다.[72]

이처럼 '지상권'이 프랑스 혁명 이후 점차 사라져가고 있었던 것과 달리, 독일 제국시기의 주거난을 해소하고자 했던 토지개혁가들을 중심으로 하여 이 '지상권'을 토지 투기에 맞서는 수단으로서 활용하자는 목소리도 높았다. 몇몇 대도시들에서는 지자체가 단기적인 재정 수익을 위해 지자체 소유의 토지를 매매해버리기 보다는 주택조합 등에 제공함으로써 저렴한 공무원용 임대주택건설에 활용하게 하는 등 도시의 주거정책의 일환으로 운용되었다. 그러나 이 역시도 지상권 토지의 경우에도 주택조합 등 특정 그룹에 대한 특혜일수 있다는 주장에 더해, 임대비용을 일반 자본시장의 이자율보다 낮게 유지하기가 쉽지 않았다는 점, 12년 혹은 30~50년에 달하는 임대 기간이 지나고 난 후 적합하게 보상하는 문제 등의 난관이 도사리고 있었다. '99년 토지 임대'를 채택한 싱가폴 등에서도 마찬가지로 겪고 있는 문제이다. 서울에서도 1970년에 이 '토지임대부' 주택을 건설한 바 있었지만, 재건축이 논의되는 현재 시와 아파트 건물소유자간의 갈등으로 인해 주변 아파트들과 달리 재건축이 이루어지지 못하고 있다.[73]

이처럼 지자체 차원에서 토지 및 주택을 매매하고 관리하는 여러 가지 방안들이 마련되고 있었다고는 하지만, 여전히 많은 지자체들이 자체적인 토지 및 부동산 정책을 마련하는데 어려움을 겪고 있었다. 토지를 강제로 수용하고 병합할 권리를 정부가 갖도록 하기 위한 법적인 장치가 절실할 수밖에 없었다. 물론 거리와 일반 교통로 확보를 위한 강제수용권은 이미 제정되어 있었다. 프로이센의 경우 1874년의 공용수용법Enteignungsgesetz, 1875년의 건축선법Fluchtliniengesetz이 대표적인 사례였다. 그러나 이 법규들은 택지 확보 등과 같이 보다 일반적인 목적을 위해서 활용되기는 어려웠다.

응집력 있는 토지 정책을 만들어내고 지상권을 도입하는데 어려움이 컸던 것은 프로이센 등에서 특히 강했던 자산가들의 로비 때문이었다. 이를 잘 보여주는 사례는 "아디케스 법Lex Adickes"이었다. 1875년 건축선법Fluchtliniengesetz은 도로건설용 토지를 강제로 획득할 권리를 인정하는 법이었지만, 그 이외 용도의 토지 매매에는 활용되지 않았다. 아디케스는 택지개발에도 마찬가지 강제력을 행사할 수 있도록 하고자 1893년 최초로 법안을 제출했고, 6번째 수정법안이 1901년에 통과되었다. 그러나 프로이센의 모든 도시가 이 권한을 갖도록 했던 원안과 달리 최종 통과된 법안에서는 적용 대상이 도시개혁가가 시장으로 재직하던 프랑크푸르트로 좁혀져 있었다.

현재 독일 정부가 베를린, 프랑크푸르트, 뮌헨 등의 대도시에서 지자체 보유 토지 비율을 늘리는 것은 엄청난 재원을 필요로 하는 일로서, 사실상 불가능에 가깝다. 그러나 자본주의가 현재처럼 고도화되기 훨씬 이전인 19세기 후반에도 지자체 보유 토지를 늘리고 그 토지에 대해 권한을 행사하는 것은 난망한 일이었다.

지방정부 차원의 주택 건설 정책

지방정부의 주택정책은 소극적 차원의 규제와 적극적 차원의 건설로 나누어 살펴볼 수 있다. 규제의 측면에서 보자면, 주택 감독 체계를 통해 주택에 대한 관리 통제를 강화하는 것 등을 꼽을 수 있다. 헤센 주의 경우 연방주들 가운데 최초로 1893년 모든 기초자치단체가 주택감독청Wohnungsaufsicht을 설치하는 것을 의무화하였다. 이 제도는 점차 확산되어, 1900년에 이르면 바이에른에서, 1909년부터는 뷔르템베르크, 그리고 1912년에 이르면 바덴에서도 같은 직위가 신설되었다. 즉 남부 연방주들의 경우 주택 문제를 관리하고 감독할 법규와 직위가 프로이센 등 북부 연방주들보다 먼저 제도화되어가고 있었던 셈이다.

그런가 하면, 정부가 주택에 대해 관리 감독하는 선을 넘어서서 적합한 주택이 건설될 수 있도록 보다 적극적으로 개입할 것을 요구하는 목소리들이 세를 얻어가고 있었다. 정부의 적극적인 개입을 주장한 대표적인 인물인 막스 브란트Max Brandt는 뒤셀도르프의 보험회사 대표로서 라인란트 지역 주택 문제 해결에 적극적이던 인물이었다. 그는 가장 심각한 주택난을 겪는 시장의 맨 하위 계층에게 주택을 제공하는 과제를 민간 기업에 맡길 수 없다고 주장했다. 그는 적합한 주택이 국민의 생활에 중요하다면 의무교육이 도입되듯이 주택 문제에도 정부가 적극적으로 개입해야 한다는 입장이었다. 그에 따르면 비영리 주택조합의 경우 낮은 임대료로 인해 채산성이 위협받기 때문에, 정부가 토지를 제공하고 자본을 제공하는 방식으로 개입하는 것이 필수적이었다.

반대로 프랑크푸르트 시장을 지낸 프란츠 아디케스Franz Adickes는 정부가 주택시장에 직접 개입하는 것은 불합리하다는 입장이었다. 그는 정부가 주도하는 공공 주택의 공급 물량은 극히 제한적일 수밖에 없고, 결국 민간 기업이 시장에서 필요한 대부분의 주택 물량을 담당하게 되는 것이 불가피하다고 보았다. 이러한 상황에서 정부가 어떤 형식으로건 주택 공급자를 돕기 위해 개입하고자 한다면 매우 조심스러워야 한다고 주장했다. 공적기금을 동원하여 인위적으로 실제 시장 가격 이하로 주택 가격을 낮추면 여러모로 위험성이 크다는 것이었다. 예컨대 그 결과 임금을 인위적으로 낮추게 되는 결과를 낳을 수 있고, 더 나아가 주택 건설 분야 민간 기업의 의지와 능력을 약화시킬 수 있다는 것이었다. 아디케스에 따르면 정부가 해야 하는 일은 민간 주택 기업과 비영리 주택조합 모두에게 적합한 경제적인 환경을 제공하는 것일 뿐이고, 이를 위해서 지대를

통제하고 투기를 막는 것이 필수적이었다.[74]

이 논쟁에서 적극적인 정부 개입을 주장하던 막스 브란트 역시도 정부가 토지 및 자본을 통해 지원하는 방식을 선호할 뿐, 건설의 주체가 되어야 한다고 보지 않았던 측면에 주의할 필요가 있어 보인다. 같은 시기 영국의 경우 시 자체가 직접 주택 건설을 하는 단계에 있었다.[75] 주택의 문제는 원래 산업화 초기 빈민 주거의 문제로서 부각되었고, 이에 따라 자조, 그리고 자조의 자연스러운 확장 형태라 할 협력, 상호 부조가 가장 바람직한 해결책인 것처럼 논의되고 있었다.

이러한 논의의 결과로 당시 공공 주택 건설을 주도했던 것은 공적지원을 받은 공익주택회사Gemeinnützige Baugesellschaft, 그리고 다양한 형태의 주택조합이었다.

공익주택회사의 기원은 1847년에 창설된 베를린 공익건설회사Berliner Gemeinnützige Baugesellschaft에서 찾을 수 있다. 이 비영리 건설협회에는 프로이센 궁정의 건설책임자Landbaumeister로 활동하던 칼 빌헬름 호프만Carl Wilhelm Hoffmann을 위시한 고위관료, 은행가, 상인, 공장주, 수공업자, 교수 등 다양한 사회 지도층들이 참여하였다. 이 단체는 주식회사 형태로 자금을 모아 주택을 건설하였다. 배당금은 4% 미만으로 했기 때문에 수익성을 목표로 하는 여타의 주식회사와는 형식을 달리하고 있었다고 볼 수 있다. 이 협회에서 건설한 주택에는 베를린에 5년 이상 거주하고 평판이 좋은 노동자 가족만이 거주할 수 있었다. 세입자들은 하나의 조합을 만들어서 주택의 소유권 일부를 구매하고, 30년이 지난 후에 최종적으로 소유권을 가질 수 있었다. 1851년 이러한 방식으로 건설된 주택에 147세대가 거주하였고, 그들 가운데 절반 이상은 수공업자 및 공무원 등이었다. 알렉산더 폰 훔볼트, 프리드리히 칼 폰 자비니Friedrich Karl von Savigny 등 명사들뿐만 아니라 황제 자신이 주식을 살 정도로 큰 관심을 끌었지만, 성공적인 모델이 되지는 못했다. 1848 혁명 등의 정치적 위기가 중요한 영향을 미친 것으로 분석되지만, 투자자들의 예상 수익이 낮았던 것, 그리고 베를린 언론이 이들의 활동에 매우 비판적이었던 것도 중요한 이유로 꼽히고 있다. 당시 베를린의 자본가들이 공공 주택을 임대인들에 대한 공격으로 간주하였기 때문이었다.

그럼에도 불구하고 이 베를린공익건설회사의 운영원리가 이후 법적으로 규정된 공익성의 기준을 제시했다는 점은 눈여겨볼 대목이다. 베를린 공익건설회사에서[76] 최초로 제시된 공익성의 기준에 따르면, 저소득층을 임대 대상으로 하고, 이익배당을 4~5%로 제한하며, 이 협회를 떠나게 될 경우 투자한 명목 자본만을 돌려받을 뿐 부동산의 가치증대로부터 어떤 이익도 얻지 않도록 해야 했다. 이러한 기준에 따라 공익주택 건설회사는 한정배당주택회사Limited Dividend Housing Company가 되었다. 이후 공익주택 건설 기업은 제국 시기를 넘어 1990년까지 존재했다가 사라졌지만 주택 부족이 널리 운위되기 시작한 최근 들어 다시금 중시되고 있다. 독일 주택정책의 장기지속성을 보여주는 대표적인 제도인 셈이다.

두 번째 유형인 주택조합의 경우 참여자에 따라 네 가지 다른 양상을 보이고 있었다. 조합원의 주택 소유 및 경제적 이윤을 중시하는 중간계급 이상의 조합, 공무원이나 사무직 노동자를 위한 조합, 조합 가입비와 상대적으로 높은 임대료로 인해 노동자 계급 상층 이상이 참여하던 조합, 자조의 원칙에 근거해있던 체제 비판 세력 주도의 조합 등이 그것이었다.

어느 형태이건 비영리 주택 건설에 있어 가장 큰 장애물은 자본 부족이었다. 그리고 이 문제는 두 새로운 법령을 통해서 해소될 수 있었다. 먼저 투자한 몫에 대해서 만큼만 책임을 지도록 하는 "유한 책임의무"가 1889년의 조합법을 통해서 도입됨으로써 투자자가 지게 될 위험부담을 줄였다. 그 결과 주택조합들이 대출받기가 훨씬 쉬워지게 되었다. 다음으로 1889/90년 노령 및 장애 연금법이 도입되었을 때 이 기금의 투자처로서 노동자계급 주택 건설이 명시되었다.[77] 그 결과 연방주보험기금Landesversicherungsanstalten이 노동자 주택 부문에 저리 융자를 할 수 있게 되었다. 이로써 공공 주택 건설을 위한 항구적인 재원이 확보된 셈이었다. 개혁가 그룹이 지역보험기금을 노동자계급 주택 건설 자본으로 활용하기 위해 1880년대 말부터 노력한 끝에 얻은 성과였다.

그 결과 여러 주택조합들, 그리고 공익성Gemeinnützigkeit의

의무를 기꺼이 감당하려는 일반 회사들이 주도한 공공 주택 건설 붐이 나타나게 되었다. 1914년까지 공공 주택은 전체 신규 건설 주택 가운데 1.27%에 불과했지만, 일부 도시들의 경우 1/4에 달하는 경우도 있었다. 건설조합의 수는 1890년 50개에서 1914년 1,342개로 늘어났고, 그 가운데 1/5은 공무원 주택이었다.[78]

나가며

독일 제국 시기는 "임대병영Mietskaserne"이라는 단어로 상징되는 대도시 노동자들의 열악한 주거 조건의 문제가 사회적인 문제로 다루어지기 시작한 시기였다. 당시 존재하던 주택 생산 체제가 노동자 계급이 감당할 수 있는 임대료에 적합한 주거 조건을 제공할 수 없다는 점은 분명했다. 그럼에도 불구하고 이 문제가 주택시장이 아니라 정부 개입을 통해서 해결될 문제로 인식되는 데는 많은 시간과 노력이 필요했다. 한편으로 주택 문제에 대한 어떠한 정부 간섭도 반대하던 임대인 단체, 그리고 다른 한편으로 국가가 주택을 관리, 통제하는 선을 넘어서서 주택을 건설하고 주택청Wohnungsamt을 신설하여 주택을 알선하는 역할까지 담당해야 한다고 본 사회개혁가들을 양극단으로 하여 다양한 해결책들이 논의되었고, 그 가운데 일부는 제도화될 수 있었다.

　먼저, 임대 계약이 언제고 파기될 수 있는 일반 자유 계약으로 간주됨으로써 무방비 상태로 내몰리던 임차인을 보호하고 정부가 택지를 확보하여 도시개발에 방향성을 부여할 권한을 확보하며 도시 주택에 대한 정부 통제 권한을 강화하고자, 제국 차원의 주택법안을 제정하는 것이 중요한 과제로 부상하였다. 그러나 임대인 단체, 보수주의 정당 등 주택 부문에 대한 국가 개입을 꺼리는 반대 세력들에 더해서, 연방주의 전통이 공고한 독일 사회에서 주택법안이 지방정부의 영역에 대한 중앙정부의 개입이며 이로써 지자체의 자율성이 침해될 것이라는 우려로 인해 법제화될 수 없었다. 주택정책에 있어서 중앙정부와 지방정부 간의 역할 분담 논의는 100년이 지난 현재까지도 지속적으로 이어지고 있다.

　다음으로 높은 임대료와 열악한 주거 조건 등 노동자 주택의 문제가 토지 투기에 기인한다고 본 개혁가들의 논의는 토지초과이득세 제정 요구로 귀결되었다. 실제로 지방세, 토지거래세, 그리고 최종적으로 토지초과이득세가 제도화될 수 있었던 것은 이 시기 토지 투기를 통한 이득을 규제하는데 독일 사회가 얼마나 관심을 기울였는지를 분명하게 보여주고 있다. 반면이 토지초과이득세가 2년 만에 폐지되었다는 사실은 '투기를 통한 부당한 이득'이라는 도덕적, 혹은 질적 평가를 '합당한 세금'이라는 양적인 평가로 전환시키기가 얼마나 어려운 일인지를 잘 보여준다.

　　마지막으로 주택 건설의 경우, 정부가 건설에 개입하게 되면 시장이 왜곡될 수 있다는 우려와 시장에 맡겨서는 주거 약자를 보호할 수 없다는 논리가 충돌하였다. 결국 지자체가 직접 주택 건설 및 관리에 나선 영국과 달리 정부가 아니라 공익 주택회사와 주택조합 등이 공공 주택 건설을 주도하되 정부는 택지 및 자본 제공을 용이하게 하는 방식으로 간접적으로 개입했다. 결과적으로 이 시기 제도화된 공익주택회사 및 주택조합은 이후에도 진화, 발전하면서 독일 공공 주택 건설을 주도하였다.

096

1   Helmut Jenkis, "Vorwort," in: Hannsjörg F. Buck, *Mit hohem Anspruch geschentert - Die Wohnungspolitik der DDR*(LIT Verlag, 2004).

2   https://de.statista.com/statistik/daten/studie/1091817/umfrage/einwohnerzahl-des-deutschen-kaiserreiches/

3   Sebastian Kohl, "Urban History Matters: Explaining the German-American Homeownership Gap," *Housing Studies*, Vol. 31, No. 6(2016), 700.

4   Alexander Nützenadel, "Städtischer Immobilienmarkt und Finanzkrisen im späten 19. Jahrhundert," *Jahrbuch für Wirtschaftsgeschichte*, Vol. 52, No.1(2011), 101.

5   Axel Schildt, "... für die breiten Schichten des Volkes," *Comparativ*, Vol. 6, No. 3(1996), 25.

6   라이프치히의 통계학자인 에른스트 하세Ernst Hasse가 1893년에 만든 원칙인 "Hassesche Regel"에 따르면 3~4%가 초과된 상태를 표준으로 삼는 것으로서, 이 원칙에 따르면 빈집의 숫자가 3% 이하일 때 표준 이하, 즉 주택 부족 상태로 간주되었다. Christoph Bernhardt, *Bauplatz Gross-Berlin*(Walter de Gruyter, 1998), 154.

7   Eli Rubin, "Amnesiopolis," *Central European History*, 47(2014), 336f.

8   VdW Bayern, *Die Geschichte des sozialen Wohnens*(August Dreesbach Verlag, 2009), 12에서 재인용.

9   Achim Hahn, *Architekturtheorie*(UTB, 2008), 158.

10 Nicholas Bullock, "Chapter 6. Berlin," in: M. J. Daunton(ed.), *Housing the Workers* 1850~1914(Bloomsbury, 1990), 185.

11 Alexander Nützenadel, "Städtischer Immobilienmarkt und Finanzkrisen im späten 19. Jahrhundert," 102.

12 Alexander Nützenadel, "Städtischer Immobilienmarkt und Finanzkrisen im späten 19. Jahrhundert," 104.

13 Nicholas Bullock, "Chapter 6. Berlin," 182.

14 Hanno Hochmuth, *At the Edge of the Wall: Public and Private Spheres in*

Divided Berlin(Wallstein Verlag, 2021), 41.

15 Axel Weipert, Krawall im Kiez, in: Philipp Mattern(ed.), *Mieterkämpfe: Vom Kaiserreich bis heute*(Bertz+Fischer, 2018).

16 Alexander Nützenadel, "Städtischer Immobilienmarkt und Finanzkrisen im späten 19. Jahrhundert ert," 97-99. 저자인 알렉산더 뉘첸아델은 19세기 후반 선진국 대도시들의 성장이 엄청난 부동산 시장 성장을 유발한 후 금융위기로 이어졌다는 것이지만, 당시 민간주택시장의 가격변동에 대한 충분한 데이터가 존재하지 않으며, 부동산 및 택지 개발 회사, 그리고 부동산업자들의 경우 존속기간이 짧아 문서고를 남기지 못한 탓에 이들의 역할에 대한 충분한 연구가 이루어지지는 못했다는 한계를 자인하고는 있다.

17 이 흥미로운 인물 역시도 이 위기에서 파산하였다. https://www.capital.de/wirtschaft-politik/capital-history-wie-ein-boersencrash-die-gruenderzeit-beendet?article_onepage=true

18 Alexander Nützenadel, "Städtischer Immobilienmarkt und Finanzkrisen im späten 19. Jahrhundert," 106-113.

19 Nicholas Bullock/James Read, *The movement for Housing Reform in Germany and France 1840~1914*(Cambridge University Press, 1985), 155.

20 Nicholas Bullock, "Chapter 6. Berlin," 199.

21 Nicholas Bullock/James Read, *The movement for Housing Reform in Germany and France 1840~1914*, 157.

22 Alexander Nützenadel, "Städtischer Immobilienmarkt und Finanzkrisen im späten 19. Jahrhundert," 104에서 재인용.

23 Clemens Zimmermann, *Von der Wohnungsfrage zur Wohnungspolitik*(Vandenhoeck & Ruprecht, 1991), 151.

24 http://germanhistorydocs.ghi-dc.org/docpage.cfm?docpage_id=2844&language=german

25 이를 위해 구체적으로 지방정부가 주택 문제 개혁에 나설 수 있도록 지방선거에서 주택 소유자의 특권을 없애고, 주택 감독, 지역 차원의 주택에 대한 통계 자료 마련 등을 주장하였다. 그 외에도 그는 토지초과이득세Wertzuwachssteuer를 강조하였다. Elisabeth Gransche, "Die Entwicklung der Wohnungspolitik bis zum Ersten Weltkrieg," *Historischer Sozialforschung*, No. 40(1986), 54.

26 Peter J. Lyth, *Inflation and the Merchant Economy*(Berg, 1990), 50.

27 Hans J. Teuteberg/Clemens Wischermann, "Germany," in:

Colin G. Pooley(ed.), *Housing strategies in Europe, 1880~1930* (Leicester University Press, 1992), 251.

28 Hartmut Häussermann/Walter Siebel, *Soziologie des Wohnens*(Beltz Juventa, 1996), 80. 1차 세계 대전 이전 주거는 통제를 거의 받지 않는 민간 분야에 속했다. 당시 주택 소유자들에게 있어 이윤을 극대화하는 것 이상의 어떤 의무를 질 수 있다는 것은 극도로 낯선 관념이었다. 따라서 이들은 임대료 등 수익 감소를 우려하여 임차인의 주거 조건을 개선할 수 있는 어떠한 규정에 대해서도 반대했다는 평가를 받고 있다. Peter J. Lyth, *Inflation and the Merchant Economy*, 49.

29 1890년대 들어 주거개혁가들은 계약 조건이 임차인에게 덜 불리하도록 하고, 임대인에 대한 이의제기 절차가 보다 신속해질 수 있도록 하는 데 관심을 기울이게 되었다. 1900년 민법BGB이 제정되면서 임차인의 법적인 지위가 개선됨으로써 상황이 개선된 측면도 있었다. 이 시기 임차인 단체에서는 주택소개소, 주택임대를 둘러싼 갈등에서 법적 조력 등을 요구했다.

30 Verein für Socialpolitik, *Verhandlungen der am 24. und 25. September 1886 in Frankfurt a. Schriften des Vereins für Socialpolitik*(Duncker & Humblot, 1887).

31 Hartmut Häussermann/Walter Wiebel, *Soziologie des Wohnens*, 85.

32 사회개혁가 협회에서 주택 문제에 대해 논의해간 궤적을 보기 위해서는 다음을 참조. Hans J. Teuteberg, "Die Debatte der deutschen Nationalökonomie im Verein für Socialpolitik über die Ursachen der „Wohnungsfrage" und die Steuerungsmittel einer Wohnungsreform im späten 19. Jahrhundert," in: Hans-Jürgen Teuteberg(ed.), *Stadtwachstum, Industrialisierung, Sozialer Wandel - Beiträge zur Erforschung der Urbanisierung im 19. Jahrhundert*(Duncker & Humblot, 1986), 13-59. https://repositorium.uni-muenster.de/document/miami/b4716b18-9c34-4446-a56a-59cab4b8c23c/1986_teute_debat.pdf

33 다음과 같이 출간되었다. Verein für Socialpolitik, *Neue Untersuchungen über die Wohnungsfrage in Deutschland und im Ausland*(Duncker & Humblot, 1901).

34 시 외곽의 자가주택이 촉진되던 같은 시기 미국 도시들과 달리, 독일의 경우 도심 내부에서 엄격한 건축 규정의 적용을 받는 고층 빌딩이 선호되고 있었다. 문화적으로도 군인, 관료층 등이 고층의 임대주택에 거주하는 것을 선호하였기 때문에, 임대주택에 대한 문화적 거부감이 적은 사회였다.

35 이 논의와 관련하여 의장이던 브렌타노는 "엄정한 학문적 토론의 장"이며 "모든 사회정치적인 경향의 대표자들"이 토론에 참여하되 "하나의 당파적

입장의 승리"는 피해야 한다고 언급함으로써 논의의 다양성 확보를 중시했다. Hans J. Teuteberg, "Die Debatte der deutschen Nationalökonomie im Verein für Socialpolitik über die Ursachen der „Wohnungsfrage" und die Steuerungsmittel einer Wohnungsreform im späten 19. Jahrhundert," 42에서 재인용.

36 국가 개입의 시초가 된 것은 1901년 "Gemeinsame Erlass der preussischen Minister für Handel und Gewerbe, für Geistliche-, Unterrichts- und Medizinalangelegenheiten sowie des Inneren vom 19. 3 1901"이었다. 그러나 주택 문제에 대한 국가 개입의 수사학적 필요성을 밝혔다는 점에서 의미가 있을 뿐이었다.

37 Elisabeth Gransche, "Die Entwicklung der Wohnungspolitik bis zum Ersten Weltkrieg," 52.

38 Elisabeth Gransche, "Die Entwicklung der Wohnungspolitik bis zum Ersten Weltkrieg," 51.

39 Walter Steitz, "Kommunale Wohnungspolitik im Kaiserreich am Beispiel der Stadt Frankfurt am Main," in: Hans Jürgen Teuteberg(ed.), *Urbanisierung im 19. und 20. Jahrhundert*(Böhlau, 1983), 398.

40 Peter J. Lyth, *Inflation and the Merchant Economy*, 49.

41 Nicholas Bullock/James Read, *The Movement for Housing Reform in Germany and France 1840~1914*, 256.

42 Nicholas Bullock/James Read, *The Movement for Housing Reform in Germany and France 1840~1914*, 261.

43 https://de.statista.com/statistik/daten/studie/1091430/umfrage/flaeche-der-landesteile-des-deutschen-kaiserreiches/

44 Nicholas Bullock/James Read, *The Movement for Housing Reform in Germany and France 1840~1914*, 264.

45 Clemens Zimmermann, *Von der Wohnungsfrage zur Wohnungspolitik*, 212-213.

46 Clemens Zimmermann, *Von der Wohnungsfrage zur Wohnungspolitik*, 214.

47 Nicholas Bullock/James Read, *The Movement for Housing Reform in Germany and France 1840~1914*, 269.

48 Clemens Zimmermann, *Von der Wohnungsfrage zur Wohnungspolitik*, 223.

49 Nicholas Bullock/James Read, *The Movement for Housing Reform in Germany and France 1840~1914*, 271.

50 프로이센과 반대로 작센의 경우 이미 1900년 일반건설법Allgemeine Baugesetz을

제정하였다. 투기에 맞서는 조치, 그리고 건강상의 최소 규정을 강화하는 것을 제외한다면 간섭적인 요소가 크지는 않았다. 그럼에도 불구하고 주택개혁 운동 세력들의 요구사항들을 반영한 주택 관련 유일한 연방주법Landesgesetz으로서 의미가 컸다. 작센의 법안이 프로이센의 주택법안과 차이를 보였던 것은 계획권Planungsrecht을 강조하고 있었다는 점이었다. 전통적인 건설 통제권을 넘어서서 게마인데에서의 토지이용 계획을 세우고, 토지 몰수Zonenenteignung나 강제이사Zwangsumlegung를 통해서 주택정책을 추구하는 것, 즉 공중보건 및 주택수요 충족을 목표로 했다. Clemens Zimmermann, *Von der Wohnungsfrage zur Wohnungspolitik*, 215-216.

51 Nicholas Bullock/James Read, *The Movement for Housing Reform in Germany and France 1840~1914*, 479.

52 아담 스미스의 경우 지대와 관련하여 독점 가격을 언급한 바 있었다. 지대는 소작인이 얼마나 지불할 준비가 되어 있는지에 따라 결정된다는 것이었다. 뒤이어 데이빗 리카르도는 이 토지 독점론에 반박하면서 토지에서 생산되는 생산물의 가격이 지대에 결정적이라고 주장했다. 좋은 토지가 충분히 공급되는 지역의 경작으로부터는 지대가 발생하지 않고, 인구가 증가하여 질이 나쁘거나 위치가 나쁜 지역의 토지에 건설이 일어나야 할 때 임대료가 생겨난다고 주장했다. 그렇게 해서 생겨나는 지대Grundrente는 토지 소유자의 소득이 아니라 사회 전체의 소득으로 간주되어야 한다는 입장이었다. 리카도의 이 이론에 근거하여 고전 국민경제 학파에서는 토지 개혁 운동을 벌여서 토지의 국유화 혹은 지대에 대한 과세를 주장하기에 이르렀다.

53 Elisabeth Meyer-Renschhausen/Hartwig Berger, "Bodenreform," in: Diethart Kerbs/Jürgen Reulecke(eds.), *Handbuch der Deutschen Reformbewegungen 1880~1933*(Hammer, 1998), 265.

54 C.D.F. von Gutschow라는 독일인이 캘리포니아에 머무르던 중 그의 책을 읽고 감명을 받은 결과였다. 『헨리 조지의 생애』(경북대 출판부, 2007), 18.

55 그는 경제적 자유주의를 강조하는 영국 학자들과 달리 공동체 내에서 상충하는 여러 요구들을 조정하기 위한 국가의 조정 역할을 강조했다. 즉 아담 스미스의 보이지 않는 손 대신, 국가가 사회 전체의 복리를 위해 경제 활동 전반에 적극적으로 개입해야 한다는 입장이었다. 향후 질서자유주의, 사회적 시장 경제 등 독일 경제 정책 전반을 특징짓는 경향성을 이들에게서 볼 수 있다. Nicholas Bullock/James Read, *The Movement for Housing Reform in Germany and France 1840~1914*, 163.

56 이 단체에서는 토지초과소득세 이외에도, 조합원들이 운영하는 정원도시,

지자체의 주택감독 강화, 게마인데의 소유권 박탈 가능성 확대, 위생, 미학적인 관점을 고려한 도시건설 및 건축 규정, 그리고 토지 임대기관의 국유화 등을 요구하였다. Elisabeth Meyer-Renschhausen/Hartwig Berger, "Bodenreform," 271.

57 Nicholas Bullock/James Read, *The Movement for Housing Reform in Germany and France 1840~1914*, 175.

58 Hartmut Häussermann/Walter Siebel, *Soziologie des Wohnens*, 61.

59 Nicholas Bullock/James Read, *The Movement for Housing Reform in Germany and France 1840~1914*, 175.

60 Nicholas Bullock, "Chapter 6. Berlin," 235.

61 자산가들의 저항을 유발하지 않을 수 있었던 것은 건물이나 개발된 토지 판매가격의 0.5%로, 개발되지 않은 토지의 경우 판매가격의 1%로 책정되어 있었지만, 1900년 들어 판매가격의 2%로 인상되었다. Nicholas Bullock, "Chapter 6. Berlin," 235.

62 Nicholas Bullock/James Read, *The Movement for Housing Reform in Germany and France 1840~1914*, 176.

63 보유세와 관련해서라면 1897년에 획득된 이 조차지가 이미 1914년 일본의 차지가 되었기 때문에 이 기간 안에 보유세 부과는 이루어지지 않았다고 한다. Barbara Dietrich, "Grundrente und Wohnungsfrage," *Kritische Justiz*, Vol.7, No.3(1974), 257.

64 Nicholas Bullock/James Read, *The Movement for Housing Reform in Germany and France 1840~1914*, 177.

65 Nicholas Bullock/James Read, *The Movement for Housing Reform in Germany and France 1840~1914*, 177.

66 Barbara Dietrich, "Grundrente und Wohnungsfrage," *Kritische Justiz*, Vol.7, No.3(1974), 257.

67 Erich Peisker, *Reichswertzuwachssteuer: das geltende Recht und die Ziele seiner Reform*(Carl Heymann, 1912), 14.

68 Erich Peisker, *Reichswertzuwachssteuer: das geltende Recht und die Ziele seiner Reform*, 32.

69 Nicholas Bullock, "Chapter 6. Berlin," 236.

70 Nicholas Bullock, "Chapter 6. Berlin," 237.

71 Nicholas Bullock/James Read, *The Movement for Housing Reform in Germany and France 1840~1914*, 179. 에른스트 메이Ernst May의 지도 하에

프랑크푸르트가 전 세계의 이목을 끄는 주택정책을 1920년대 펼칠 수
있었던 것은 이러한 상황을 배경으로 하고서였다.

72 이 개혁가 집단의 노력의 결과로 "지상권"에 대한 법안 초안이 1차
세계대전 중에 만들어졌고, 1919년 1월 15일 "지상권에 대한
법규명령Verordnung über das Erbbaurecht"으로 새롭게 만들어지게 되었다.
이 법규명령은 현재까지도 존재하는 지상권의 전범이 되었다.
Karl Winkler et. al., *Erbbaurecht*(C.H.Beck, 2021), 1-2.

73 "50년 됐는데 재건축도 못하고… 토지임대부 주택의 민낯,"
『조선일보』(2020.12.18.).
https://www.chosun.com/economy/real_estate/2020/12/18/
DLH2CSJOHZAXNFQG3TCPHXW7PQ/

74 Nicholas Bullock/James Read, *The Movement for Housing Reform in
Germany and France 1840~1914*, 253.

75 Clemens Zimmermann, *Von der Wohnungsfrage zur Wohnungspolitik*, 167.

76 1847년에 만들어진 이 비영리 건설협회는 1840년대 주거 개혁에 대한
가장 포괄적인 아이디어를 보여주고 있다. 이후 이 단체가 해산되고
그 재산을 물려받은 '알렉산드라 재단Alexandra Stiftung'은 현재에도 베를린
서부와 브란덴부르크 지역에 1,600호의 월세 주택을 보유하고 있다.
https://www.fhw-online.de/de/FHW-Auktion-108/?AID=116493&AKTIE=
Berliner+gemeinn%FCtzige+Baugesellschaft

77 Nicholas Bullock, "Chapter 6. Berlin," 231.

78 Hartmut Häussermann/Walter Siebel, *Soziologie des Wohnens*, 93.

제 2 부

"먼저 식량, 임대료는 그 다음에!"

바이마르 공화국(1919~1933)

독일 사회의 주택난은 1차 세계 대전을 거치며 더욱 심화되었다. 전쟁이전부터 이어진 주택 부족에 더해, 전시에 신규 주택 건설이 감소 혹은 중단된 것,[1] 1919년 2월부터 본격적으로 나타난 결혼 붐, 산업화와 더불어 지속적으로 진행된 핵가족화 경향, 인플레이션, 자본 부족 등 주택 문제를 민간 부문에 맡겨둘 수 없는 이유는 차고 넘쳤다. 주택 부족을 수치화하는 것은 매우 어려운 일이었지만, 당대인들이 주택 부족을 심각한 상태로 인식하고 있었음은 분명하다. 전쟁 직후인 1919~1920년 150만 호가 부족하다고 여겨지고 있었고,[2] 주택 문제를 관할하던 노동부에서는 정부 개입을 통해 주택 건설이 상당한 규모로 이루어진 1927년에도 60만 호가 부족한 것으로 집계하고 있었다.[3]

1차 대전 이후 혼란 가운데 등장한 바이마르 공화국은 1933년 나치 집권과 더불어 종식되었다. 따라서 햇수로는 고작 14년간 존속했을 뿐이며, 전쟁 직후의 폐허와 지속된 인플레이션, 대공황, 파시즘의 등장 등 역사적으로 굴곡이 매우 많은 시기였지만, 주택정책과 관련해서라면 주목할 만한 실험들이 많이 이루어진 시기였다. 인구에 널리 회자되곤 하는 바이마르 헌법 155조는 바이마르 주택정책의 근본 원칙을 천명한다. 이에 따르면 "모든 독일인들에게 건강한 주택을 제공하며 모든 독일 가족들, 특히 다자녀 가족들에게 그들이 필요로 하는 주거 및 경제적인 공간을 보장하고 남용을 막도록 하고자, 토지의 분배와 사용이 국가에 의해 감시된다."[4] 건강한 주거 공간을 확보하는 것이 사회적 목표라고 선언하고 있는 바이마르 헌법은 '결국 노동계급의 문제일 수밖에 없는 주거 문제가 국가 차원의 문제일 수 없으며 그 해결은 시장에 맡겨야 한다'고 보았던 독일 제국 시기의 태도에 대한 근본적인 단절, 혹은 종식을 선언하고 있었다.[5] 그리고 이는 현재까지도 유지

"먼저 식량, 임대료는 그 다음에!"

되고 있는 독일 주택정책의 기본적인 정향이기도 하다.

물론 임대인 단체와 이들이 주도하던 군소정당인 경제당Wirt-schaftspartei, 보수정당 등은 독일 제국 시기와 마찬가지로 이 시기에도 여전히 주택 문제를 시장 경제에 맡겨두어야 한다는 입장이었다. 국가가 제공하는 보조금이 주택산업을 부흥시키기에 충분할리 만무하며 주택의 채산성이 확보되기만 한다면 민간 자본을 통해 충분한 수의 주택이 지어지리라는 것이었다. 이들은 임대료 통제, 보조금 등이 결국 민간의 건설 의욕을 꺾고, 고율의 세금을 불가피하게 만들게 되며, 아울러 관리를 위한 값비싼 관료제만 창출해낼 것이라고 보았다. 또한 임대료 통제가 결과적으로 임금을 낮추어서 세입자가 아니라 산업계만 이득을 볼 뿐이라 주장했다.

그러나 1918년 11월 수병반란을 통해서 시작된 혁명의 물결을 거치며 등장하게 된 바이마르 체제는 식량난, 주택난 등 기본적인 수요가 충족되지 않으면 발생하게 될 사회 혼란을 막는 데 적극적일 수밖에 없었다. 당시 바이마르 공화국 초기 연정 체제를 주도하던 사민당, 중앙당 일부가 강력한 국가 개입을 지지하고 있었고, 여러 노조가 같은 입장이었으며, 강력한 세입자 운동이 출현한 가운데 보수정당도 최소한 바이마르 초기에는 이를 지지하지 않을수 없었다.

그 결과 바이마르 시기의 주택정책은 "주택강제경제Wohnungs-zwangswirtschaft"라는 말로 특징지어질 수 있었다. 부당하다싶을 정도로 임대인의 소유권을 제한하는 것이 대전제였다. 1920년의 주택부족법Wohnungsmangelgesetz은 주택 소유자가 새로운 임차인을 선택할 권리를 거의 박탈하는 법이었고, 1922년 임대료법

Reichsmietengesetz은 1918년 7월 1일 이전에 건설된 모든 주택, 즉 구주택의 임대료를 표준화하는 법이었다. 1923년에는 매우 예외적인 경우에라야 얻을 수 있는 법원의 허가가 있어야만 임차인을 퇴거시킬 수 있도록 한 임차인보호법Mieterschutzgesetz이 제정되었다.

이로써 임대료에 대한 법적인 통제와 임대차 보호가 최초로 법으로 보장되었다. 이 '주택강제경제' 조치는 원래 전쟁으로 인한 혼란을 극복하기 위한 한시적인 조치로 기획되었지만, 큰 틀에서 보면 바이마르 공화국 15년, 나치 13년을 넘어 서독의 경우 1960년대 말까지, 동독의 경우 통일이 될 때까지 대체로 지속되었다.

그 결과 '주택강제경제'에 대한 반대자들이 주장한 대로 민간 주도의 신규주택 건설이 매우 위축될 수밖에 없었고 이에 따라 주택 건설을 촉진하기 위한 정부 개입이 불가피했다. 신규주택 건설을 위한 재원이 주택 분야에서 마련되어야 한다는 전제하에 바이마르 정부는 주택이자세Hauszinssteuer'를 부과하고 그 재원으로 대규모 주택 건설에 나설 수 있었다.[6] 실제로 1924년부터 1930-31년까지 이 세수의 46%가 주택 건설에 투입되었고, 그 결과 주택 건설에서 공적 자금이 차지하는 비율은 예컨대 1926년의 경우 58.4%에 달할 정도였다.[7] 물론 이는 포괄적인 세제 개혁을 통해 과거 GDP의 8%에 머물던 조세부담률을 15%로 끌어올리고 이에 근거하여 사회복지국가로서의 성격을 현저히 강화한 바이마르 공화국의 전반적인 사회 시스템과 결을 같이 하고 있었다.[8]

이처럼 '주택강제경제'와 주택이자세를 근간으로 한 신규주택 건설은 바이마르 시기 주택정책을 이루는 두 수레바퀴가 되었다. 그리고 이 수레바퀴가 구르기 시작한 계기는 전쟁이었다.

"먼저 식량, 임대료는 그 다음에!"

1장

'주택강제경제'[*]:
파리, 런던과 다른 베를린의 길

전쟁과 인간, 주택

1차 대전 시기 많은 남자들, 특히 가장들이 징집되었을 때 남은 가족들은 생계를 어떻게 해결했을까? 전쟁사를 다루는 무수한 저서들에서 이에 대한 언급은 찾기 어렵다. 물론 군인들의 월급에서 송금이 이루어졌고 지자체가 군인 가족들을 위한 지원금을 제공했지만, 이들의 생계유지에 충분했을 리는 만무하다. 남성 가장들을 대규모로 전선에 동원해낸 가부장 국가는 군인

---

[*] 제2부의 내용은 다음 논문을 수정, 보완한 것임. 문수현, "바이마르의 주거난 해소를 위한 모색들 - '주택강제경제Wohnungszwangswirtschaft'와 '주택이자세Hauszinssteuer'를 중심으로," 『서양사론』 151호(2021), 80-111.

가족들을 돌보아야 할 의무가 있었다. 이에 따라 독일 정부는 1914년 8월 1일 러시아에 선전포고한 지 사흘 후인 8월 4일 군인 가족이 법적 분쟁의 당사자일 경우 주택과 관련된 모든 법적인 분쟁을 중단하거나 연기하도록 했고, 1년 후인 1915년 10월에는 군인 가족이 임차인일 경우 임대 계약 해지가 불가능하도록 조치했다.[9] 이는 독일 민법전BGB이 임차인 보호를 선언한 최초의 사례였다. 이는 전쟁과 같은 극단적인 상황이라야 비로소 주택시장에 대한 국가 개입이 사회적으로 용인된다는 뜻으로 해석할 수도 있을 것이다.

물론 임대인 단체는 이 법안들이 제정되는 과정 전반에 개입하여 매우 적극적으로 목소리를 냈다. 1914년 8월 4일 군인 가족을 대상으로 하는 임차인 보호조치가 취해진 직후라 할 8월 중순부터 임대인 단체에서는 "무수한 임대인의 몰락 및 그와 결부된 독일 국민경제의 심대한 위협"에 대해 경고하고 나섰다.[10] 보호조치 대상으로서 월세를 밀리더라도 쫓겨나지 않을 수 있었던 군인 가족들의 경우일지라도, 임대인들이 '단수'를 통해 군인 가족 임차인들을 몰아내는 것은 흔한 일이었다.

군인 가족을 대상으로 하여 제한적으로 시작된 주택 문제에 대한 정부 개입은 전쟁 기간 내내 점점 더 확대되어 갔다. 전시에 주택 건설이 축소 혹은 중단되었기 때문에 주택 부족, 임대료 인상, 임대 계약 해지 등 주거불안이 지속되는 것은 당연했다. 독일에서 최초로 전국적인 주택조사가 실시된 것이 전쟁

이 한창이던 1918년 5월이었으며,[11] 같은 시기 제국 의회에서 기차를 노동자 주거지로 활용해야 하는지에 대한 논의가 이루어지기도 했을 정도로 주택 문제가 심각한 상황이었다.[12] 임대료 인상, 주택부족 등의 문제가 사회정치적 불안으로 이어지지 않게 하는 것은 전쟁 수행을 위해 매우 중요한 과제로 부각되었다. 전쟁 중에 임대 계약에 영향을 미치는 세 가지 포고령이 발표된 것은 이러한 맥락에서였다.

먼저, 1914년 12월 상원 법규명령Bundesratsverordnung으로 기초자치단체Gemeinde 마다 임대료조정처Mieteinigungsamt[13]를 설립하게 되었다. 이에 따라 1915년까지 63개 도시에[14] 중립적인 법률가, 임대인 측 배석자, 임차인 측 배석자로 구성된 중재 기구인 임대료조정처가 설립되었다.

다음으로 1917년 7월 임대차계약 해지 요건 강화를 다룬 "1차 임차인보호 법규명령Mieter-schutzverordnung I"이 발표되었다. 임대료 인상을 목적으로 계약 해지를 하고 있다고 임차인이 이의 제기를 하는 경우, 임대료조정처가 개입하여 계약 지속 여부와 기간, 가능한 임대료 인상의 범위 등을 결정할 권한을 갖게 되었다.

그러나 이 "1차 임차인보호 법규명령" 역시 여러모로 한계가 뚜렷했다. 무엇보다도 임대료 인상을 위해 계약이 해지된 경우일지라도 임차인 측의 이의 신청이 없는 경우라면 문제시 할 수 없었다. 물론 전시의 주거난 가운데 이의제기를 하는 임차인 수는 매우 적을 수밖에 없었다.

이러한 상황을 개선하기 위해 세 번째로 1918년 9월에 "2차 임차인보호 법규명령Mieterschutzverordnung II"이 발표되었다. 이 법령에 따라 임대료조정처는 주택 부족 해소를 위해 건물을 철거하거나 혹은 상업 및 산업시설로 전용하는 것을 막을 권한, 경우에 따라서는 추가적으로 임차인을 받아들이도록 강제할 권한을 갖게 되었다. 또한 임대료조정처가 임대인이 행한 모든 계약 해지 사례를 검토할 권한을 갖게 되었으며, 주거난이 특히 심각한 지역의 경우, 이전에 지불된 임대료보다 높게 합의된 신규 임대 계약에 개입하여 임대료를 적정한 수준으로 낮추도록 할 권한을 갖게 되었다.

이 조치들은 전후에도 지속된 임대차 계약에 대한 정부 개입 방식의 단초들을 보여주었다. 이미 체결된 계약과 신규 계약을 구분했고, 주택난이 심각한 지역과 그렇지 않은 지역을 구분했으며, 전국 단위로 획일적인 조치를 마련하기 보다 지자체가 주택정책에서 중요한 역할을 담당하도록 했다. 무엇보다 임대료조정처를 만들어 사인들 간의 계약으로 간주되어온 임대 계약에 정부 행정력이 미치는 선례를 만들어냈다는 점에서 큰 의미를 가진다. 21세기인 현재까지 '독일주택체제'의 가장 큰 제도적인 특징이 임대계약에 대한 강력한 규제임을 고려할 때 전시의 개입이야말로 이를 향한 출발점이었다는 점에서 그 중요성을 아무리 강조해도 지나치지 않을 듯하다.

그러나 아이러니하게도 이러한 조치들이 주택정책의 역사에서 분기점으로서의 의미를 갖기는 했지만, 실제로 전시 주택 문제를 해결하는 데 있어 혁신적인 결과를 가져오지는 못했다는 점 역시 간과되어서는 안 될 일이다. 실제로는 임대료조정처에 신고하지 않은 채로 많은 임대 계약들이 체결되는 상황이었다. 임대료조정처에 이의 신청서를 제출하지 않겠다는 내용이 담긴 임대 계약을 체결하는 경우들이 늘어나고 있었다.[15] 독일제국주택담당관Reichskommissar für das Wohnungswesen은 1919년 4월 "대부분"의 신규 임대 계약이 신고되고 있지 않다고 보고하기도 하였다.[16] 결국 주택이 절대적으로 부족한 상황에서 법을 통해 임차인의 이익을 보호하는 것이 매우 어렵다는 것이 분명했다. 주택 수요처럼 절대적이고 본질적인 수요라면 법과 시장, 두 가지 요소가 모두 작동해야 적합한 방식으로 임차인 보호가 이루어질 수 있었던 것이다.

'주택강제경제'의 제도화

바이마르 공화국은 여러모로 독일 제국과는 전혀 다른 성격을 가지는 국가였다. 사민당 출신인 프리드리히 에버트Friedrich Ebert가 공화국 초대 대통령이었고, 굴곡은 있었지만 사민당이 의회에서 가장 강력한 정당이었으며, 독일에서 최초로 노동부 장관이 내각회의에 참여하는 국가였다. 그리고 이러한 정치적 변화로 인해 전시에 한시적으로 도입되었던 '주택강제경제' 조치들은 전후 법률로 제도화될 수 있었다.

전쟁 이후 제국 차원의 정부 개입은 1920년대 초부터 본격화되기 시작했다. 주택부가 따로 존재하지 않던 상황에서 주택 문제를 총괄하던 부서인 '제국노동부Reichsarbeitsministerium'는 새로운 입법의 목적이 '주택 부족과 인플레이션의 조합이 지속되는 한 임차인을 보호하는 것'이라고 선언하였다.[17] 그 결과 1920년부터 1923년 사이 세 가지 법이 제정되었다.

먼저 1920년 "주택난 해소를 위한 법Gesetz zur Massnahmen gegen den Wohnungsmangel"이 법제화되었다. 이 법은 건물철거나 주거용 건물의 상업적 전용을 금지했고, 모든 공실에 대해 공고를 하도록 했으며, 지자체에서 대형주택 및 빈 주택을 접수하여 임대할 수 있도록 했고, 경우에 따라 몰수를 통해 홈리스들에게 분배하는 것도 허용하고 있었다. 두 번째 주택 관련 입법은 1922년에 제정된 "제국임대료법Reichsmietengesetz"으로서 1918년 7월 1일 이전에 건설된 모든 주택, 즉 소위 구주택에 임대료 통제를 부과하는 법이었다. 단, 신축을 장려하기 위해 신축주택의 경우에는 임대료 통제 대상에서 배제하고 있었다. 세 번째 법안은 1923년에 제정된 "임차인보호와 임대료조정처에 대한 법Reichsgesetz über Mieterschutz und Mieteinigungsämter"이었다. 이 가운데 주택시장에 큰 영향을 미쳤던 것은 "제국임대료법"

과 "임차인보호법"이었다.

먼저 "제국임대료법"은 2년에 걸친 긴 논의과정을 거쳤다. 전후 임대료 인상폭이 지역에 따라 10%~300%에 달할 정도로 매우 상이한 상태였고, 이러한 혼란을 조정하기 위해 전국차원의 법안을 마련한 필요가 절실했다. 제국임대료법은 임대료 최고인상폭을 설정한 프로이센 방식이나 혹은 임대료조정처가 자의적으로 임대료를 결정하는 기존의 방식을 탈피하였다. 이 법안은 투기적인 성격을 배제하고 적합한 임대료를 계산하기 위해, 정확한 임대료 계산 방식 및 이를 기준으로 한 "합법적인 임대료Gesetzliche Miete"를 제시하였다. 합법적인 임대료의 기준은 소위 평화시임대료Friedensmiete였고, 이는 1차 대전 발발 이전인 1914년 7월 1일을 기준일로 하는 가격이었다. 예컨대 1924년 임대료는 평화시임대료의 20%에 머무르고 있었다가 1926년에 100%에 도달했다.[18] 물론 이 합법적인 임대료의 범위 안에서 계약 자유의 원칙이 인정되고 있었다.[19]

임대료가 시장에서 자유롭게 결정되기보다 법적으로 규제를 받게 됨에 따라 다수의 독일인들이 주거비를 현격히 낮출 수 있었다. 특히 임대료가 통제되는 구주택에 거주하는 임차인들에게는 매우 유리한 주거 조건이 마련되었다. 1920년에는 노동자들의 하루치 급료면 한 달 임대료를 내는 데 충분할 정도였다.[20]

주택강제정책을 통해 낮게 유지되는 임대료의 효과는 복

합적이었다. 이 시기 임대료는 인플레이션 시기 일반적인 가족 예산 가운데서 지불가능한 범위 안에 있는 유일한 예산에 속했다. 다른 한편으로 월 임대료가 경제적으로 의미 없는 수준이었기 때문에 다수의 집주인들이 집을 임대할 의지를 잃어버리게 되었던 측면도 있었다. 또한 세입자 측에서 보자면 중대형 주택을 필요로 하지 않는 경우라도 소형 주택으로 이주할 유인이 없었기 때문에 점유 형태상의 문제도 존재하고 있었다. 뮌헨의 한 거리에 있던 7개 공공 주택의 경우를 보면, 1910년의 경우 185가구 746명이 거주하고 있었지만 1925년에는 162가구 515명이 거주할 뿐이었다. 임대료가 낮아 소득 수준에 걸맞은 주택으로 이사를 할 유인이 적었기 때문에 나타난 현상이었다.[21]

다음으로 1923년에 제정된 "임차인보호법"은 임대 계약 해지 문제를 임대료조정처가 아니라 지방법원Amtsgericht이 담당하도록 했다. 이는 임대인이 임차인의 의사에 반해 임대 계약을 해지하려 할 경우, 임대료조정처가 아니라 지방법원을 통해 계약해지소송Aufhebungsklage을 해야 한다는 의미였다. 계약해지 판결을 받아내는 조건은 임대인 혹은 다른 주택 거주자들에게 심각한 해를 끼친 경우, 임대료가 2개월 이상 밀린 경우, 그리고 달리는 충족될 길이 없는 임대인 본인의 필요 등 세 가지로 한정되었다.

이 법안은 몇 해 전 임차인 단체에서 제시한 내용과 거의 유사했기 때문에 사민당 기관지 "전진Vorwärts"에서는 세입자 단체의 대표가 공동입안자로 간주될 수도 있다고 해석하였는가 하면, 임차인 단체에서는 이 법을 통해서 임대인이 자유롭게 계약 해지를 하는 것이 완전히 금지되었다고 보았다.[22]

이 법안에 대해 임대인 단체인 주택토지소유자협회중앙연맹Zentralverband der Haus- und Grundbesitzerverein에서는 격렬히 반발했다. 제국 의회에서 이 법안이 논의되던 시기 라이프치히의 주택소유자단체에서는 다음과 같은 격렬한 톤으로 논의를 이어갔다. "우리는 임차인보호법으로부터의 어떤 공격에도 맞서서 모든 허용된 수단을 동원하여 우리의 집을 끝까지 지켜내기로 굳게 맹세한다."[23] 실행가능성은 거의 없었지만, 임대차보호법과 관련하여 주민투표를 실시할 것을 주장하기도 하였다.

이 임차인보호법이 제국 의회를 통과할 수 있었던 것은 1926년 7월까지만 통용되는 한시적인 예외법이었기 때문이었다. 이처럼 한시적인 법으로 제정함으로써 독일국민당Deutsche Volkspartei, DVP 일부의 지지까지 얻을 수 있었다. 그러나 당시 토지소유자 측에서는 이조차도 "명백한 위헌"이라고 반발하였다.[24]

결국 법이 통과됨으로써 임대인 측에서는 임대 계약 해지를 허용한 예외 규정을 폭넓게 적용하기 위해 노력하지 않을 수 없었다. 첫 번째 계약 해지 요건인 "임대인 혹은 주택 거주자에 대한 심대한 피해"는 법안이 논의되던 당시부터 그 적용

범위가 모호하다는 점에서 비판을 받았다. 실제로 이 규정은 1930년대 들어 유대인 세입자를 몰아내는 데 활용되곤 했는가 하면, 사생활에 해당할 동거가 경우에 따라 "심대한 피해"로 간주되었고, 자살을 기도한 세입자가 쫓겨난 사례가 기록될 정도로 국가적 억압과 사회적 차별 기제로 작동하였다.

두 번째 요건인 임대료 체납은 가장 빈번한 임대 계약 해지의 사례였다. 그러나 이 역시도 전쟁 전과 비교할 때 세입자의 상황을 더 많이 고려하게 되었다고 볼 수 있다. 임대인은 임대료가 2개월 밀린 이후 시점에야 계약 해지 신청을 할 수 있었고, 임차인은 판결 직전까지 임대료를 제출하는 것이 허용되었다. 이와 달리 1차대전 이전에는 1개월만 밀리더라도 바로 계약 해지를 당하곤 했으며 뒤늦게 임대료를 납입하는 것도 허용되지 않았다.

임대 계약 해지의 사유 가운데 세 번째인 임대인 "자신의 필요Eigenbedarf"의 경우 앞선 두 사유와 달리 임차인의 행위와 무관한 것이었기 때문에, 모든 임차인에게 불안 요소일 수 있었다. 법은 "자신의 필요"와 관련하여 "특별한 사유로 매우 긴박한 이해관계"를 갖게 되고, 임대 계약을 해지하지 않을 경우 "임차인의 상황을 고려한다하더라도... 심각한 부당함"이 발생하게 될 경우라야 한다고 규정했다.[25] 최종 결정은 법원에서 양측 모두의 상황을 고려하여 결정하도록 했다. 법원에서는 임대인 측에서 다른 주택을 찾고자 충분히 노력했다는 증거를 제시

하지 않을 경우 원칙적으로 인정될 수 있는 사유가 있다고 하
더라도 받아들여지지 않았다.

결국, 이처럼 강력한 '주택강제경제' 조치들로 인해 아무
리 문제가 많은 임차인이더라도 소송을 통해서만 퇴거가 가능
했으며, 임대료는 공적인 통제에 놓여있었고 그 낮은 임대료마
저도 전후 화폐가치 하락으로 인해 경제적으로 무의미한 상황
이 되었다. 결국 임대인에게 남는 것은 재산 소유자라는 법적
인 명칭과 판매 및 대여의 권리뿐이었다.

독일, 영국, 프랑스 비교

독일의 '주택강제경제' 조치들을 통한 규제의 정도는 전후의
주거난에 직면해서 마찬가지로 정부 개입을 강화했던 프랑스
나 영국에 비해서도 강력했다고 평가된다. 세 나라 모두 1차 대
전 이전에는 임대인이 자유롭게 임대차 계약을 해지하거나 임
대료를 인상할 수 있었지만, 1차 대전 발발과 더불어 정부가 주
택시장에 적극 개입하기 시작했다. 전통적으로 사유재산권을
중시하는 영국조차 1915년부터 '임대료 제한법'과 '임대차보
호법'을 통과시키고 전후에도 유지시켰던 것이 단적인 예였다.
그럼에도 영국의 임대인들은 이 시기에도 임대료를 인상시킬
수도, 임차인을 퇴거시킬 수도 있었고, 전후에는 임대료 제한

과 임대차보호법이 단계적으로 완화되어 1935년에 이르면 전체 주택 가운데 40%만 임대차보호 대상으로 남아있었다.

프랑스의 경우 1870~71년 보불 전쟁 시 긴급조치로써 활용했던 임대 계약 해지 금지를 1차 대전 발발과 더불어 재도입했고, 일정한 전제 조건을 충족시키면 이 금지가 지속되는 동안 임대료 지불도 유예될 수도 있었다. 그러나 종전 이후에는 여덟 가지 상이한 임대 관련 규정이 공존하는 등 임대 계약 관련한 법적인 혼란이 이어지고 있었다. 이러한 혼란은 프랑스 정부가 임차인과 임대인의 이해 갈등 가운데서 정치적으로 명확한 방향 설정을 하지 못하고 있다는 의미로 해석되고 있다.

즉 세 나라 모두 1차 대전을 거치며 "임대 혁명"이라는 말이 운위될 정도로 임대 계약에 개입했지만, 독일만큼 강력한 정도는 아니었다. 독일에서 이처럼 강력한 임대 통제가 가능했던 이유는 여러 가지로 분석될 수 있겠지만, 무엇보다도 바이마르 초기 정부에 참여한 독립사민당USPD을 포함하여 사민당SPD의 영향력을 꼽을 수 있을 듯하다. 주요 임대 관련 법안이 통과되던 1920년, 1922년, 1923년 각각 사민당은 중앙당과 더불어 정부를 주도하고 있었다.[26]

구체적으로 "제국임대료" 법안을 살펴보면 사민당과 독립사민당이 이에 대해 분명한 지지를 보냈을 뿐, 자유주의 정당들은 분열되거나 임대인 단체를 대변하는 경향을 보이고 있었다. 중앙당의 경우 26명이 찬성, 21명이 반대, 24명이 불참

하는 등 극도로 분열된 모습을 보여주었고, 독일민주당Deutsche Demokratische Partei, DDP의 경우 각각 7명, 23명, 10명이 찬성, 반대, 불참이었다. 독일국민당Deutsche Volkspartei, DVP, 독일민족국민당Deutschnationale Volkspartei, DNVP 등 보수정당들은 주택소유자들을 무력화시키게 되리라는 이유로 법안을 거부하는 양상이었다.[27] 이 표결을 통해 '주택강제경제'정책이 어느 사회세력에서 발원하고 있었는지가 잘 드러나고 있다.

물론 이처럼 강력한 정도로 소유권을 제한하기 위해서 사민당을 넘어서는 광범위한 의회의 지지가 절실했다. 당시 우파인 독일민족국민당DNVP 만이 임대 관련 법안에 대해 일관되게 반대했을 뿐, 가톨릭 중앙당Zentrum, 독일민주당DDP 뿐만 아니라 보수적인 독일국민당DVP 조차도 국면에 따라 임대 계약에 대한 국가 개입에 찬성하기도 했다. 사민당과는 달리 이 부르주아 정당들의 경우 주택시장에 대한 국가 개입을 일시적인 것으로 여기고 있다는 점에서 근본적인 차이를 노정하고 있었지만, 전쟁 직후의 혼란기에 "사회혁명보다는 사회개혁Besser Sozialreform als Sozialrevolution"이 바람직하다는 점에 있어서는 공감대가 형성되어 있었다. 이러한 사회적 합의가 가능했던 보다 근본적인 이유는 임대 계약에 대한 개입이 노동자 계급뿐만 아니라 중간계급까지 보호하는 것이었기 때문이다. 특히 대도시에 거주하는 세입자의 다수가 중간계급인 상황에서 '주택강제경제'는 인플레이션으로 인한 실질 소득 저하를 일정 부분 보완해줄 것으로 기대되었다.

임대인과 임차인:
"먹을 것 먼저-임대료는 나중에"

임대료 통제 정책 등 세입자 보호정책은 종전 이후까지도 지속되었다. 강력한 임대료 통제 정책으로 인해 임대료는 물가인상률에 한참 못 미치고 있었다. 정부의 '주택강제경제' 조치가 효력을 발휘하게 되었을 때, 임대료 부담은 전쟁 전에 비해 현저히 낮은 수준이었다. 사실상 가격 인상이 이루어지지 않은 유일한 지출에 속했다. 독일 사용자단체Vereinigung der Deutschen Arbeitgeberverbände의 계산에 따르면 1914년 소득 가운데 20%를 주거비로 이용했던 미숙련 노동자들이 1922년에는 2.36%를 지불하고 있었다.[28] 거의 공짜로 거주한다고 보아도 무방할 법한 금액인 셈이다. 반면, 재산세, 상하수도세, 유지보수비 등 주거 관련 임대인이 지불해야 할 비용은 지속적으로 인상되고 있었다. 결국 엄청난 인플레이션 시기에 임대료가 통제됨으로써 임차인과 임대인 사이에서 일정 정도 부의 재분배가 나타나게 되었다.

이러한 부의 재분배 현상은 격렬한 사회적 대립을 배경으로 하여 가능했다. 주택강제조치가 부도덕하다는 임대인 단체의 반응에 대해 사민당 계열의 신문인 함부르거 에호^{Hamburger} Echo의 대응은 매우 흥미롭다.²⁹

> "임차인 보호조치법이 제정되기 전, 임대인들은 언제나 자신들의 이익을 위해 법을 어떻게 활용할 수 있는지를 잘 알았다. 이러한 협약이 부도덕함을 입증하려고 했던 시절에, 그들의 법률가들은 법은 도덕과 무관하다고 선을 그었다. 이제 와서 그들은 갑자기 법안에서 도덕을 원하며 그들이 해왔던 것과 정확히 동일한 방식으로 행동하고 있는 임차인을 비난한다."

이 기사는 결국 임대인들의 황금기가 이미 지나갔으며 더 이상 임차인을 자신들의 손아귀에 둘 수 없다는 사실을 받아들이라는 조언으로 마무리되고 있다. 이 시기 임차인 보호를 둘러싼 논란은 독일 주택정책의 역사에서 새로운 한 장을 쓰는 과정에서 일어난 일이었다. 결국 전쟁 시기에 최초로 생겨나고 바이마르 공화국 초기에 공고해진 임차인 보호법은 향후 100년간 지속된 독일 주택 체계의 중요한 한 축이 되었다.

임차인 단체

이처럼 격렬한 소유권 분쟁은 양측 모두의 조직화를 동반하고 있었다. 최초의 임차인 단체는 1870년대 에어푸르트에서 결성되었고, 1880년대를 거치며 각 지역 조직들이 만들어졌다. 1900년 10월 25개 임차인 단체 대표들이 라이프치히에서 모여 임차인 중앙회를 조직하는 것으로 발전했다. 그러나 1차 세계대전 이전 이들의 영향력은 미미했다. 개인적으로 임대인과 갈등 관계에 있을 경우에만 가입했다가 문제가 해결되면 탈퇴하는 경우가 많았기 때문에 임차인 단체의 참여율은 매우 들쭉날쭉했다.[30] 같은 시기 노동자 조직화 정도 및 노동계약에서 노동자들의 이익이 확보되어 가는 정도에 비할 때, 임차인 단체와 임대료 계약은 매우 뒤떨어진 것으로 평가되고 있었다.

그러나 1차 대전을 거치며 상황은 달라졌다. 전후 주거난이 심화되면서 임차인협회는 엄청난 규모로 세를 불리게 되었다. 노동자들이 단체로 임차인 단체에 가입하는 일도 드물지 않았다. 그리고 이들이 결성한 임차인 단체는 상담 서비스를 제공하는 데 그쳤던 제국 시기 임차인 단체와는 성격을 달리하고 있었다.

이미 1922년 1,900개에 달하는 임차인 단체가 존재했고, 회원 수도 20~30만 명을 훨씬 넘어섰다. 이는 기본적으로 세입자 보호조치가 강화되면서 이사가 현저히 감소하고, 그 결과 임대 계약 분쟁이 훨씬 치열해진 탓이었다. 예컨대 프랑크푸르트의 경우 1911년부터 1915년 사이 전쟁 기간이 포함되어 있음에도 불구하고 이사 횟수가 22,000건에 달했다면, 1916~1920년은 12,000건, 1921~1923년은 3,500건에 그쳤다.[31]

임차인 단체들에서는 지방선거에 참여하기 시작하였으며, 지역에 따라 가시적인 성과를 내기도 했다. 1924년 프로이센 선거에서 9개 임차인 단체가 시의회에 자신들의 대표자를 보낼 수 있었고, 북부 도시인 킬Kiel의 경우 58석 가운데 12석을 확보하는 성과를 거두기도 했다.[32] 그러나 이러한 정치적인 상승세가 오래 유지되지는 않았다. 제국 의회뿐만 아니라 지방의회에서도 뚜렷한 정치 파트너를 찾아내지 못하는 가운데 정치력을 잃어가게 되었고, 홈리스 등 다른 주거 약자 및 임대료 통제에서 제외된 신주택을 배제한 채 구주택 임차인의 이익만을 대변하면서 고립되었다.

그와 더불어 프로이센 중심 조직과 작센 중심 조직 간의 갈등으로 인해 하나의 단일 조직을 갖지 못하고 분열된 것 역시도 임차인 단체의 약화에 크게 기여했다. 작센에 근거한 독일세입자단체연맹Bund Deutscher Mietervereine의 경우 임대인 단체와도 연대할 수 있다는 입장이었지만, 베를린 중심이던 독일세입자제국연맹Reichsbund Deutscher Mieter 조직의 경우 임대인 단체에 대해 적대적이었다. 또한 작센 지역 임차인 단체의 경우 정당들에 대해 중립적이기를 희망했지만, 베를린 조직의 경우 사민당을 제외한 여타의 정당들에 대해 적대적이었다. 이러한 차이에도 불구하고 이들은 모두 기존 체제 내에서의 개혁을 중시하고 있다는 점에서 공산주의 계열 임차인 단체와는 차이를 보이고 있었다.

이러한 분열과 고립은 회원 수 급감으로 이어져서, 1924년 65만 명에 달하던 회원 수가 1930년에는 31만5천 명에 불과하게 되었다. 이로써 1929년에도 80만 회원을 유지하던 임대인 단체에 현저히 못미치는 세를 갖게 되었다.[33] 결국 나치 정권이 들어선 이후인 1934년 임차인 단체가 법적 자문을 하거나 임차인 대변 활동을 할 권한을 박탈당함으로써 사실상 사라지게 되었다.[34]

한편, 이들과 별도로 공산주의 계열의 임차인 단체는 훨씬 급진적인 활동 양상을 보였다. 공산주의적인 경향을 보이던 임차인위원회Mieterräte는 자조를 강조하고 있었고, 강제 철거가 일어날 경우 이웃 주민들을 동원하여 막는 등 전투성을 보였다. 1918년 12월 말 공산당 기관지이던 "적기Rote Fahne" 지는 어느 지역 임차인들이 "경매에 맞서기 위해 모든 형태의 저항에 나설 것"을 요청받았으며 "강제 퇴거를 막기 위해 임차인 보호 그룹이 조직"되었다고 기록하고 있다. 그리고 실제로 일주일 후 첫 번째 임차인 파업이 북부 베를린에서 기록되었다.[35] 공산주의의 영향을 받은 급진파 그룹은 1921년의 임대차법이 제정되기 직전에도 대규모로 모여 시위를 하였다. 이들의 요구 사항은 "가능한 많은 공간을 몰수할 것, 지나치게 넓은 주택에 사는 핵가족을 퇴거시키고 대가족을 입주시킬 것, 사무실로 전용된 주택들을 주거공간으로 되돌릴 것, 성과 빌라 등을 몰수해서 사회복지 공간으로 활용할 것... 주택과 관련된 모든 문제들에서 임차인위원회Mieterräte의 공동결정권을 인정할 것"[36]이었다. 이들은 결국 주택임대인의 소유권을 전혀 인정하지 않고 있는 듯하다. 그리고 이러한 요구들은 이후 동독에서 상당부분 실현되었다.

임대인 단체

임대인 단체의 경우, 1차 대전 이전에도 이미 임차인 단체보다 조직화에 훨씬 더 성공적이었다. 임대인 단체의 영향력은 독일 민법전BGB 입안자 가운데 한 명이던 루돌프 좀Rudolph Sohm이 1차 대전 이전 "법이 보장하는 임차인의 권리는 서류상으로만 남아있을 뿐, 독일 제국의 법보다 임대인 단체가 강하다."라고 비판하고 나섰던 것에서도 읽을 수 있다.[37]

　임대인 단체들은 '주택강제경제' 조치가 도입된 전시에도 자신들의 이익을 지키는 데 매우 적극적이었다. 예컨대 1917년 3월 베를린 프렌츠라우어 베르크Prenzlauer Berg 지역 임대인 단체인 "아님플라츠와 주변지역Arnimplatz und Umgebung"은 정례회의에서 지역의 모든 회원들이 전체적으로 10%씩 임대료를 올릴 것을 결의했다. 전쟁 발발 이후 쓰레기 수거, 건물 청소 등 주택 관리 비용이 급격히 인상되었다는 것이 그 이유였다. 전쟁으로 인한 대규모 징병으로 베를린의 공실률이 높은 상황이었지만, 이들은 연대를 통해 이러한 시장 상황을 극복할 수 있다는 입장이었다. 이에 대해 베를린 내 다른 임대인 단체들조차 실현불가능할 뿐만 아니라 지나친 소유욕이라고 비판하고 나설 정도였음에도 불구하고, 이들의 시도는 임대인 단체들이 당시에 가졌던 우려와 더불어 이들이 가졌던 영향력을 잘 보여주고 있다. 비슷한 시도들이 도르트문트, 보쿰, 에어푸르트 등 다른 도시들에서도 이어지기도 했다.

그러나 전쟁 직후 독일 사회의 분위기는 현저히 달라져 있었다. 독일 제국 시기의 주택정책이 주택 소유자의 이익을 보장하는 것을 기조로 하고 있었다면, 바이마르 공화국이 들어서고 독일 전역에 여성을 포함하는 보통선거권이 부여되는 등 정치적인 격변을 거치며 주택정책의 기조가 전적으로 바뀌어있다고 해도 과언이 아닐 정도로 임차인의 이익을 보장하는 것이 중시되고 있었다.[38] 주택강제경제 등 임대인 단체에서 불만을 가질 여러 규정들이 통과되고 있었지만, 이러한 흐름을 제어할 정치적 세력이 사라진 상태였다. 예컨대 함부르크 의회에서 1919년에 열린 선거 결과 임대인 단체는 4석을 확보했으며, 이는 전전의 10%에 불과한 정도였다. 임대인 단체에서 보통선거권이 "시정부를 노동자 계급의 손에 넘겨주었다"고 인식했던 것은 정확한 판단이었던 것으로 보인다.[39] 학자에 따라서는 미래에 대한 중간계급의 우려를 가장 압축적으로 상징하는 분야로 주택 문제를 꼽기도 한다.

당시 임대인 단체는 임대료 통제가 근본적인 경제법칙을 위태롭게 한다는 입장이었다. 이들에 따르면 주택 가격이 인상되는 것은 투기적인 의도 탓이 아니라 주택 유지 비용이 늘어남에 따라 경제적으로 합당한 조정이 이루어지는 것일 뿐이었다. 이들은 구주택에 대한 임대료 인상을 통해서만 신축주택과 경쟁력을 갖출만한 개보수 투자가 이루어질 수 있으며, 임대료 수익을 기대할 수 있어야 주택 건설이 더 이루어질 수 있다는 입장이었다. 이들은 월세를 동결하면 오히려 노조와 주택개혁가들이 우려하는 주택 부족 상태가 나타나게 되리라고 보았다. 주택시장에 대한 규제에 반대하는 21세기 자유주의자들의 논리와 완벽히 겹친다.

그렇다면 정부 개입으로 인하여 임대인들은 어느 정도의 불이익을 받고 있었던 것일까? 먼저 이들은 직간접적으로 정부의 보조금을 받고 있는 상황이었다. 하물며 전쟁 중일지라도 임대료 통제로 인한 부담을 임대인에게 전적으로 지울 수는 없었다. 임대인이 임대료를 부분적으로 인하할 경우 지방정부가 지불 능력이 없는 임차인에게 보조금을 지급하는 방식으로 임대인의 부담을 간접적으로 경감시켰다. 이러한 방식으로 1915년까지 250개 지자체가 임대인과 임차인을 돕는데 나섰다. 전쟁이 진행되어감에 따라 지방정부의 임대료 보조금 지불액은 점차 늘어가고 있었다. 뮌헨의 경우 1914년 매월 33,000마르크를 지불하고 있었던 데서, 1916년에는 이 금액이 27만 마르크로 급증하였다.[40] 1919년 베를린은 8,900만 마르크를 임대료 보조금으로 지불했는데, 이는 주택소유주 전체로부터 거둔 토지세Grundsteuer 총액에 상응하는 금액이었다.[41]

다음으로 이들의 채무 부담이 경감되고 있었던 점에 대해서 주목할 필요도 있다. 임대료 통제와 대출은행이라는 "두 화마" 사이에 놓여있다는 임대인들의 호들갑과 달리, 주택임대인들이 채권자로부터 보호를 받고 있었던 것도 사실이었다. 전쟁비용을 마련하기 위해 정부가 인위적으로 화폐가치를 낮게 유지하고 있었기 때문에 주택소유자들이 지불해야 할 이자 부담이 줄어들었다. 예컨대 모든 모기지 은행Hypothekenbank들이 전후 3개월까지 표준이자를 4.75%로 고정되도록 했다. 이에 더해 지속된 인플레이션이 주택소유주들에게 유리하게 작용했다. 1923~24년 하이퍼인플레이션 상태로 인해 거의 모든 주택소유주들이 최단기간 안에 빚을 탕감받는 결과를 낳게 되었고 남은 채무마저도 화폐가치 소멸로 인해 사라지게 되었다. 이러한 상황은 향후 독일 정부가 주택이자세를 거둘 수 있는 근거가 되기도 했다.

정부의 '주택강제경제'조치로 인한 개별 임대인들의 불이익이 실제로 어느 정도였는지를 밝히는 것은 불가능한 일이다. 그러나 임대인들이 낮은 임대료로 인해 곤경에 빠지기는 했을 망정, 이들의 채무 역시도 낮게 책정되었기 때문에 채무자로서 이익도 얻었다는 점이 함께 고려될 필요는 있어 보인다.

또한 당시 임대인들이 보인 반응은 실제 수익 하락보다 기대 수익 하락에서 비롯된 측면도 있었다. 1차 대전 이전 임대주택 소유자들은 언제고 주택을 판매하여 인상된 주택가격의 혜택을 보곤 했지만, 전후에는 이러한 수익의 전망이 사라지게 되었다. 따라서 임대인 단체들이 정부의 임대료 정책에 대해 보인 태도는 기대 수익이 낮아졌다는 점에 기인한 감정적인 대응인 측면도 컸다고 볼 수 있을 것이다.

그럼에도 불구하고 임대인들의 우려는 임대인 단체를 만드는 것을 넘어 정당을 만들어내는 선까지 나아갔다. 베를린 지역의 부르주아 단체들이 1920년 창당한 경제당Wirtschaftspartei에 1921년부터 베를린 임대인 단체인 "베를린 주택 및 토지소유자동맹Bund der Berliner Haus- und Grundbesitzer"이 합류하게 되었다. 동맹 측에서는 개인 회원당 20마르크의 분담금을 납부하는 방식으로 경제당을 재정적으로 뒷받침하고 있었고, 이를 발판으로 이 "베를린 동맹" 출신들이 경제당 베를린 지구당 조직의 압도적 다수를 이룰 정도로 경제당 내에서 임대인 단체의 영향력을 키울 수 있었다.

이에 따라 경제당으로서는 '주택강제경제' 철폐를 전면에 내세우는 등 임대인 단체의 이익을 대변하는데 적극적일 수밖에 없었다. 사회주의에 대한 투쟁과 더불어 민간경제 보호를 두 축으로 삼은 이 당의 강령은 1922년에 의결되었다. "정치, 문화, 사회, 경제적인 측면에서 모든 독일 시민들의 완전한 평등"을 위해 나설 것임을 천명한 후, "그렇기 때문에" "무역, 제조업, 수공업, 농업 분야에서 강제경제의 완전한 철폐"와 더불어 "현재의 법에 맞서서... 주택소유자를 보호"할 것을 요구했다. 즉, 평등의 원칙에 근거하여 주택강제조치 철폐를 주장하고 있었던 것이다.[42] 그런가 하면 주택이자세가 도입된 이후인 1926년에 개정된 '괴어리츠 당 노선Görlitzer Richtlinie'에서는 "경제에 대한 불필요한 국가 개입을 거부"한다는 원칙 하에서 "제국임대법, 임차인보호법, 주택부족법", 그리고 "임차인과 임대인의 이익을 위한 주택이자세 철폐"를 주장하고 나섰다.[43]

베를린, 기껏해야 프로이센에 자리한 군소정당이던 이 경제당은 기존 부르주아 정당들에 실망한 중간계급 유권자들을 끌어들여 점차 세를 확대했다. 1928년에는 4.5%, 1930년에는 3.9%의 지지율을 얻어서 1928년과 1930년에 각각 제국의회 491석 가운데 23석, 577석 가운데 23석을 확보할 정도로 영향력을 키울 수 있었다.[44] 1926년 바이마르 공화국의 장수 외교부장관이자 저명한 정치가인 구슈타프 슈트레제만Gustav Stresemann은 경제당의 성공을 두고, 독일인들의 정치적인 삶에서 "공통의 정신적인 유대가 사라지고 있음"을 잘 보여주고 있다고 비판한 바 있다.[45] 나치를 근대의 병리적인 측면에서 비롯된 것으로 설명하고자 했던 데트레프 포이커트Detlev Peukert도 이 경제당을 두고 순수하게 개별적인 이해만을 대변하는 근대적인 이익집단의 대표적인 사례로 꼽았다.[46]

그러나 이 경제당의 정치적 영향력도 오래 지속되지 못했다. 독일민족국민당DNVP, 나치당 등 외부 정당들과의 관계를 어떻게 설정할지를 두고 논란이 있었을 뿐만 아니라, 건물 임대인과 사무실 임차인 사이의 갈등이 매번 격렬한 논란으로 이어지는 등 당내 개별 세력들 간의 이해 조정에도 실패했고, 이러한 갈등은 지도부끼리의 경쟁으로 이어지곤 했다. 결국 경제당은 1932년 11월 선거에서 0.3%의 지지를 얻는 것으로 막을 내리게 되었다.[47]

한편, 임대 계약에 대한 국가 개입은 독일에만 국한된 것이 아니라 전 유럽적인 현상이었기 때문에 임대인 단체들은 이 시기에 국가 경계를 넘어서는 조직화에 나서기도 했다. 1923년 파리에서 "부동산 재산 국제 연맹Union internationale de la propriété foncière bâtie"이 결성되기에 이르렀다. 1929년 기준 34개 부동산 관련 단체를 망라하던 이 조직은 자칭 500만에 달하는 주택소유자들을 대변하고 있었다. 이들은 주택시장에 대한 국가 개입을 비판하고 전쟁 이전의 상태로 돌아가기를 요구했다.

이들의 연례회의 가운데 1929년의 회의는 특히 흥미롭다. 이 회의에서 파리의 법학 교수이던 아쉬 메스트르Archille Mestre 는 임대 계약에 대한 국가 개입이 보통선거권 탓이라고 주장했다. 보통선거권으로 인해 국가가 임대법 개정에 나서게 되었고, 임차인의 수적 우위로 인해 부동산 소유자들의 정치적 권리가 약화되었다는 것이었다. 그에 따르면 "토지소유는 한 민족에게 있어 모든 법적인 조건의 근간"으로서 임대 계약에 대한 개입으로 인해 결국 위태롭게 되는 것은 "국가, 더 나아가 서유럽 문화의 토대 자체"였다.[48] 개인이 소유권을 발판으로 시민권을 획득하는 것이 프랑스 혁명 이래 유럽 근대 사회의 기본 전제였던 점을 생각하면 소유권을 제한하는 것은 결국 근대 사회의 근간을 무너뜨리는 일로 이해되었을 법하다.[49]

2장

'주택이자세시대'의
공공 주택 건설

주택이자세Hauszinssteuer

임대차 보호조치로 인해 임차인을 보호할 수 있었다지만, 이를 통해 주택 부족 문제를 해결할 수는 없었다. 바이마르 시기 내내 주택 건설은 채산성이 없는 사업에 속했다. 건축자재가 부족하고 고가였으며, 건축자재가 확보되면 상업 시설이나 산업 시설에 투자하는 편이 훨씬 유리했던 탓이었다. 이와 더불어 기본적으로 건설 분야의 임금도 매우 높았다. 1921년 베를린에서 세면대를 고치는 간단한 작업의 비용이 월세의 절반에 달했다. 건설노동자들 및 수공업자들의 임금 상승 정도는 임대인들이 "임금 테러"라고 지칭할 정도였다.

건설비 가운데서도 자본 비용은 특히 심각한 문제였다. 당시 부동산 대출 이자는 10~12%로서, 이는 전쟁 이전 두 배에 해당했다.[50] 독일 제국 시기 주택 분야 투자의 대부분을 차지하던 민간 자본은 인플레이션과 화폐개혁을 거치며 주택 건설 분야에서 거의 사라지다시피 했다. 물론 바이마르 시기 민간 자본이 유입되지 않은 것은 주택 건설 부문에만 해당되는 이야기는 아니었다. 순투자율National net investment ration은 종전 직후 16%에서 1925~29년 사이 10.5%로 하락한 상태였다.[51]

이처럼 주택 부문에 민간자본이 유입되지 못하는 상황을 극복하는 유일한 길은 공적자금 투입일 뿐이었다. 정부가 대규모로 주택 건설을 지원하기 위해서는 엄청난 액수의 세금이 필요했다. 세금 인상은 어느 정권이건 뱉을 수도 삼킬 수도 없는 대상이지만, 바이마르 시기처럼 인플레이션과 불황으로 인한 경제 혼란이 만연하던 시기에는 더 말할 나위가 없었다. 제대로 된 조세 시스템이 갖추어지지 못했던 독일 제국 시기의 조세부담률, 즉 GDP에서 조세가 차지하는 비율은 8%에 머물러 있었다. 그러나 전쟁을 거치며 국가부채가 GDP의 150%에 달하게 된 상황에서 정부가 할 수 있는 일은 세금을 더 거두는 것뿐이었다.[52] 무려 16가지 법안을 통해 조세 부담이 현저히 인상되고, 중앙집권화되고 근대화되었고, 그 과정에서 근로소득세, 자본이득세, 법인세 등과 더불어 '주택이자세'가 신설되었다.

이 세금의 공식 명칭은 "부동산 화폐가치하락조정세Geldentwertungsausgleich bei bebauten Grundstücken"로서 부동산담보대출이 화폐가치 하락으로 인해 거의 무의미해짐으로써 얻게 되는 실질적인 이득에 대한 과세를 목표로 하고 있었다. "인플레이션이익세"가 내용상 가장 정확한 번역인 셈이지만, 당시 세간에서 "주택이자세Hauszinssteuer"로 통용되고 있었다.[53] 이 세금은 공식 명칭에서 잘 드러나듯이 임대주택뿐만 아니라 부동산 전체를 대상으로 하고 있고, 임대된 주택의 경우 '조세전가Steuerüberwälzung'를 통해 내용상 임차인에게 전가되고 있기도 했다.

1924년부터 1943년까지 약 20년간 지속된 이 세금은 두 차례의 실패를 거친 조정의 결과로 제도화될 수 있었다. 정부가 주택 건설을 촉진하고자 한다면 재원을 어디서 마련할 수 있을까? 현재 우리 사회에서라면 부동산을 통해 쉽사리 돈을 벌고자 하는 욕망이라는 늑대를 들판에 풀어놓는 것으로 충분하지만, 바이마르 정부는 당시 부동산이 치부의 수단일 수 있는 길을 막기로 결정한 상태였다. 그리하여 정부는 일반 회계재정과 실업보상기금 등의 재원을 주택 건설에 이용하고 있었지만, 인플레이션이 심화되고 실업이 늘어나면서 이 예산을 주택 건설에 투입하는 것이 불가능해졌다. 사민당과 자유노조 측의 건설전문가이던 마틴 바그너Martin Wagner는 주택 건설을 위한 자금이 주택경제 분야 자체에서 제공되어야 한다는 아이디어를 제시했다. 그는 특히 '주택강제경제'로 인해 이익을 보고 있는 구주택 세입자가 연대를 위한 세금을 납부함으로써 신규

주택 건설을 도와야 한다는 입장이었다.

바그너의 "임대세", 혹은 "주택 건설세"는 즉각적인 반발에 봉착했다. 주택시장에 대한 정부 개입 자체를 반대하던 주택 소유자 단체와 세금을 부담하게 되는 임차인 단체가 예외적으로 한목소리를 냈다. 당시 임차인 단체는 부유한 상층이 아니라 자신들이 과세 대상이 되는 것에 대해 반발하고 있었고, 사민당은 이들의 입장을 지지했다. 그런가 하면 사민당 일부, 특히 건설노동자 단체에서는 이를 두고 "주택을 가진 행복한 세력의 이기주의"에 불과하다며 비판하고 나섰다.[54] 이에 더해 임대료 인상이 전반적인 임금 인상을 유발하게 되리라는 우려가 있었던 것은 말할 나위도 없다. 1920년 6월 제국 의회 선거가 있었고 선거를 앞두고 논란이 되는 세금을 입법화하고자 나서는 정치 세력이 없었기 때문에, 임대세에 대한 정부 안은 일단 보류되었다.

1920년 7월 정부가 다시금 안을 냈을 때는 취약계층 임차인의 경우 이 세금을 감면받도록 수정한 상태였다. 이러한 변화와 더불어 1920년 가을부터 건설업 불황이 나타나게 되자, 노조가 주택 건설세에 대한 태도를 바꾸기에 이르렀다. 그리하여 1921년 6월부터 주택 건설세법Wohnungsbauabgabengesetz을 통해서 "임대세Mietsteuer"가 징수되기 시작했다. 이 세금은 "공간을 점유하는 모든 계급"이 부담하는 연대세의 성격으로 정당화되었다. 임차인이 있는 경우 임차인이, 임차인이 없는 경우 주택소유자가 내는 세금이었다. 최초에는 평화시임대료의 15%로 책정되었지만, 임차인 단체의 반발로 10%로 인하되었다.[55]

이 세수는 직접적인 현금 보조금을 통해서건 주택 관련 융자에 대한 이자 지불을 통해서건 주택 및 도시건설에만 활용되도록 배당되었다. 또한 세수의 일부는 연방 정부로 들어가서 낮은 세수로 인해 충분한 정도로 신축이 일어나지 못하는 지역에도 할애될 수 있도록 했다. 그러나 이 시스템은 1년 만에 붕괴하게 되었다. 자본시장에서 주택 건설 관련 장기 대출이 이루어지지 못했기 때문에 정부가 주택 건설 관련 대출에 이자를 지불하는 최초의 지원 방식이 의미 없게 되었다. 현금 보조금을 지급하는 두 번째 방식 역시도 머지않아 세수 부족에 직면하게 되었다. 1923년 봄에 이르러 이 세금이 매우 불충분하다는 것이 매우 분명해졌다. 이 시기 정부는 이미 일반 예산을 통해서 필요한 주택 건설자금을 대고 있었다.

1923년 11월 이후 사민당 대신 중앙당, 독일자유당, 독일국민당 등 부르주아 중도 우파정당들이 정부를 장악하게 되었고, 이 시점에서 정부가 세원으로 주목했던 것은 부동산담보대출Hypotheken이었다. 담보대출에 대한 이자가 화폐가치 폭락으로 인해 사실상 의미 없는 금액이 되었기 때문에 대출금이 사실상 사라지게 됨으로써 생기는 이익에 대한 과세가 필요하고 가능하다는 판단에서였다.[56] 이에 따라 한동안 "주택세Hausabgabe"로 불리기도 하던 이 세금은 결국 "주택이자세"로 통칭되었고, 1924년 2월 세법 긴급법규명령 3차 개정 안3.Steuernotverordnung 26~32조를 통해서 법제화되었다.[57] 공식 명칭은 "화폐가치하락조정세Geldentwertungsausgleichssteuer vom bebauten Grundbestiz"였다. 일반법이 아니라 수권법Ermächtigungsgesetz 하의 긴급법규명령의 형태로 법제화된 것은 당시 제국 의회의 구조상 과반을 획득하기 어려우리라는 판단 때문이었다.[58] 이 시기 존재하던 2차 수권법의 유효기간이 1924년 2월 15일이었고, 주택이자세 관련 세법 개정안이 통과된 것은 2월 14일이었다. 당시 정부가 이 법안을 통과시키는데 얼마나 큰 관심을 보이고 있었는지를 잘 보여주는 대목이다.

이 주택이자세가 의미를 가지기 위해서는 전체 임대료가 법적으로 고정되어 있어야 했다. 실제로 1922년 제국임대료법을 통해서 임대료가 인위적으로 제한되고 있었기 때문에 이러한 조건이 이미 존재하는 상황이었다. 구체적으로 1924년 초 독일 평균 임대료는 1914년 이전 평화시임대료의 30% 선이었다가 1926년에 100%에 도달했고, 1931년 133%까지 인상되었다.[59]

주택이자세의 정확한 금액과 활용에 대해 일반적으로 적용될 수 있는 판단을 내리기는 어렵다. 개별 주와 지자체들이 1924년 제국으로부터 넘겨받은 결정 권한을 매우 상이하게 활용하였기 때문이다. 1925/26년부터 1932/33년 사이 주 정부에서 47.3%, 기초자치단체Gemeinde에서 45.9%를 징수하였다.[60] 징세액수도 주에 따라 평화시임대료의 6~30%로 다양했지만, 평균은 평화시임대료Friedensmiete의 20~25%에 해당하는 금액이었다.[61] 그러나 주요 대도시의 경우 그 비율은 훨씬 높아서 프로이센의 대도시들의 경우 평화시임대료의 48%였고, 함부르크의 경우 47%에 달했다. 그 결과 함부르크의 주택이자세는 전체 세수의 35%에 달하고 있었다.[62] 제국 전체로 보자면 1925년부터 1932년 사이 전체 세수 가운데 1/10에 달하는 금액이었고,[63] 이로써 소득세에 이어 두 번째로 중요한 세수가 될 수 있었다.[64]

주택 건설

독일과 마찬가지로 주택이자세를 도입했던 오스트리아의 빈과 비교할 때 독일의 주택이자세 활용이 가지는 특징이 분명해진다. 사민주의 정당이 장악한 빈의 경우 주택이자세는 목적세로서 전적으로 주택 건설 부문에만 투자되었고, 지자체가 직접 건설에 나섰다. 그 결과 신축주택일지라도 임대료를 낮은 수준으로 유지했고, 이 신축주택의 주된 거주자로 노동자 계급을 상정하고 있었기 때문에 주택의 규모가 작았다.

　반면 독일의 경우 주택이자세 가운데 10~15% 이상을 주택 건설 부문에 투입하도록 하는 규정만을 갖고 있었고, 임대료나 평수에 대한 규정은 없었다. 그 결과 이 시기 신축주택의 임대료는 '주택강제경제'의 적용을 받던 구주택과 비교하여 현저히 높았고, 1929년경까지도 주택 건설 규모에 따른 차별이 없어서 방 세 개 이상의 중대형 주택이 건설되는 경우가 많았다. 그런가 하면 지자체가 직접 건설에 나서기보다 공익주택회사나 주택조합들을 통해 주택신축이 이루어지도록 했다. 주택 건설조합 및 공익주택 건설회사Gemeinnützige Baugesellschaft는 도시에 따라 다른 비중을 차지하고 있었다. 함부르크의 경우 1929년 경 125개의 주택조합이 존재하고 있었는가 하면, 베를린의 경우 공익주택회사가 지배적이었다.[65]

독일의 주택 건설에 노동운동 세력이 주요한 파트너였다는 점은 매우 흥미로운 대목이다. 독일노조에서는 주택 문제에 대해 19세기 후반부터 관여해 온 전통이 있었다. 1차 대전 이전 노조의 요구는 토지 투기 이윤을 철폐하고 지자체가 신규 택지에 대한 선매권Vorkaufsrecht을 가지며, 도시 근교의 교통수단을 확충할 것 등으로 정리될 수 있다.[66]

독일 제국 시기 노동자 주거 문제와 관련해서라면 무기력한 노동자 개인들의 거리 시위가 전부였지만, 바이마르 시기의 상황은 매우 달랐다. 1차 대전 후 주거난이 극히 심한 가운데 노조는 노동자주택조합을 만들어 자구책 마련에 나섰는가 하면, 직접 건설회사들을 설립하여 여러 도시에서 주택 건설에 나섰다. 일반독일노조연맹Allgemeiner Deutscher Gewerkschaftsbund의 결정에 따라 1924년 설립된 공익주택회사인 독일주택구제협회Deutsche Wohnungsfürsorgegesellschaft für Arbeiter, Angestellte und Beamte, DEWOG의 경우 5만호 이상의 저가 주택을 지어 공급했다.[67] 물론 이를 통해 공익주택 비율을 높여서 장기적으로 임대료를 인하하려는 것이 노조의 전략이었다.

향후 서독에서 활발히 활동한 노조 기업이던 "노이에 하이마트Neue Heimat"의 전신이라 할 독일주택구제협회DEWOG 산하에는 "공익주택·저축·건설 주식회사 베를린Gemeinnützige Heimstätten-, Spar- und Bau-Aktiengesellschaft Berlin, 이하 GEHAG Berlin"을 위시하여 1924년부터 26년 사이 16개의 지역 주택기업이 속해있었다.

이들 공익주택 건설회사들은 민간건설업체들이 채산성이 없다고 본 저가 주택 건설에 집중했으며, 이윤율이 5%가 넘어서는 안 된다는 법적인 규제를 받고 있었다. 지방정부들은 다양한 방식으로 공익주택 건설회사와 긴밀한 관계를 맺어갔다. 주택융자 및 토지 제공, 지방세 감면 등의 방식으로 이 공익주택 건설회사를 지원하였는가 하면, 함부르크 등 일부 지방정부들의 경우 공익주택 건설회사 이사회에 참여하여 관리 감독을 하거나 회사 주식을 구매하기도 하였다.

이 회사들이라고 주거난에 대한 완벽한 답을 제시하고 있지는 않았다. 공공성을 표방한다고 해서 채산성 확보의 문제가 사라지는 것도 아니었다. 공익주택 건설회사가 건설 및 분양에 실패하게 될 경우, 그 부담은 고스란히 지방정부로 돌아오게 되었다. 또한 이후 서독에서는 말할 나위도 없고, 이 시기에도 이미 기업의 효율성과 높은 성과에 대한 압박이 독일주택구제협회DEWOG의 경영을 결정하는 원리였다는 평가도 있다.[68]

이러한 문제점에도 불구하고 주택이자세를 통해 주택 건설이 늘었다는 점은 분명하다. 주택이자가 도입된 다음 해인 1925년부터 주택 건설이 급증하여 1929년 한해에만 31만 호가 건설될 수 있었다. 1919년부터 1932년 사이에 도합 250만 호가 신축되었다.[69] 흔히 "주택이자세시기Hauszinssteuer-Ära"로 지칭되는 1924년부터 31년 사이에 건설된 주택 가운데 50% 정도가 이 공적기금을 통해 지원받았고, 1929년에 그 수치는 79.4%에 달했다.[70] 이는 물론 민간 자본이 주택 건설에 참여하기를 극히 꺼렸다는 의미이기도 했다. 민간 자본은 주거난 해소에 의미가 있는 대형 건설 프로젝트가 아니라 소형 프로젝트 혹은 개인 주택 건설에 관여할 뿐이었다.

베를린

주택이자세를 기반으로 독일 전역에서 대단지 주택들이 건설되었다. 바이마르 시기 행정 개편을 통해 인구 430만 명으로, 뉴욕, 런던에 이어 세계에서 세 번째로 큰 도시로 등극하게 된 베를린에서 특히 대단지 주택 건설이 활발했다.[71] 전후 10만~13만 호가 부족한 것으로 알려졌던 베를린의 경우 1919~23년 사이 연간 9,000호의 사회주택이 건설되었을 뿐이지만, 1924~30년 사이 135,000호가 건설되었다.[72] 베를린의 경우 1924년부터 5년간 신축주택 가운데 70%가 공적자금으로 지어졌다.[73] 1,285호로 구성된 베를린의 후프아인지들룽Hufeinsiedlung, 1,268년 호의 바이세 슈타트Weisse Stadt, 1,149호로 구성된 본슈타트 칼 레기엔Wohnstadt Carl Legien 등은 이 시기에 건설된 대표적인 주택들로서, 유네스코 세계문화유산이며 현재도 주민이 거주하고 있다.[74]

베를린의 사례는 바이마르 시기 주택 건설 양상을 잘 보여준다. 바이마르 시기에 행해진 베를린 시의회 선거에서 독립사민당과 사민당은 압도적인 영향력을 가진 정당이었다.[75] 당시 사민당은 기초자치단체인 게마인데Gemeinde를 중심으로 한 '게마인데 사회주의Gemeindesozialismus'를 중시하고 있었다. 또한 이 시기 주택 건설 및 주택법안 제정의 주체가 연방 주나 기초자치단체인 게마인데였던 만큼, 이 시기 사민당이 베를린의 주택정책에서 영향을 미칠 여지가 많았다.[76]

베를린 시는 시 전체에서 통일적이고 합리적인 건축이 이루어질 수 있도록 1896년이래 "시건설감독Stadtbaurat"을 임명해오고 있었다. 1926년부터는 마틴 바그너Martin Wagner가 임명되어 나치에 의해 해임되기 전인 1933년 3월까지 이 업무를 담당했다. 바그너는 공산당에 친화적인 태도로 인하여 동료들과 갈등을 겪기는 했지만, 이 시기에 베를린 주택 건설에서 중요한 역할을 담당하였다.[77]

　베를린 시건설감독관 마틴 바그너는 저명한 건축가이던 브루노 타우트Bruno Taut로 하여금 복제될 수 있는 표준화된 주택을 디자인하도록 했다. 베를린의 노조 산하 공익주택기업인 "공익주택저축건설 주식회사 베를린GEHAG Berlin" 소속 수석건축가이던 브루노 타우트Bruno Taut는 "신건축"을 보여주었다.[78] 바그너와 타우트는 충분한 통풍, 채광, 근대적인 주방과 난방 등을 확보하면서도 공간 구성을 표준화해 건설비 단가를 낮추는 방법을 구상했다. 이들의 구상에 따라 "공익주택저축건설

[사진1] 후프아이젠지들룽Hufeisensiedlung
[출처] Wikipedia, 'Hufeisensiedlung' A.Savin (WikiCommons), FAL

'주택이자세시대'의 공공 주택 건설

주식회사 베를린GEHAG Berlin"이 건설한 대표적인 단지는 1925년에 건설된 후프아이젠지들룽HufeisenSiedlung과 발트지들룽 Waldsiedlung이었다.[79]

　이들 대규모 주택단지들은 표준화에도 불구하고 임대료가 높았다. 이 고가 임대료 주택들이 국유 토지에서 노조 산하 공익기업, 혹은 시 정부의 주관하에 건설되고 있었다는 점에서 공산당 및 사민당 내 좌파 세력들의 비판이 거셌다. 당시 베를린 시장이던 구스타프 뵈스Gustav Böß의 경우 낙수효과, 즉 이 새로운 주거 단지에 중간계급이나 노동계급 상층이 이주할 경우 도심의 인구밀도가 감소하게 됨으로써 노동자들의 주거환경이 개선되리라는 기대를 표명한 바 있었다. 이러한 기대가 실현되었는지와는 별개로, 결국 공산당과 사민당 간의 갈등을 더 공고히 하는 결과를 낳았을 뿐이라는 평가를 피할 수 없었다.[80] 특히 베를린의 대표적인 노동자 거주지역 베딩Wedding에 지어진 '프리드리히 에버트 단지Gross-Siedlung Friedrich Ebert'가 대표적인 사례였다.[81] 사민당 출신으로 바이마르 공화국 초대 대통령을 지냈다가 1925년에 사망한 프리드리히 에버트의 이름을 딴 이 단지의 임대료는 노동운동에 기여하겠다는 이 단지의 이상과 달리 당시로서는 높은 수준이었고, 당시 사민당과 격렬히 대립하던 공산당은 사민당이 노동자 계급의 이익을 대변하지 않는다는 주장을 뒷받침하기 위한 근거로 이 주택단지를 언급하곤 했다.

3장

나치로의 길:

'주택강제경제'의 철폐와 '주택이자세시대'의 종언

'주택강제경제'는 전시 상황에서 임시방편으로 구상되었기 때문에, 인플레이션이 진정된 1924년부터 '주택강제경제' 조치를 완화하고 난 이후의 방향성에 대한 논의가 본격화되었다. 먼저 구주택 임대료 인상 및 신규주택과 구주택 임대료 간의 관계, 다음으로 주택이자세 활용 문제가 그 논의의 중심에 있었다.

먼저 인위적으로 매우 낮게 조정된 구주택 임대료를 단계적으로 인상하는 과정에서 여러 문제들이 제기되고 있었다. 신축주택들은 '주택강제경제' 정책의 대상이 아니었기 때문에 구주택 임대료의 200% 이상인 경우가 많았다. 주택시장이 임대료 통제를 받는 부문과 받지 않는 부문으로 양분되어 있었던 것이다. 이 두 주택들의 법적 임대료 격차가 주택강제정책의 철폐 이전에 조정되어야 할 필요성이 있다는 점에 대해서는 논란이 없었다. 논쟁이 되었던 것은 어떻게 이러한 조정에 도달할 수 있는가였다.

한편에는 구주택의 임대료를 신축주택 임대료 수준에 근접하도록 하는 것이 임대료 조정 당국의 의무라는 주장이 있었다. 주택의 채산성을 높여서 민간 자본이 주택 건설 및 개보수에 유입될 수 있도록 해야 한다는 것이었다. 생산이 지속적으로 이루어지기 위해서는 거래되는 상품의 가격이 신상품에 의해 결정되어야 한다는 경제법칙에도 부합하는 것이었다.

노조와 임차인 단체는 이러한 입장에 맞섰다. 이들은 전체 주택의 93%에 달하는 구주택의 임대료를 7%에 불과한 신축주택의 가격에 맞추는 것이 매우 불합리하며, 공적 자금으로 주택 건설을 촉진하여 높은 신축주택 가격을 법적인 임대료 수준으로 낮추어야 한다고 주장했다. 결국 노조와 임차인 단체는 자유로운 주택시장으로의 복귀에 반대하고 있었다.[82]

반대로 바이마르 초기 임대료 통제에 동의했던 중앙당과 독일국민당DVP은 이를 일시적인 조치로 간주하고 있었을 뿐 1920년대 후반부터는 가능한 빨리 '주택강제경제' 조치를 철폐하기를 원했다. 이처럼 상반된 입장이 팽팽히 맞서게 됨에 따라 임대료 인상을 둘러싼 논의는 답보상태에 머무르게 되었고, 이러한 상황은 1930년 연정이 붕괴할 때까지 지속되었다.

주택이자세의 경우에도 마찬가지 상태였다. 주택이자세가

인플레이션 이득에 근거한 한시적인 세금으로 구상되었기 때문에, 이 세금의 미래와 관련하여 바이마르 공화국 후반부 내내 논의가 집중되었다. 1929년에만 이미 13가지 개혁안이 제시될 정도였다. 이 문제는 취약한 연정을 무너뜨릴 수 있을 정도로 견해차가 큰 쟁점이었고, 주택이자세를 근본적으로 개혁하고자 할 경우 필요한 숫자인 의원 2/3를 확보한다는 것은 찬반 어느 입장에 서건 불가능했다. 이 주택이자세가 1930년까지 원래의 형태로 지속되고 활용될 수 있었던 것은 이러한 정치적 교착상태 덕분이었다.

결국 1930년 12월 중앙당 브뤼닝Brüning 정부의 긴급법규명령Notverordnung과 더불어 '주택강제경제' 및 '주택이자세' 시대는 막을 내리게 되었다.[83] 원래 '주택강제경제'를 구성하던 법안들이 한시적인 법이었고 이후 두 차례에 걸쳐 연장되었지만, 1930년 초의 상황은 달랐다. '주택강제경제' 조치를 철폐할지 말지가 아니라 언제 할 것인지를 중심으로 논의가 진행되고 있었다. 당시 브뤼닝 정부의 기본적인 입장은 주택 부문에서 자유경제를 회복시키고 소유권을 강화하겠다는 것이었다. 브뤼닝 정부 재정부 장관은 건설 활동을 "실제 존재하는 수요 및 주택수요자의 지불 능력에 맞추는 것"이 첫째, 그리고 자본이 여타 경제부문에 투자될 수 있도록 하는 것이 두 번째 목표임을 밝힌 바 있었다.[84] '주택강제경제'의 철폐는 브뤼닝 정부가 경제당의 지지를 확보하기 위한 하나의 정치적 전략이기도 했다.[85]

그러나 이처럼 규제가 사라졌음에도 불구하고 주택시장에 민간 자본이 유입되지 않았고, 임대주택 가격은 세입자가 바뀔 때마다 인상되었다. 대공황 이후의 불확실한 경제 상황에서 투자는 실수요자를 중심으로만 이루어지고 있었다. 원래 경기 하강 국면에서 건설비용과 이자율이 낮아짐에 따라 건설이 촉진되는 것이 일반적이었지만, 1930년대는 사회 전반에 만연한 불안감으로 인해 이러한 시장 원리가 작동하지 않았다.

건설부문에서 공적자금 유입이 중단되고 민간 자본도 유입되지 못했다는 것은 곧 건설업 분야의 광범위한 실업을 의미했다. 건설업이 독일의 전체 산업생산에서 차지하는 비율은 1929년 11%에 달했다가, 1931년에 8%, 1932년에 6%로 하락하였다. 그 과정에서 실업이 급격하게 증대되어 1932년부터 1933년 사이에 각각 38.9%(일반 실업률, 22%), 62.8%(일반 실업률, 43.1%), 77.3%(일반 실업률, 44.5%)에 이르게 되었다.[86] 바이마르 시기 건설뿐만 아니라 건축재료 생산 부문까지 포함할 때 건설업이 독일 전체 인구 가운데 12.5~16.5%를 고용하는 주요 산업이었던 점을 고려할 때, 이처럼 높은 건설부문 실업률이 사회에 미쳤을 파장을 쉽게 짐작할 수 있다.

이러한 주택이자세 체제의 붕괴가 체제 자체의 한계 때문이었다고 볼 것인지, 혹은 브뤼닝 정부의 급작스러운 선회로 볼 것인지에 대한 논쟁이 이어졌다. 주택이자세 체제의 문제를 지적하는 측에서는 이 체제의 비효율성을 지적하고 있다. 이 시기에 공적자금이 광범위하게 제공됨으로써 낭비가 일어났다는 것이다. 엄청난 규모의 보조금으로 인해 건축주들이 건설비용을 낮추기 위해 충분한 노력을 기울이지 않았으며, 결과적으로 인플레이션 효과를 유발했다는 비판이 거세다. 이와 더불어 주택에 과도한 자본이 투입됨으로써 다른 경제 부문에 충분한 투자가 이루어지지 못했다는 비판도 높다.

그런가하면 바이마르 시기에 지어진 주택이 실수요를 반영하지 못했다는 지적도 있다. 1929년 말까지 주로 중형의 질적 수준이 높은 주택이 지어졌던 사실에 근거한 판단이었다. 국가가 주택 건설에 나서면서도 정작 주택 문제를 가장 심각하게 겪을 빈곤층을 대상으로 하는 주택을 건설하지 않았다는 비판이 가능해지는 셈이다.

반대로 브뤼닝 정부를 비판하는 측에서는 경제 위기로 인한 구매력 감소탓에 주택 부문에서 시장이 회복될 가능성이 극히 낮았다고 주장한다. 정상적인 위기 상황에서라면 낮아져야 마땅할 이자율이 지속적으로 높았다는 사실 만으로도 국가 철수가 시장 회복을 의미할 수 없다는 근거로 지목되고 있다.[87] 또한 주택 건설 자재 가격이 지속적으로 높았고 건설부문의 임금도 매우 높았던 점, 즉 실제 고비용의 구조가 존재하고 있었다는 점을 중시하고 있다.[88] 즉 시장에 맡겨서 효율적인 주택 건설이 이루어지기 어려운 시기였다는 지적인 셈이다.

흥미로운 것은 이 시기에 지어진 주택이 시장수요를 반영하지 못했다는 주장에 대한 전혀 다른 해석도 존재한다는 사실이다. 바이마르 시기에 지어진 이 주택들이 현재까지도 여전히 잘 활용되고 있는 것이 현실이기도 하거니와, 질낮은 소형주택을 저렴한 가격에 건설하는 것이 미래의 주택 문제를 유발하는 결과로 이어지게 되리라고 보았던 당대 노조 측의 비판은 충분히 경청할 만하다.[89] 1927년부터 지속된 논의과정 끝에 1929년 최종적으로 결정된 연방 차원의 결정에 따르면 협소주택은 예외적인 경우에만 허용하고 방 두세 개인 48평방미터 이하의 주택을 짓도록 했다.[90] 협소주택을 통해 시급한 주택난을 완화시키는 방식을 선택하지 않았던 것인데, 협소주택에 가까운 규모의 노동자용 주택을 건설하는 편을 택했던 빈과는 현저히 다른 방식이었다.

바이마르 말기 주택 문제의 심각성을 충분히 인지한 후에도 협소주택을 택하지 않은 바이마르 시대의 선택을 두고 간단히 어리석다고 치부해버릴 수 없는 것은 '주택'의 복합성 탓이다. '주택'이 하나의 상품으로서 단기적인 시장 거래의 대상이기는 하지만 동시에 장기지속적인 '주택체제'의 일환이기 때문에 당면한 경기 국면에 맞는 최적의 선택을 했느냐를 유일한 평가지표로 삼을 수가 없는 것이다.

나치로의 길

1929년 이후 대공황으로 인한 독일 경제 붕괴는 주택난을 가중시켰다. 실업이 증가했고, 이에 따라 임대료를 감당하지 못해 빈집들이 늘어나게 되었다. 이는 주택이자세도 감소하게 됨을 의미했다. 게다가 이 주택이자세의 일부가 일반 예산으로 편입되는 경우가 늘었다. 그로 인해 1929년 신규건설에서 공적지원금이 차지하던 비율이 79.4%에서 1932년 41.9%, 1933년 37.1%로 급감하였다. 그 결과 신규건설 규모는 1929년 31만 호를 정점으로 하였다가 1931년에 23만 호로, 1932년에 14만 호로 급감했다.

이러한 위기 앞에서 정부의 대응은 혼란 그 자체였다. 중앙정부와 지방정부는 엇박자를 내고 있었다. 각 지방 정부들이 주택이자세 가운데 주택 건설에 투입되는 부분을 줄였지만, 연방 정부는 추가적인 주택 건설 프로그램을 발표하는 식이었다. 연방 정부는 주택 건설을 촉진할 세제 개혁안을 발표하고 주택 건설을 위한 가이드라인을 제시했지만, 최종적으로 이 계획을 실현할지, 혹은 어떻게 실현할지는 결국 지방 정부에 달린 문제였고, 당시 지방 정부들은 베를린의 연방 정부를 불신하고 있었다.

행정 당국 간의 권한 범위 논란, 불필요한 행정 절차 등이 대공황 이후 신속한 결정과 실행이 필요한 응급상황에 대한 해결을 막고 있었다. 여러 건설 제안서들을 받아들고 평가해야 할 지방정부 위원회들이 주택 건설과 관련된 판단을 할 능력이 없는 경우가 많았다.

또한 건설산업 분야 자체의 후진성으로 인해 건설비가 매우 높았다는 점 역시 짚어둘 필요가 있다. 1920년대 다른 산업 분야에 적용되던 작업 합리화 방식, 기술 개발 등이 주택 건설 부문에서 이루어지지 못하는 경우도 많았다. 건설비용을 절감할 건축자재 및 건설 기술을 개발하기 위해 조직된 민간 연구 단체가 1년 만에 건설사들이 재정지원을 철회함으로써 해체되었던 것은 그 대표적인 사례였다. 당시 노동부 장관으로서 실업자구제 사업의 일환으로 건설 분야를 함께 관장하던 하인리히 브라운Heinrich Braun은 주택 건설 분야는 합리화를 받아들이지 않는다고 씁쓸하게 결론을 내리기도 했다. 건설노동자들은 실직을 우려했고, 경영자들은 장비 투자를 꺼렸으며 발터 그로피우스Walter Gropius 같은 유명 건축가들도 "벽돌더미"를 만들어낼 뿐이라며 합리화를 경계했다.[91]

1932년에 이르면 주거 상황은 더욱 열악해진다. 1930년대 초반 독일 주택 위기는 실업 혹은 저임금이 빈곤층을 거주지로부터 몰아내는 것과 관련되었다. 1932년경 실업 노동자는 소득의 39%를 임대료로 내고 있었고, 일자리를 가진 운이 좋은 경우일지라도 세금이 월 소득의 1/4이 되었고, 임대료는 임금의 18%에 달했다.[92] 1927, 28년에 평균적인 노동자 가족이 전체 소득의 10%를 임대료로 지불했던 것을 고려할 때 현저히 높은 수치였다.

베르톨트 브레히트Bertold Brecht가 극본을 쓰고 한스 아이슬러Hanns Eisler가 음악감독으로 참여한 "쿨레 밤패Kuhle Wampe"는 1930년대의 열악한 주거 상황을 잘 보여주는 영화로 정평이 나 있다. 주인공 가족이 실업으로 인해 임대료를 지불하지 못함에 따라 법원의 퇴거명령으로 집을 비워주고 홈리스들에게 제공되는 천막촌 "쿨레 밤패"로 옮기게 되는 과정을 상세히 그렸다.[93] 사택이나 일반 임대주택에서 반지하 주택으로, 그리고 천막촌으로 거처를 옮겼던 것은 이 시기 수많은 가족들이 경험한 바였다.

주거 조건은 점점 더 견딜 수 없는 수준이 되어가고 국가는 무기력한 가운데 베를린 노동자 주거 구역의 임차인 시위는 점차 대중운동이 되어갔다. 특히 경제 위기가 진행됨에 따라 공산당이 '노동자의 정당'에서 '실업자의 정당'으로 변화할 수밖에 없었고, 이들은 투쟁의 중심을 작업장에서 주거지역으로 옮기게 되었다. 베를린의 노동자 거주지역이던 베딩Wedding이나 샬로텐부르크Charlottenburg처럼 노동자들의 밀집도가 높은 지역에서 노동자들의 연대와 이웃 간의 연대를 구분하기는 어려운 일이 되었다. 임대료 미납으로 인해 빈번하게 발생하던 노동자 가정의 강제 퇴거는 이웃들이 가담함으로써 현장에서 즉흥적인 저항으로 나타나기도 했고, 공산당KPD의 지원을 받은 임차인들의 시위가 돌격대의 시위와 충돌하는 경우도 나타났다. 임차인 시위가 수일에 걸친 시가전으로 이어져서 경찰이 물대포와 장갑차로 간신히 해산시키는 일도 드물지 않았다.[94] 바이마르 말기 베를린의 혼란스러운 풍경의 한 단면이 되는 셈이다. 다른 정치 투쟁과는 달리 열악한 상황에서 살림을 꾸려가던 여성들이 이 임차인 시위의 주역이 되고 있었다는 점은 주목할 만하다.[95] "먼저 식량, 임대료는 그다음에Erst Essen, dann Miete!"라는 당시 임차인 투쟁의 구호는 영양실조를 택하느냐 임대료 체불을 택하느냐 선택의 기로에 놓이게 된 많은 가정의 상황을 웅변하고 있었다.

집은 사회 안정의 근간일 수밖에 없다. 나치 정권하에서 주택 관련 단체의 수장이자 뮌헨 시장을 지낸 칼 필러Karl Fiehler는 "모든 독일인들이 자신의 집을 가지고 있었다면, 1918년 혁명이 불가능했을 것"이라 말한 바 있다.[96] 같은 논리를 바이마르 말기에도 적용해볼 수 있음은 물론이다.

나가며

'주택강제경제'를 통해서 기존 세입자들의 주거안정을 보장하고 '주택이자세'를 근간으로 공적 지원을 통해 주택신축을 돕는 것이 바이마르 주택정책의 기본 얼개였다. 그러나 사유재산에 대한 포괄적인 개입을 의미할 수밖에 없는 이러한 조치가 시장의 효율적인 작동을 가로막는 결과를 낳을 뿐이라는 것이 조직화된 주택 및 토지소유자 단체, 이들이 모태가 된 경제당, 그리고 이들을 지지하는 보수주의 정당들의 입장이었다. 그리고 이 갈등은 1920년대 말 바이마르 연정 체제를 마비시키는 중요한 쟁점 가운데 하나로 부상했다. 주택 부문에서 국가 개입을 강화할 것인지 혹은 시장의 자율성을 강화할지를 둘러싼 사회적 갈등은 여러 역사가들이 바이마르 시기의 특징으로 꼽아온바, "상이한 경제 부문들과 다양한 제도들 간의 분배 갈등으로 인한 불안정성"을 보여주는 전형적인 사례였다.[97]

이 갈등 끝에 1930년대 나치 등장 직전 보수정당들을 주축으로 한 정부는 주택 문제를 시장의 자율에 맡기는 방향으로 나아갔다. 그러나 기대와 달리 국가 철수가 시장의 회복으로 이어지지는 못했다. 바이마르 시기의 주택난에 정부가 더 개입해야 했을지 덜 개입해야 했을지에 대한 논란은 현재까지도 진행 중이며, 앞으로도 그럴 것이다. 이는 주택 문제의 복합성으로 인한 불가피한 결과인 듯하다. 비교대상을 영국 및 프랑스로 삼을 경우, 바이마르 시기 주택에 대한 독일 정부의 개입은 영국 및 프랑스 정부의 개입 정도를 훨씬 능가하는 것이었다. 국가 개입으로 인해 주택시장이 작동하지 못했다는 비판은 이러한 상황을 반영한 판단이었다. 그런가 하면 주택 건설을 도로, 학교, 병원 등의 인프라와 마찬가지로 지방정부가 담당할

과제로 보았던 오스트리아 빈의 정책과 비교하자면 정부 개입이 충분치 않았다고 볼 소지도 충분하다.[98]

그리하여 바이마르 시기의 주택정책과 관련한 보다 '안전한' 결론은 이 시기의 정책이 독일 주택정책사에 남긴 장기적인 파급력의 측면에서 평가될 때나 가능해 보인다. 주택 문제를 시장에 맡겨둔 독일 제국 시대에 주택 문제란 결국 노동자들의 문제일 뿐이었지만, 바이마르 시기를 거치며 주택 문제는 사회 전 계층의 문제로 부상하고 정부 관할 하에 놓이게 되었다. 그 결과 임대료 통제, 강력한 세입자 보호조치를 포함하는 '주택강제경제'의 틀은 현재 독일 주택체제의 근간을 이루고 있다. 결국, 베를린이 런던이나 뉴욕과 전혀 다른 색채의 도시로 남을 수 있었던 것은 바이마르 시기 '주택강제경제'에 연원을 두고 있었다고 볼 수 있다.

1 전쟁으로 인한 피해를 고려하지 않더라도 5년에 가까운 전쟁 기간 동안 독일에서 신축된 주택은 19만 호로서 전쟁 직전 매년 25만 호가 신축되고 있었던 것을 고려하면 주택 건설이 거의 이루어지지 않았다고 볼 수 있다. 게다가 이 시기 동안 개보수도 이루어지지 못했기 때문에 주택 노후화도 심각한 수준일 수밖에 없었다. Michael Ruck, "Der Wohnungsbau-Schnittpunkt von Sozial-und Wirtschaftspolitik: Probleme der öffentlichen Wohnungspolitik in der Hauszinssteuerära," in: W. Abelshauser(ed.), *Die Weimarer Republik als Wohlfahrtsstaat* (Franz Steiner, 1987), 94.

2 Fritz Schmidthuysen, "Die Entwicklung der Wohnungsbauabgabe und des Geldentwertungsausgleichs bei bebauten Grundstücken(Hauszinssteuer) in Deutschland," *FinanzArchiv*, Vol. 45, No. 1(1928), 163.

3 Dan P. Silverman, "A Pledge Unredeemed; The Housing Crisis in Weimar Germany," *Central European History*, Vol. 3, No. 1/2(1970), 119.

4 바이마르 헌법 전문을 보기 위해서는 다음을 참조. http://www.verfassungen.de/de19-33/verf19-i.htm

5 데틀레프 포이커트(Detlev Peukert)에 따르면 1913년 주택 부문에 대한 공적 자금 투입을 100으로 할 때, 1925년에는 2525, 1929년에는 3300에 달했다. Detlev Peukert, *The Weimar Republic*(Hill and Wang, 1993), 139.

6 선행연구에서는 "주택임대소득세"로 번역되고 있다. 정현백, "주거현실과 주거개혁 정치," 『역사교육』, 132권(2014), 273; 전진성, "베를린 공동주택단지에 반영된 모더니즘 건축의 냉전적 변용," 『서양사론』, 149호(2021) 292. 이 법의 원래 명칭이 "부동산 화폐가치하락조정세Geltentwertungsausgleich bei bebauten Grundstücken"로서 부동산담보대출이 화폐가치 하락으로 인해 거의 무의미해짐으로써 얻게 되는 실질적인 이득에 대한 과세를 목표로 하고 있었다. "인플레이션이익세"가 내용상 가장 정확한 번역인 셈이다. 이에 더해 이 세금이 임대주택뿐만 아니라 부동산 전체를 대상으로 하고 있고, 임대된 주택의 경우 '조세전가Steuerüberwälzung'를 통해 임차인에게 전가되고 있기도 했다는 점을 고려할 때 '주택이자세'로 번역하는 편이 이 법의 실체에 가깝다고 판단했다.

Fritz Schmidthuysen, "Die Entwicklung der Wohnungsbauabgabe und des Geldentwertungsausgleichs bei bebauten Grundstücken(Hauszinssteuer)," *FinanzArchiv*, Vol. 45, No. 1(1928), 204. 주택 이자세가 임차인이 지불하는 임대세, 즉 주택소비세인지 혹은 임대인이 지불하는 주택세, 즉 주택소득세인지라는 질문은 당대에 이미 제기되고 있었다. 이러한 혼란의 원인은 이 주택이자세가 신설되기 이전에 주택이자세를 원형으로 하고 있었기 때문인 듯하다.

7 Axel Schildt, "Wohnungspolitik, in: Hans Günter Hockerts," *Drei Wege deutscher Sozialstaatlichkeit*(Oldenbourg, 1998), 156.

8 Stefan Bach, "100 Jahre deutsches Steuersystem: Revolution und Evolution," *Discussion Papers* 1767(2018), 6. https://www.diw.de/de/diw_01.c.606769.de/publikationen/diskussionspapiere/2018_1767/100_jahre_deutsches_steuersystem_revolution_und_evolution.html

9 이 규정의 공식명칭은 "Kündigungsrecht der Hinterbliebenen von Kriegsteilnehmern"이었다.

10 Karl Christian Führer, *Mieter, Hausbesitzer, Staat und Wohnungsmarkt* (Franz Steiner Verlag, 1995), 118.

11 Karl Christian Führer, "Managing Scarcity: The German Housing Shortage and the Controlled Economy, 1914~1990," *German History*, Vol. 13, No. 3(1995), 328.

12 Barbara Dietrich, "Grundrente und Wohnungsfrage," *Kritische Justiz*, Vol. 7, No. 3(1974), 254.

13 정현백의 번역어를 따랐다. 정현백, 『주거 유토피아를 꿈꾸는 사람들』 (당대, 2016), 155.

14 Karl Christian Führer, "Die Rechte von Hausbesitzern und Mietern im Ersten Weltkrieg und in der Zwischenkriegszeit. Frankreich, Grossbritannien und Deutschland im Vergleich," in: Hannes Siegrist/David Sugarman, *Eigentum im internationalen Vergleich*(V & R, 1999), 235. 임대료조정처는 20세기 초부터 지역에 따라 존재하던 모델이다. 농촌지역의 경우 임대료조정처가 설립되기보다, 지방법원Amtsgericht이 그 역할을 대신하는 경우가 많았다. 이 경우 법률가들은 임대료조정처와 달리 민법의 재산권에 충실한 결정을 하는 경우가 많았기 때문에 농촌지역 거주자들의 경우 충분한 정도로 보호를 받지 못했다. 임대료조정처는 조정 역할을 담당할 뿐

법적으로 구속력 있는 결정을 내릴 수 없었다. 또한 이 기구의 활동 방식에 대한 명확한 기준이 없었기 때문에 지역에 따라 큰 편차를 보이는 결정들이 내려졌다. 그 결과 임차인 및 임대인 양측 모두에서 임대료조정처에 대한 불만이 높았다.

15 그러나 임대료조정처를 통한 이의제기 건수는 지속적으로 늘어났다. 베를린의 경우만 보더라도 1917년 6천 건이 상정되었을 뿐이지만, 1919년의 경우 15만 건이 기록되고 있었다. Karl Christian Führer, *Mieter, Hausbesitzer, Staat und Wohnungsmarkt*, 132.

16 Karl Christian Führer, *Mieter, Hausbesitzer, Staat und Wohnungsmarkt*, 128.

17 Peter J. Lyth, *Inflation and the Merchant Economy*(Berg, 1990), 106.

18 Adelheid von Saldern, "Sozialdemokratie und kommunale Wohnungsbaupolitik in den 20er Jahren – am Beispiel von Hamburg und Wien," *Archiv für Sozialgeschichte*, Vol. 25(1985), 194.

19 이 법에 따르면 임대인, 임차인 양측 모두가 간단한 서면 이의 신청을 통해 기준 임대료를 지불할 것을 요구할 수 있었다. 그 경우 다음 계약 해지 시기에 자동적으로 법에서 제시한 임대료가 효력을 발휘할 수 있었다. 분쟁이 발생할 경우 임대료조정처가 나서서 계약을 통해 합의한 가격이 합법적인 임대료인지 결정할 수 있었다. 그러나 전과 달리 임대료조정처가 개별적인 사례의 임대료를 결정하는 것은 더 이상 가능하지 않게 되었고, 취약계층일지라도 임대인이 요구할 경우 법적인 임대료를 지불해야만 했다. 이 법안의 혁신성은 계약 파트너 양측이 일방적인 의사 표명을 통해 임대 계약을 변화시킬 수 있다는 것이었다. 이 규정을 통해 임대인은 임대료 인상을 위해서 계약 해지를 선언해야 한다는 강박에서 자유롭게 되었다. 동시에 임차인은 아무 때나 임대 계약의 문제점을 지적할 수 있게 되었다. 이 법규 이전에는 계약이 체결된 2주 이내에만 계약 변경을 요구할 수 있었다.

20 Richard Bessel, *Germany after the First World War*(Clarendon Press, 1993), 181.

21 Martin H. Geyer, "Wohnungsnot und Wohnungszwangswirtschaft in München 1917 bis 1924," in: Gerald D. Feldman, *Die Anpassung und die Inflation* (Walter de Gruyter, 1991), 134.

22 Karl Christian Führer, *Mieter, Hausbesitzer, Staat und Wohnungsmarkt*, 53.

23 Karl Christian Führer, *Mieter, Hausbesitzer, Staat und Wohnungsmarkt*, 54.

24 Karl Christian Führer, *Mieter, Hausbesitzer, Staat und Wohnungsmarkt*, 56.

25 Karl Christian Führer, *Mieter, Hausbesitzer, Staat und Wohnungsmarkt*, 62.

26 사민당이 바이마르 시기에 제도화된 주택강제경제가 제국 의회에서 통과될 수 있도록 하는 데 결정적인 역할을 한 점은 부인할 수 없다. 그러나 사민당이 다른

부문과 비교할 때 주택 문제에 대해서 급진적인 제안을 앞세우고 있지 않았던 것도 사실이다. 사민당은 주택 문제가 계급 문제에 비할 때 '부차적인 모순'일 뿐이라고 보았던 엥겔스의 영향력에서 벗어나지 못한 채, 주택 문제에 대해 통일된 입장을 제시하지 못하고 있었다. 당내에서 수정주의가 받아들여지기 시작한 이래 "지자체사회주의Munizipalsozialismus"라는 개념 하에서 공적 지원을 통해 공익주택 기업을 지원하거나 혹은 주택 기업의 지방정부화 등의 아이디어가 산발적으로 개진되고 있을 뿐이었다. 이러한 상황은 1차 대전 후에도 이어지고 있었다. 1921년에 제정된 사민당의 괴어리츠 강령Görlitzer Programm의 경우 원안에는 토지 및 주택의 사회화뿐만 아니라 건설 및 건설재료 기업의 사회화까지도 포함되어 있었지만, 최종적으로는 주택 부문 자체에 대한 전체 장이 사라진 채로 의결되었다.

Adelheid von Saldern, "Sozialdemokratie und kommunale Wohnungsbaupolitik in den 20er Jahren – am Beispiel von Hamburg und Wien," 189.

사민당이 영향력을 행사하는 방식은 지역에 따라 차이를 보이고 있었다. 함부르크 사민당의 경우 1919년 선거에서 압도적 다수의 지지를 얻어 단독정부 구성이 가능했음에도 불구하고 DDP, DVP 등 부르주아 정당과 연정에 나섰다. 주택정책을 포함하여 급진적인 조치가 채택될 수 없는 구조였음은 물론이다. 마찬가지로 압도적 다수의 지지를 얻었던 빈의 사민당SDAP이 독자적으로 정권을 장악하고 특히 주택 건설을 통해서 성과를 보이기에 적극적이었던 것과는 큰 차이를 보이고 있었던 셈이다. 아델하이드 폰 잘던의 연구는 함부르크와 빈의 주택정책을 비교분석하는 가운데 이러한 결론을 내리고 있다.

Adelheid von Saldern, "Sozialdemokratie und kommunale Wohnungsbaupolitik in den 20er Jahren – am Beispiel von Hamburg und Wien," 192.

예컨대 독일의 임대료는 1924년 평화시 임대료의 30%이다가 1926년이면 100%를 회복하였지만, 빈의 경우 1929년에도 평화시 임대료의 20%에 불과할 정도로 현격한 차이를 보였다.

Adelheid von Saldern, "Sozialdemokratie und kommunale Wohnungsbaupolitik in den 20er Jahren – am Beispiel von Hamburg und Wien," 194.

부르주아 정당 뿐만 아니라 공산당과도 갈등하고 있던 사민당의 부르주아 정당과의 연정 시도는 많은 비판을 받을 수밖에 없는 주택 부문에서 적극적인 태도를 취할 수 없도록 하는 구조적인 배경이 되었다.

한자 도시 동맹의 전통을 지닌 함부르크에서는 자산가 계층에 부담을 지우는 세금을 부과하여 주택 건설에 적극 나서는 등 조심스러운 태도로 일관했다. 결과적으로 바이마르 시기 사민당의 정책은 주택 및 토지 몰수 등 극단적인 정책을 피하고, 게마인데가 가능한 적극적으로 택지를 확보하여 민간 투기를 막고 건설단가를 낮추도록 하자는 선에 머물러 있었다.

27 Karl Christian Führer, *Mieter, Hausbesitzer, Staat und Wohnungsmarkt*, 141. 당시 459석의 의석 가운데 독립사민당과 사민당은 각각 84석과 102석을 차지하고 있었다.

28 Karl Christian Führer, *Mieter, Hausbesitzer, Staat und Wohnungsmarkt*, 138.

29 Peter J. Lyth, *Inflation and the Merchant Economy*, 108.

30 Henning Holsten/Stefan Zollhauser, "Erst das Essen – Dann die Miete," in: Philipp Mattern(ed.), *Mieterkämpfe*(Bertz+Fischer, 2018), 28. 현재 독일의 임차인협회는 임대료표Mietspiegel 결정에 참여하는 등 임차인들의 이익을 대변하고 임대차법과 관련되는 문제들에 대한 정보를 제공한다. 독일 전역의 임차인 단체 연합인 독일임차인연맹Deutscher Mieterbund, DMB이 존재하고 독일 전체에 320개에 달하는 분회가 있다. 17만 명의 회원을 지닌 베를린 임차인협회Berliner Mieterverein를 필두로, 뮌헨, 함부르크 등의 경우 6만 명 이상의 회원을 거느린 거대 임차인 협회가 조직되어 있다.

31 Karl Christian Führer, "Die deutsche Mieterbewegung 1918~1945," in: Günther Schulz, *Wohnungspolitik im Sozialstaat: Deutsche und europäische Lösungen 1918-1960*(Droste, 1993), 224.

32 Karl Christian Führer, "Die deutsche Mieterbewegung 1918~1945," 228.

33 Karl Christian Führer, "Die deutsche Mieterbewegung 1918~1945," 230-231.

34 Karl Christian Führer, "Die deutsche Mieterbewegung 1918~1945," 244.

35 Henning Holsten/Stefan Zollhauser, "Erst das Essen- dann die Miete," 29에서 재인용.

36 Henning Holsten/Stefan Zollhauser, "Erst das Essen- dann die Miete," 31f에서 재인용.

37 https://www.berliner-mieterverein.de/magazin/online/mm1217/100-jahre-mieterschutz-des-kaisers-mietpreisbremse-121722.htm

38 Peter J. Lyth, *Inflation and the Merchant Economy*, 74.

39 Peter J. Lyth, *Inflation and the Merchant Economy*, 105.

40 Karl Christian Führer, *Mieter, Hausbesitzer, Staat und Wohnungsmarkt*, 121.

41 물론, 정부가 보조금을 통해 임대료를 지원하는 상황은 임대인에게 불리하게

작용할 수밖에 없는 측면도 있었다. 임대료조정처에서는 정부가 지불해야 할 보조금 때문에 임대료를 낮게 책정하는 경향을 보였다. 또한 추가임대료를 확정하는 데까지 걸리는 복잡한 절차 역시도 임대료를 높이고자 하는 임대인에게 구조적인 난관을 제시하고 있었다.

42 Werner Fritsch, "Reichspartei des deutschen Mittelstandes (Wirtschaftspartei) [WP] 1920-1933," in: Dieter Fricke et.al. (eds.), *Lexikon zur Parteiengeschichte. Die bürgerlichen und kleinbürgerlichen Parteien und Verbände in Deutschland 1789-1945. Band 3: Gesamtverband deutscher Angestelltengewerkschaften - Reichs- und freikonservative Partei*(Bibliographisches Institut, 1985), 727.

43 Werner Fritsch, "Reichspartei des deutschen Mittelstandes (Wirtschaftspartei) [WP] 1920-1933," 728.

44 Werner Fritsch, "Reichspartei des deutschen Mittelstandes (Wirtschaftspartei) [WP] 1920-1933," 723.

45 Detlev Peukert, *The Weimar Republic*, 232.

46 Detlev Peukert, *The Weimar Republic*, 232.

47 Werner Fritsch, "Reichspartei des deutschen Mittelstandes (Wirtschaftspartei) [WP] 1920-1933," 723.

48 Karl Christian Führer, "Die Rechte von Hausbesitzern und Mietern im Ersten Weltkrieg und in der Zwischenkriegszeit. Frankreich, Grossbritannien und Deutschland im Vergleich," 241.

49 Kerstin Brückweh, "My Home is My Castle: Immobilien und die Kulturgeschichte des Vermögens im 19. und 20. Jahrhundert," *Geschichte in Wissenschaft und Unterricht*, Vol. 70, No. 11~12(2019), 628.

50 Adelheid von Saldern, "Sozialdemokratie und kommunale Wohnungsbaupolitik in den 20er Jahren - am Beispiel von Hamburg und Wien," 193, 각주 35.

51 Detlef Peukert, *The Weimar Republic*, 122.

52 Stefan Bach, "100 Jahre deutsches Steuersystem: Revolution und Evolution," 4.

53 Fritz Schmidthuysen, "Die Entwicklung der Wohnungsbauabgabe und des Geldentwertungsausgleichs bei bebauten Grundstücken(Hauszinssteuer) in Deutschland," 204.

54 Karl Christian Führer, *Mieter, Hausbesitzer, Staat und Wohnungsmarkt*, 150.

55 1914년의 임대료를 기준으로 임대의 5%는 연방주에서, 그리고 다른 5%는 지방자치체에서 수령하도록 되어 있었다.

56 화폐가치 하락으로 인해 부동산담보대출의 가격은 그의 제로에 육박했다. 1931년에 쓰인 논문에 따르면, 독일 전체의 부동산담보대출 금액이 750억 마르크라고 할 때, 2금페니히Goldpfennig로 탕감받을 수가 있었다. Fritz schmidthuysen, "Die Entwicklung der Wohnungsbauabgabe und des Geldentwertungsausgleichs bei bebauten Grundstücken(Hauszinssteuer) in Deutschland," 177. 이에 따라 부동산 대출 부담이 사라진 것에 대해 과세할 필요가 있다는 주장이 세를 얻을 수밖에 없었다. 임대인들에게 임대료 인상분의 일부가 돌아가야 한다는 주장은 받아들여지지 않았는데, 이는 임대인들이 하이퍼인플레이션의 주된 수혜자라는 것, 즉 부동산 재산은 화폐가치 하락에도 손상되지 않을 뿐만 아니라 오히려 가치가 높아진다는 판단 때문이었다. Michael Ruck, "Die öffentliche Wohnungsbaufinanzierung in der Weimarer Republik. Zielsetzungen, Ergebnisse, Probleme." in: Axel Schildt/Arnold Sywottek (eds.), *Massenwohnung und Eigenheim. Wohnungsbau und Wohnen in der Großstadt seit dem Ersten Weltkrieg*(Campus, 1988), 160.

57 26~32조는 "건축이 이루어진 부동산Bebaute Grundstücken" 관련 항목이었고, 33~36조는 나대지Unbebaute Grundstücken에 해당했다. 건축이 이루어진 부동산은 임대주택 뿐만 아니라 자가, 상가, 공장 건물들을 모두 포함하고 있었다.

58 Fritz Schmidthuysen, "Die Entwicklung der Wohnungsbauabgabe und des Geldentwertungsausgleichs bei bebauten Grundstücken(Hauszinssteuer) in Deutschland," 180.

59 Adelheid von Saldern, "Sozialdemokratie und kommunale Wohnungsbaupolitik in den 20er Jahren - am Beispiel von Hamburg und Wien," 194.

60 Michael Ruck, "Die öffentliche Wohnungsbaufinanzierung in der Weimarer Republik. Zielsetzungen, Ergebnisse, Probleme," 160.

61 총징수된 금액은 전체 GDP의 1~2%에 달하는 금액으로서, 토지세, 토지취득세, 상속세를 합한 것보다 2배에 해당했다. 이 세금은 1943년에 절폐되었다.

62 Adelheid von Saldern, "Sozialdemokratie und kommunale Wohnungsbaupolitik in den 20er Jahren," 195.

63 Michael Ruck, "Der Wohnungsbau-Schnittpunkt von Sozial-und Wirtschaftspolitik: Probleme der öffentlichen Wohnungspolitik in der Hauszinssteuerära," 103.

64 A. Cohen, "Die Hauszinssteuer(Steuer zum Geldentwertungsausgleich, Gebäudeentschuldungssteuer)," *Finanzarchiv*, Vol. 48, No. 1(1931), 124.

65 Adelheid von Saldern, "Sozialdemokratie und kommunale Wohnungsbaupolitik

in den 20er Jahren – am Beispiel von Hamburg und Wien," 201-202.

66 http://library.fes.de/gmh/main/pdf-files/gmh/1979/1979-02-a-065.pdf S. 2

67 http://library.fes.de/gmh/main/pdf-files/gmh/1979/1979-02-a-065.pdf S. 2

68 Adelheid von Saldern, "Sozialdemokratie und kommunale Wohnungsbaupolitik in den 20er Jahren – am Beispiel von Hamburg und Wien," 201.

69 Adelheid von Saldern, "Sozialdemokratie und kommunale Wohnungsbaupolitik in den 20er Jahren – am Beispiel von Hamburg und Wien," 183.

70 Dan P. Silverman, "A Pledge Unredeemed; The Housing Crisis in Weimar Germany," 123.

71 Detlef Peukert, *The Weimar Republic*(Berghahn, 1993), 181.

72 Ian Boyd Whyte/David Frisby(eds.), *Metropolis Berlin*(University of California Press), 464.

73 Pamela E. Swett, *Neighbors & Enemies: The Culture of Radicalism in Berlin, 1929~1933*(Cambridge University Press, 2004), 48.

74 주택이자세를 기반으로 한 바이마르 공화국 시기의 주택 건설과 관련한 연구로 다음을 참조할 것. 전진성, "베를린 공동주택단지에 반영된 모더니즘 건축의 냉전적 변용," 『서양사론』 149호(2021), 286-322; 정현백, "주거현실과 주거개혁 정치," 『역사교육』 132호(2014), 249-289; 전현식, 『바이마르 시기 "신주택"과 노동계급』 서울대 서양사학과 석사논문(2001).

75 https://de.wikipedia.org/wiki/Berliner_Stadtverordnetenversammlung #Wahl_zur_Stadtverordnetenversammlung_von_Gro%C3%9F-Berlin_1921

76 최종적으로 주택정책에 대한 사민당의 입장이 명확해진 것은 1928년의 "사민당의 지방정치 노선Kommunalpolitische Richtlinie der SPD"이었다. 먼저 제국 의회가 할 수 있는 법적인 조치들을 제시했다. 제국공용수용법Reichsenteignungsgesetz을 제정하여 가능한 많은 택지를 게마인데가 확보하도록 하고, 제국 차원의 주택법을 제정하며, 임대료조정처Mieteinigungsamt를 주택법원Wohnungsgericht으로 만들자는 안 등이 그 예였다. 기초자치단체인 게마인데가 할 일로는 건설법을 강화하여 위생, 사회정책, 경제 및 미학적 고려를 할 수 있도록 하는 것, 게마인데의 토지를 활용하여 공익 주택을 건설하고 자본 비용 및 유지 비용 정도의 임대료로 제공하는 것, 주택 통계 작성, 주택 알선 및 관리를 위한 지역 주택청을 설치하는 것, 그리고 독신자 숙소를 짓도록 하는 것 등이 그 내용이었다. *Die kommunalpolitischen Richtlinien der SPD*(Berlin, 1927), http://library.fes.de/prodok/fa-20415.pdf

77 Pamela E. Swett, *Neighbors & Enemies: The Culture of Radicalism in Berlin, 1929~1933*, 48.

78 바이마르 시기 브루노 타우트의 대규모 주택단지인 지들룽 관련 건축활동을 보기 위해서는 다음을 참조. Matthew Mindrup et.al.(ed.), *The City Crown by Bruno Taut*(Ashgate, 2015), 151-155.

79 후프아이젠지들룽Hufeisen Siedlung 등 바이마르 시기 공동주택 단지에 대한 보다 상세한 연구로는 다음을 참조. 전진성, "베를린 공동주택단지에 반영된 모더니즘 건축의 냉전적 변용," 『서양사론』 149호(2021), 286-322.

80 Pamela E. Swett, *Neighbors & Enemies: The Culture of Radicalism in Berlin, 1929~1933*, 51.

81 프리드리히 에버트의 이름을 딴 대규모 주택단지는 베를린 뿐만 아니라 빈에도 있었다. https://www.fes.de/adsd50/friedrich-ebert-siedlung

82 Karl Christian Führer, *Mieter, Hausbesitzer, Staat und Wohnungsmarkt*, 163.

83 1930년 12월 1일 제국 대통령법규명령으로 주택강제경제의 종식을 선언하기에 이르렀다. 이에 따르면 주택부족법은 1934년, 임차인 보호와 합법적 임대료는 1936년에 철폐되어야 했다. A. Cohen, "Die Hauszinssteuer," 154.

84 Michael Ruck, "Der Wohnungsbau-Schnittpunkt von Sozial-und Wirtschaftspolitik: Probleme der öffentlichen Wohnungspolitik in der Hauszinssteuerära," 106.

85 Martin Schuhmacher, *Mittelstandsfront und Republik: die Wirtschaftspartei - Reichspartei des deutschen Mittelstandes 1919-1933*(Droste, 1972), 176, 180.

86 Karl Christian Führer, "Managing scarcity: The German housing shortage and the controlled economy 1914~1990," 331.

87 Michael Ruck, "Die öffentliche Wohnungsbaufinanzierung in der Weimarer Republik. Zielsetzungen, Ergebnisse, Probleme," 180.

88 Michael Ruck, "Die öffentliche Wohnungsbaufinanzierung in der Weimarer Republik. Zielsetzungen, Ergebnisse, Probleme," 176-177.

89 Michael Ruck, "Der Wohnungsbau-Schnittpunkt von Sozial-und Wirtschaftspolitik: Probleme der öffentlichen Wohnungspolitik in der Hauszinssteuerära," 100.

90 Michael Ruck, "Die öffentliche Wohnungsbaufinanzierung in der Weimarer Republik. Zielsetzungen, Ergebnisse, Probleme," 175.

91 Dan P. Silverman, "A Pledge Unredeemed; The Housing Crisis in Weimar Germany," 135-136.

92 C. Edmund Clingan, "More construction, more crisis," 640.

93 https://archive.org/details/KUHLE-WAMPE_WHO-OWNS-THE-WORLD

94 바이마르 말기 임차인 시위와 관련해서는 다음을 볼 것. Simon Lengemann, "Erst das Essen, dann die Miete!" Protest und Selbsthilfe in Berliner Arbeiterviertel während der Großen Depression 1931 bis 1933," *Jahrbuch für Forschungen zur Geschichte der Arbeiterbewegung*, Vol. 14, No. 3(2015), 46-62.

95 Pamela E. Swett, *Neighbors & Enemies: The Culture of Radicalism in Berlin, 1929~1933*, 45.

96 Dan P. Silverman, "A Pledge Unredeemed; The Housing Crisis in Weimar Germany," 112.

97 Ben Lieberman, "Luxury or Public Investment? Productivity and Planning for Weimar Recovery," *Central European History*, Vol. 26, No. 2(1993), 211.

98 같은 시기 오스트리아의 경우 사회민주노동자당Sozialdemokratische Arbeiterpartei, SDAP은 1920년 이래로 정부에 참여하고 있지 않았지만, 1922년 이래로 독립적인 연방주가 된 수도 빈의 정치를 좌우하고 있었다. 이 사민주의자들에게 있어 주택정책은 자신들의 정치를 보여줄 수 있는 중요한 장이었다. 사민당 주도하에 일관되게 주택에 대해 통제를 하고, 시정부가 직접 주택을 건설하여 낮은 임대료로 주택을 제공했던 빈 정부와 비교한다면, 독일 사민당이 걸어가지 못한 길의 특징이 무엇인지 드러난다고 볼 수 있을 것이다.

제 3 부

"도시의 쇠락에서 동독 시위가 발화되었다"

동독 시기(1949~1989)

동독인들 다수는 주거에 만족하지 못하고 있었다. 시민사회가 존재하지 않던 동독 사회에서 시민 개인의 불만을 공적으로 표출할 수 있는 유일한 통로이던 "청원Eingabe"에 가장 빈번하게 제기되던 문제들 가운데 하나가 주택 문제였다. 1984년 10월 라이프치히에서 실시된 서베이에서 괜찮은 주택을 마련하는 것이 청년층이 가장 중시하는 인생 목표로 나타나기도 했다. 이와 관련하여 동독의 사회학자 알리체 칼Alice Kahl은 다음과 같은 언급을 한 바 있다. "동독인들은 노동을 하고, 결혼을 하고, 이혼을 하고, 아이를 낳았다. 모두 아파트 한 채를 얻기 위해서였다."[1]

자본주의 사회에서 주택 문제에 대한 불만이 집주인, 구청장, 시장, 은행, 정치인 등으로 분산하여 표출될 수 있는 데 반해, 동독에서 주택 문제에 대한 불만은 전적으로 국가를 향할 수밖에 없었다. 동독에서는 중앙정부가 주택생산에서 분배에 이르는 모든 상황을 전적으로 좌우했기 때문이다. 주택이 어떤 규모로, 어떤 방식으로, 누구에 의해 지어지고, 어떤 과정을 통해 분배될지 모두 정부가 결정했다. 따라서 주택 문제에 대한 불만은 곧 체제에 대한 민심 이반으로 이어질 수밖에 없었다.

그리하여 동독을 붕괴시킨 라이프치히, 드레스덴 등의 시위는 구도심의 열악한 주거 조건과 결부되어 설명되곤 한다. 대표적인 동독사가인 메리 풀부룩Mary Fulbrook을 위시하여 여러 학자들이 코트버스, 에이젠휘텐슈타트 등 상대적으로 주거 조건이 좋은 편이었던 도시들과 달리 라이프치히, 드레스덴 등 주거 조건이 열악한 도시들에서 시위가 발생했던 점을 강조한다.[2] 실제로 동독 몰락을 촉진한 월요시위의 도시 라이프치히는 전시 폭격의 영향이 상대적으로 적었기 때문에 구도심의 주택들을 방치하다시피 한 동

"도시의 쇠락에서 동독 시위가 발화되었다"

독 주거 정책의 부정적인 측면이 극단적으로 드러난 도시였다.[3] 1993년 통계에 따르면 라이프치히 건물의 40%가 19세기에 지어진 건물이었고, 76%의 아파트가 긴급한 수리를 필요로 했으며 14%는 철거가 유일한 답인 상황이었다.[4]

결국, 주택정책은 동독 체제를 유지시키는데도, 몰락시키는데도 핵심적인 부문이었다. 이 체제가 실패한 상황에서 그 근간이 된 주택정책에 대해 긍정적인 평가가 이루어질 리는 만무하다. 동독의 주택정책에 대한 연구서들이 대체로 서독 출신 학자들에 의해 서술되었다는 사실도 이러한 상황을 가중시켰다. 그 결과 양적으로 볼 때 비교적 성공이었다는 것을 제외하고,[5] 동독의 주택정책은 오랜 세월 폄훼되어왔다.[6]

기실, 동독의 주택정책에 대한 연구들은 이 정책의 실패를 기정사실화하고 실패 원인을 규명하는 데 집중되어 있다. 주택 건설부터 할당에 이르기까지 전 과정을 국가가 책임지는 가운데, 엄청난 행정적인 비효율이 나타날 수밖에 없었다는 것은 부인할 수 없다. 구체적으로 동독국가 설립 때부터 실시되어 베를린 장벽 붕괴까지 유지됨으로써 동독국가와 명운을 같이 했던, 평당 미터 당 임대료를 1마르크 이하로 유지한 세입자 보호정책은 주택에 대한 투자가 이루어지지 못하게 한 주범으로 간주되었다. 또한 도심 주택들의 개보수를 포기한 채 대도시 외곽지역에 산업노동자를 유치하기 위한 신도시를 건설하는 방식의 주택정책으로 인해 도심은 폐허가 되었고, 신도시에 대규모로 건설된 조립식 주택들도 현대적인 기술 수준에 부합하지 않는 질 낮은 주택으로 평가되고 있다. 뿐만 아니라 주택 배분이 전적으로 국가에 의해 이루어지는 가운데 체제 유지에 필요하고 우호적인 인력들에게 인기 있는 신도시 주택을 배분하는 등 주택정책이 체제 유지의 주요한 한 축인 동시에 불공정의 근원이 되어왔다는 비판도 거세다.

그러나 주택정책처럼 복잡한 주제가 성공과 실패라는 이분법적인 틀에 제대로 담길 리 만무하다. 한편으로 동독 시기 청원 가운데 가장 많은 비중을 차지하고 있었던 것이 주택 문제였지만, 다른 한편으로 동독 사회에서 가장 취약계층에 속했을 베트남 난민 출신 동독인이 통일 후 가장 그리워한 것 역시 동독의 주거안정성이었다. 월급이 1,200마르크이던 그가 낸 임대료는 30마르크로서, 그로 인하여 동독 시기는 가처분소득이 매우 많은 그리운 시절이었다.[7]

현재 전 세계적으로 주택은 하나의 상품으로 간주되고 있지만, 동독 사회주의 체제의 근본 전제는 주택이 상품으로 다루어져서는 안 된다는 것이었다. 민간의 재산권을 극도로 제한하고 엄격히 통제했다. 기본적으로 동독에서 주택은 일종의 공공재였다. 오늘날 사유재산권의 절대성에 대한 의문이 나날이 커가고 있는 상황에서, 동독인들이 40년간의 현실 사회주의 하에서 주택과 관련하여 쌓은 경험은 주택정책에서 어떤 다른 상상이 가능한지를 보여주는 거대한 인류학적인 실험이라는 의미도 있다.

"도시의 쇠락에서 동독 시위가 발화되었다"

1장

시민의
권리로서의
주거권

시민의 권리로서의 주거

동독에서 주택은 자유로이 활용될 수 있는 소비재가 아니라 국민의 기본적인 수요를 충족시키는 사회적인 재화로 선포되었다. 이에 따라 동독에서 주택시장은 해체되었고, 정부 기구가 이를 대신하게 되었다. 한국에서라면 동네 골목마다 모세 혈관처럼 뻗어있는 부동산에서 담당하는 역할들이 구청을 중심으로 이루어지게 된 셈이다. 전후의 주거난으로 인해 이미 1946년 3월 8일 주거공간 관리가 개인 주택소유주가 아니라 주택청 관할임을 선언한 연합군 통제위원회령Kontrollratsgesetz 18조는 이후 동독 주택정책의 근본 원칙이 되었다.[8] 주거공간에 대한 법령이 1955년, 1967년, 그리고 1985년 세 차례에 걸쳐서 개정되었지만, 이 기본 원칙에서 큰 변화는 나타나지 않았다.[9]

이와 같은 주거 공간 관리의 차원을 넘어서서, 동독은 주거공간에 대한 시민의 권리를 헌법에 포함시켰다. 1949년과 1968년의 헌법, 그리고 1974년 개정헌법도 마찬가지였다. 1949년 10월 7일에 공표된 동독 헌법 26조는 다음과 같은 내용을 담고 있다. "토지의 대여와 활용은 감시되고 어떠한 오남용도 일어나지 않게 될 것이다. 노동 및 자본 비용 투입 없이 일어나는 토지 가치상승은 공동체를 위해 사용되어야 한다. 모든 시민과 모든 가족들에게 건강하고 필요에 부합하는 주택이 확보될 것이다. 파시즘의 희생자, 장애인, 전시피해자, 이민자들이 우선적으로 고려될 것이다."[10]

같은 맥락에서 1968/74년 동독 헌법 37조는 돌봄의무Fürsorgepflicht를 언급했다. "① 동독의 모든 시민은 자신과 가족을 위한 주거 공간을, 국가 경제의 가능성과 지역의 조건에 상응하는 정도로, 가질 수 있다. 국가는 주택 건설을 촉진하고 현존하는 주거공간을 유지하며, 주거공간의 공정한 할당에 대한 공적인 통제를 통해서 이러한 권리를 실현시킬 의무가 있다. ② 계약해지에 대해 법적인 보호가 가능하다. ③ 모든 시민은 자신의 주거공간을 훼손당하지 않을 권리가 있다."[11]

이 헌법 규정은 1975년의 민법Zivilgesetzbuch에서 다시금 확인되었다. 동독 민법 94조에 따르면 "사회주의 국가는 모든 시민과 그 가족에게 주거공간에 대한 권리를 보장"했고, 96조에 따르면 "주거공간에 대한 시민들의 기본권을 보장하고 그 합당한 분배를 보장하기 위해 전체 주거 공간은 시민 위원회의 공조 하에 국가 통제를 받"도록 되어 있었다.[12]

즉, 동독에서 주택 마련은 정권이 짊어져야 할 과제가 된 셈이었다. 동독의 집권당인 사회주의통일당Sozialistische Einheitspartei, SED. 이하 사통당은 기회가 있을 때마다 지치지 않고 엥겔스가 1873년 "주택 문제"라는 팜플렛에서 언급했던 대로, 주거 문제가 자본주의 사회의 문제와 분리될 수 없다는 선언을 반복하곤 했다. 이는 반대로 사회주의 질서 하에서는 주거 문제의 해결이 가능하다는 것, 한 걸음 더 나아가 주거 문제 해결을 통해서 사회주의의 승리를 입증할 수 있다는 것으로 해석되고 있었다.[13] 동독 체제로서는 주택 문제 해결에 명운을 걸 수밖에 없었다.

동독의 소유권

이처럼 동독이 주거 문제 해결에 체제의 명운을 걸고 있기는 했지만, 그렇다고 해서 주택 문제가 전적으로 국가를 통해서 해결될 수 있다는 입장이었던 것은 아니다. 동독에서도 개인 주택의 재산권은 동독 주택체제의 주요한 한 단층을 이루고 있었다.

맑스주의 이론에 따르면 소유의 법적인 형태, 즉 소유권의 구조가 경제 체제의 핵심적인 특징이며, 이 소유권은 정치 구조에 의해 형성되고, 다시 정치 구조를 제한하고, 공고히 하게 된다. 사회주의 체제의 경우 생산수단의 사회적 소유를 가장 본질적인 요소로 하고 있음은 물론이다. 국가 소유가 사회 소유와 같은지에 대해 논란이 있기는 하지만, 동독은 기본적으로 노동자와 농민의 국가를 표방하고 있었기 때문에 생산수단의 사적인 소유가 사회주의 경제와 합치할 수 없다는 점에 대해서는 동의가 이루어진 상태였다. 이에 따라 토지 및 생산수단에 대한 소유는 인민소유Volkseigentum로 단계적으로 이전되어야 했다. 동독의 인민소유란 국가 소유의 한 형태로서 공식적인 소유권자가 '모든 인간'에 해당하는 관념이었다.

원래 각 지역 공공 기관 소유이던 자산에 더해, 소련 군정이 1945~1949년 나치와 전범자들 혹은 100헥타르 이상의 대토지에 대해 행했던 몰수를 통해 동독 내에서 인민소유가 시작되었다. 그 외 동독 이탈자들의 재산을 몰수히는 등 다양한 방식으로 인민소유권의 범위가 확장되었다. 동독이 건국될 시점인 1949년에 이미 생산수단의 절반 정도는 인민소유 및 공동체 소유 하에 놓여있었고, 1980년대에 이르면 그 비율은 98%로 높아졌다.[14]

그러나 개인적인 활용을 위한 재산 소유는 생산수단의 소유와 다른 것으로 간주되었다. 개인적인 활용을 위한 재산 소유는 생산 관계에서 노동착취를 수반하지 않기 때문이었다. 그리하여 국가 소유와 조합 소유를 포함하는 사회주의적인 소유와 구분되는 개인 활용을 위한 개인 소유Persönliche Eigentum. 영어로는 Personal ownership라는 새로운 법적인 관념이 도입되었다. 이처럼 개인의 절대적인 소유권을 의미하는 사적 소유와 단순한 활용을 위한 개인 소유를 구분한 것은 물론 서독에는 존재하지 않는 현상으로서, 서독 민법에서는 단일한 하나의 소유권이 존재할 뿐이었다.

특히 주거의 경우 개인 소유Persönliche Eigentum는 여타 소비에트 국가들에서도 허용되는 소유권의 범주에 속했고, 동독의 경우도 마찬가지였다. 그렇지만 소유권이 얼마나 '개인적'일 수 있는지는 또 다른 문제였다. 이윤추구를 위해 소유권이 자유롭게 행사되는 사적 소유의 경우 실제로 거의 존재하지 않았음은 물론이다. 이를 주택과 결부시키자면 실제로는 이용권Nutzungsrecht 만이 허용되고 있었다고 볼 수 있다. 주택은 상속되고 활용될 수 있었지만, 판매되거나 임대될 경우 지방 행정당국의 허가가 있어야 했고, 가격 역시도 그들의 승인을 받아야 했다. 또한 주택이 가구원 수에 비해 너무 큰 경우 다른 가구에 할당될 수 있을 정도로 이용권 역시도 제한을 받았다.[15]

개인 주택의 기존 소유권이 인정되었을 뿐만 아니라 개인 주택의 신축도 허용되었고, 동독사에서 유일한 대중봉기였던

1953년 봉기 직후의 경우처럼 체제에 대한 충성심을 확보하고 민간부문의 경제력을 주거 분야로 돌리려는 의도로 경우에 따라서는 장려되기도 했다. 그러나 개인이 직접 활용하는 경우에만 개인 주택의 신축이 허용되었기 때문에 임대를 염두에 둔 다가구 주택의 건축은 허용되지 않았다.[16]

이와 같은 법적인 틀 안에서 주택 부문의 개인 소유는 어느 정도로 유지되었을까? 1970, 80년대 동독에서 민간 소유 주택의 비율이 줄어들기는 했지만, 소도시와 농촌지역을 중심으로 하여 동독 말기까지도 민간 소유 주택 비율은 높은 수준을 유지했다. 아래의 표는 이를 잘 보여주고 있다.[17]

	1971	1981	1985	1989
국가소유	28	37	39	41
조합소유	10	15	16	18
민간소유, 교회 등	**62**	**48**	**45**	**41**

[표1] 동독의 주택소유 비율(%)

사회주의 국가에서 개인 소유 주택의 비율이 이토록 높았다는 것은 일견 매우 놀랍지만, 곰곰 생각하면 그저 민간의 소유를 방치한 것으로 보는 것이 적절할 법하다.

동독 출신으로 통일 독일의 대통령을 지낸 요아힘 가우크

Joachim Gauck의 경험은 동독에서 개인 주택을 가진다는 것이 가지는 의미를 생생하게 보여준다. 2차 대전 이후 가우크 가옥의 소유자이던 가우크의 할머니는 "모욕적일 만큼 적은 집세"를 받았고, 첫 번째 계약이 끝났을 때도 계속해서 그 집을 "세놓아야만 했다". 임대가 의무였던 셈이다. 이에 대해 가우크는 "제방 옆의 그 집"은 "전횡의 표상"으로서 "우리 것이었으나 동시에 우리의 것이 아니었다."고 표현한다.[18] 이후 그의 부친이 "1980년대 중반 마지막 계약이 끝난 후 아이들과 손자, 그리고 증손자까지 둔 자신이 그 집을 사용해야겠다고 국가의 담당자에게 통보했으나 거절당했다." 가우크 가족은 이에 불복하여 지역법원과 지방법원에 제소했지만 패소했다. 그 이유는 "사회주의 대기업이 그 부동산을 사용하는 것이 개인이 사용하는 것보다 더 중요하다."는 것이었다. 가우크는 이를 두고 "동독의 불의한 수많은 역사 가운데 하나"라고 냉정하게 평가했다.[19]

2장

방치된
구도심 對 신도시
조립식 주택

'발터 울브리히트Walter Ulbricht
시기(1950~1971)' 동독의 도시들

주거와 도시는 국가 시스템 가운데 가장 가시적인 것이었기 때문에 지도자들은 자신들에게 우호적인 여론을 만들기 위해 주거에 관심을 가질 수밖에 없다. 더욱이 새로운 사회 체제를 만들어낸 동독의 지도부에게라면 더욱 중요한 이슈일 수밖에 없었다. 동독 체제에 중요했던 것은 사회주의적인 시민을 육성하는 것이었고, 이를 위해 사회주의적인 음악, 사회주의적인 미술이 필요했듯이 사회주의적인 건축 역시 절실했다.

비슷한 맥락에서 많은 동유럽의 도시들이 사회주의 도시

로서의 새로운 특징들을 얻게 되었지만, 동독만큼 구도심의 구조에 개입한 도시는 많지 않았다. 프라하, 바르샤바, 부다페스트의 경우 사회주의 정권하에서도 구도심을 유지하는 데 관심을 기울인 결과 21세기 현재 이 도시들의 도심에서 사회주의 시절의 흔적을 찾기는 어렵게 되었다. 그러나 동독의 경우 '구시대'의 흔적을 지우는 데 매우 큰 관심을 기울였다.[20]

동독 도시들은 전체성, 중심성, 지배성 등 세 가지 원리에 따라 구성되었다. 전체성이란 도시의 총체적인 기능을 동시에 고려하는 것이고, 지배성은 사회주의에 의미 있는 것이 전통보다도 중시되어야 한다는 것이었다. 중심성은 도심이 사회활동의 중심으로 간주되어야 한다는 것으로서, 자본주의 사회의 경우 도심이 구매 활동과 교역을 중심으로 구성되었다면 사회주의 도시는 시민들 간의 소통이 주요한 원칙으로 자리 잡았다. 교육, 문화, 치유, 회의, 만남 등이 이 소통의 내용을 이루고 있었다.[21]

새로운 체제에 부합하는 도시 건설을 위해 먼저 '사회주의적 도시건설'을 위한 법적인 원칙과 수단들이 만들어졌다. 1950년의 '건설법Aufbaugesetz'은 토지Grund und Boden에 대한 국가의 처분권을 제도화했다.[22] 동독 정부는 사회적 계층 구분이 없어진 도시건설을 목표로 했고, 이를 위해 토지 투기 및 지속적인 임대료 인상을 막기 위한 법적인 토대가 필요한 상황에서 마련된 조치였다. 이 법과 더불어서 포괄적인 소유권 박탈의 근거가 마련되었고, 이로써 도시의 전체적인 재구성이 가능해지게 되었다. 이 건설법에 의거하여 토지 몰수가 이루어지면 미미한 수준일지라도 보상이 이루어졌기 때문에, 통일 이후에도 반환 요구가 법적으로 성립하지 않게 되었다.[23]

사회주의적인 건설 원리와 새로운 건축법에 의거하여 사회주의적인 자부심이 넘쳐나는 도심이 만들어지게 되었다. 당시 스탈린 시로 불리다가 1961년 개칭된 공장도시 아이젠휘텐슈타트Eisenhüttenstadt가 이 시기에 건설되었고, 베를린의 스탈린 거리Stalinallee, 로스톡의 랑에 슈트라세Lange Strasse, 라이프치히의 로스플라츠Roßplatz 등이 이 시기의 대표적인 도시계획에 속한다.

스탈린 거리의 경우 신생 사회주의 국가의 수도로서 동베를린의 재건을 알리기 위한 프로젝트였다. 사회주의 지도자들은 도로를 개조하여 군사 행진 및 시위에 적합한 정도로 넓히고, 신고전주의 양식의 아파트 건물들과 쇼핑센터들을 양옆에 도열시켰다. 이 건물들의 벽면에 유명한 마이센 도자기 타일을 붙일 정도로 거리 전체가 동독의 쇼윈도우였다. 스탈린 시도 신고전주의 건축양식을 따르고 있었다. 이 시기 동독의 건축가들과 도시 계획가들은 사회주의적 진보와 힘을 선동적인 이미지 안에 담아내고자 했다. 그리고 이 이미지는 거주자와 방문자 모두에게 인상적이라야 했다.

그러나 이와 같은 대규모 기념비적인 건축을 제외한 일반인들을 위한 주택의 경우 소비재와 같은 범주로 간주되어 정책의 우선순위 바깥에 머무르고 있었다. 주거 공간의 12%가 부족한 상태에서 종전을 맞이한데다 폴란드와의 국경조정으로 인해 300만에 달하는 난민 및 추방민이 존재하던 상황을 고려하면, 이해하기 어려운 선택이었다.[24] 1950년대 동독의 주거용 신축건물은 서독의 10%에 불과했다. 예컨대 1954년 서독에서 54만 호가 건설되었지만, 동독의 경우 34,722호에 불과했다. 또한 신축주택의 평균적인 규모도 55평방미터에서 50평방미터로 줄어들 수 있도록 건축 규정이 재조정되는 등 질적인 악화를 감수했음에도 불구하고,[25] 동독 아파트 건설 비용은 서독의 거의 두 배에 달할 정도로 건설업 분야의 후진성이 두드러졌다.[26] 결국 1959년에 동독 최고 권력자 발터 울브리히트가 동독에 50만 호의 주택이 부족한 상태임을 인정할 수밖에 없었다.[27]

이토록 열악한 주거 여건에도 불구하고 1959~1965년에 걸친 7개년 계획의 실패와 경제력 약화로 인해 주택 건설은 동독 공산당 서기장 발터 울브리히트의 통치 말기까지 우선순위에서 밀리게 되었다. 이 시기 동독 정부는 주택 건설보다 산업시설 투자에 집중하고 있었다. 엄청난 자원이 베를린 장벽 건설에 투입되었고, 전시산업 분야 확대와 산업 근대화에 집중되었다. 주택 건설의 경우 목표치 자체가 낮았을 뿐만 아니라 그나마 공식 목표치에 현저히 못 미치는 수준으로 건설되었을 뿐이었다. 1966년부터 1970년까지 신규주택 건설은 연평균 59,000호에 머물렀다.[28]

그 결과 동독의 주거난은 심각한 수준에 이르게 되었다. 전체 주택의 50%가 방이 한두 개 있을 뿐이었고, 방이 셋인 주택이 31%였다. 중앙난방이 가능한 주택은 3%에 불과했으며 30% 주택만이 집안에 화장실을, 그리고 22%만이 샤워 시설을 갖고 있었다.[29] 베를린 판코Pankow에 거주하던 게를린데 파울루스Gerlinde Paulus의 경우 화장실을 가기 위해서는 들판을 가로질러 가야했고, 추운 날에는 화장실이 얼어붙곤 했다. 독일 제국 시기의 슬럼 상태에서 조금도 나아지지 않은 상태였던 것이다.[30]

이런 상황에서 1960년대 시민들의 의사를 공적으로 표출하는 유일한 통로이던 청원서에서 가장 빈번하게 언급된 문제가 주거 문제였다는 점은 놀랍지 않다.[31] 교사 부부이던 슐츠W. Schulz와 빌데M. Wilde의 경험은 당시의 주거난을 적나라하게 보여준다. 동독 정부는 1967년 교사 등 특정 직군에게 우선적으로 주거공간을 배당하도록 하는 규정을 통과시켰다. 이들 부부는 두 자녀를 둔 4인 교사 가족이었음에도 1967년 거주지이던 베를린의 구청장에게 두 차례, 당시 국가위원회의 의장Vorsitzende des Staatsrates이던 발터 울브리히트에게 두 차례 등 도합 네 차례 청원을 제출한 지 4년 만에야 간신히 방 두 개 반의 주택을 배당받을 수 있었다.[32]

당시 시민들이 평균적으로 주택 배당을 받기까지 기다리는 시간은 보통 8년이었고, 많은 경우 10년에 육박했다. 1인 가구가 단독으로 주택을 배당받거나 노령층이 주거 조건을 개선하는 것은 불가능에 가까웠다.[33] 대표적인 동독사가인 크리스토프 클레스만Christoph Klessmann에 따르면 이 시기 동독에서 주택문제가 심각한 정치적 뇌관이 되지 않을 수 있었던 것은 1950년대 동독을 탈출한 200만 이주민이 남긴 빈집 덕분이었다.[34]

'에리히 호네커Erich Honecker 시기(1971~1989)'의 주택 건설

소비에트의 지원을 받아 동독 시기 사실상 유일했던 권력 교체를 이루고 울브리히트의 후임으로 사통당 서기장이 된 호네커는 주거 문제를 다루는 데 매우 적극적이었다. 그리하여 에리히 호네커가 집권한 1971년은 동독주택 문제의 분기점이 되었다. 1971년 사통당 8차 당 대회에서는 '1990년까지 사회문제로서의 주택 문제를 해결하여 모든 가구가 독자적인 주택을 확보할 수 있도록 하겠다.'는 목표가 선포되었다. 1973년 10월 2일 사통당중앙위원회 회의에서 동독건설부 장관Minister für Bauwesen이던 볼프강 융커Wolfgang Junker는 사통당 지도부가 가졌던 주택정책의 비전이 무엇이었는지를 잘 보여주었다. 1963년부터 1989년까지 26년간 건설부 장관을 지낸 그는 주택정책이야말로 "우리 인생의 이토록 중요한 부분에서 사회주의가 자본주의적인 착취체제보다 우월함을 모두에게 입증할 수 있는" 분야라고 설명했다.[35] 또한 그는 주택을 "국민 경제상 소비의 측면에서만 바라보는 것은 오류"이며 "노동자의 주거 여건을 개선하는 것은 사회의 생산성을 개선하는 데 있어 결정적인 추동력"이 된다고 주장하였다.[36]

실제로 호네커가 집권한 20년간 주택 건설은 사통당의 가족 정책, 경제 정책, 여성 정책에서 핵심적인 부분을 차지했다. 1970년대 초 출산율이 급감하여 경제 사회 전반에 큰 우려를 자아내고 있었던 가운데 정부로서는 출산율을 높이는 데 적극적일 수밖에 없었다. 자녀수당, 저리의 결혼 융자, 자녀 수에 따른 휴가 기간 연장 및 주간 노동시간 축소, 출산 보조금 등 직접적인 출산 장려 정책뿐만 아니라 주택 건설 및 배당 역시도 출산 장려 정책 가운데 중요한 자리를 차지하고 있었다. 그리하여 사통당의 당 대회나 회기 중에 "주택 건설 프로그램의 실제적인 완성도에 대한 견적이 제시되거나 얼마나 많은 수의 시민들이 개선된 주거 여건의 호사를 누리고 있는지에 대해 미리 계산해보지 않은 경우란 없었다."[37]

그러나 이러한 목표를 실현시키는 과정에는 엄청난 난관들이 도사리고 있었다. 무엇보다도 주택 건설장비 생산이 매우 뒤처져 있었기 때문에 이 건설안을 실현하기 위한 모든 기술장비들을 외국에서 수입해야 했다. 물론 이를 위한 재원이 부족한 탓에 충분한 건설장비 수입은 불가능했다. 도처에서 건축자재와 기기들이 부족해 아우성이었다. 구체적으로 1970년대 초 동독은 필요한 건설기기 가운데 53%를 수입했다.[38] 당시 주택 관련 전체 비용이 2천억 마르크로 추산되는 가운데, 실제 투입되는 금액 대부분이 서독에서 차입되고 있었다.[39]

이러한 구조적인 난관으로 인해 공식적인 언명과는 달리 호네커 시기 실제 건설된 주택 물량은 불충분할 수밖에 없었다. 동독의 공식 문건에서는 1976년부터 1990년까지 280만 호가 신축되거나 개보수하게 될 것이라는 선언들을 볼 수 있다. 이는 동독 인구의 2/3 정도가 주거 조건을 개선할 수 있을 물량이었다. 그러나 실제 어느 정도로 주택 건설이 일어났는지에 대해서 확인하기는 어렵다는 것이 중론이다. 어느 공식통계에 따르면 1971년부터 1989년 사이에 약 330만 호가 개보수, 신축됨으로써 이러한 목표치를 훌쩍 뛰어넘은 것으로 기록되고 있다.[40] 그런가 하면 1971년부터 1988년 사이 192만 호가 신축된 것으로 공식 보고되고 있어서 1990년까지의 신축목표치인 213만 호에 도달할 수 있을 것으로 예측되는 경우도 있었다.[41] 그보다는 독일연방통계청Statistisches Bundesamt이 1993년에 발표한대로 180만 호가 건설되었다는 통계가 유력한 듯하지만, 그나마도 주택의 용도 변경, 철거 및 활용 불가능할 정도가 된 공가/폐가의 수가 늘어난 결과로 1971년부터 1989년까지 실제로 늘어난 주택수는 945,000호에 머물렀다는 평가도 있다. 두 채가 신축되면 다른 한 채가 철거되거나 철거가 필요한

상태에 빠지게 되었다는 것이다.[42]

　이처럼 엄청난 통계와 실제 간의 격차가 특정 개인이나 집단의 실수로 발생할 수는 없는 일이다. 1980년대 초반에 이르면 1970년대부터 누적되어온 무역적자와 서구 산업국가에 대한 채무 위기 등으로 인해 동독국가는 국가파산의 경계에 서게 되었다. 무역수지를 개선하고 지불능력을 유지하기 위해 경제지도부는 공격적인 수출 확대에 나섰다. 그 결과 국내 투자 능력이 엄청나게 약화되고 주택부문에 배당될 투자 몫을 현저히 삭감시킬 수밖에 없었다. 그 과정에서 동독에서 대규모로 주택 신축이 일어난 것은 당초 언급되었던 1976년이 아니라 1971년으로 변경되었다.

　이를 두고 당시 사통당 지도부가 엄청난 선전비용을 들여 공표한 대규모 건설계획의 실패를 인정할 수 없었고 조작을 통해 주택 건설 물량의 목표치를 달성한 것으로 보이게 하고자 한 의도를 볼 수 있다는 해석이 일반적이다. 1976년부터 1990년 사이 15년간의 실현기간 및 관련된 할당 몫을 변화시키지는 않았지만, 실제 주택 건설 기간을 1971년 1월 1일로 앞당기는 방법을 택함으로써 1971년부터 1975년 사이에 이미 건설된 물량을 1976년부터 1990년 사이에 건설된 물량에 포함시켰다는 것이다.[43]

　이와는 달리 동독 시기 라이프치히 공과대학 교수를 지낸 요하힘 테쉬Joachim Tesch의 경우 1971년이 기준연도였다는 점에

방치된 구도심 對 신도시 조립식 주택

대해서는 동의하면서도 동독 지도부가 1976년을 기준으로 삼았던 것은 1973년에 있었던 사통당 중앙위원회 10차 대회에서였을 뿐 그 전과 후의 경우 시작 연도가 명시되지 않거나 혹은 1971년이었다고 주장하고 있다.[44] 의도적인 통계 조작으로까지 해석할 일은 아니라는 의미인 것이다. 어느 경우이건 통일 이후 서독 출신 학자들에 의해 주도되는 동독 연구에 대해 매우 조심스럽게 접근해야 할 필요성이 절실함을 보여주는 논쟁인 셈이다.

기준연도가 1971년이건 1976년이건 중앙정부가 주도하는 주택 건설이 가지는 문제는 목표치를 달성하지 못했다는 데에만 있지 않았다. 놀랍게도 동독의 주택 통계에는 각 지역별 기대 수요가 구분되고 있지 않았다. 따라서 주택 신축이 주거 수요가 있는 곳에서 이루어졌는지 검증할 방법이 없었다.[45] 그마저도 동독 통계상 나타나는 주택의 10%는 거주가 불가능해서 주거지로 간주될 수 없었다는 점도 함께 고려되어야 할 사실이다.[46]

신도시 vs. 구도심

비록 목표치에 미치지는 못했다고 하더라도 독일연방통계청이 인정하듯이 1971년부터 1989년 사이 180만 호가 새로 건설된 것을 받아들일 수 있다면, 이 정도만으로 주택 문제와 관련된 중요한 진전이었음은 분명하다. 이로써 1950년대 이후부터 1980년대 말까지 지어진 복합 주거지로서 2,500세대 이상의 고층 건물군으로 구성되고, 거주 유형이 압도적으로 임대주택인 동독의 대표적인 주거유형이 탄생하게 되었다. 1989년까지 동독 인구의 거의 절반 정도가 이 동독형 다세대 주택에 거주하고 있었다.[47]

주로 도시외곽에 건설된 대규모 단지인 이 동독형 다세대 주택들 가운데 64만 호에 달하는 주택은 '주택 건설시리즈 70Wohnungsbauserie 70, 이하 WBS 70'이라는 이름의 '조립식주택 Plattenbau'이었다. WBS 70은 1970년대와 1980년대 동독에서

[사진2] 베를린 마르찬Marzahn
[출처] Wikipedia, 'Berlin-Marzahn' Arne Müseler, CC BY-SA 3.0 DE

[사진 3] WBS 70
[출처] Wikipedia, 'Oststadt (Neubrandenburg)' RonnyKrüger, CC0

광범위하게 활용되었다. 기존의 조립식 주택모델이던 P1, P2
에 이은 모델인 WBS 70 시리즈는 5층과 11층의 변형계획안으
로 구성되어 있었다. 온수, 발코니와 엘리베이터를 갖추고 있
었으며 이전 모델인 P2보다 넓었다. 이러한 방식으로 동독은
베를린 외곽의 마르찬Marzahn, 호헨쇤하우젠Hohenschönhausen, 헬
러스도르프Hellersdorf, 라이프치히 주위의 그뤼나우Grünau, 로스
톡 인근의 슈마를Schmarl 등 대도시 인근의 위성도시를 건설하
였다.

　　동독 도시들의 경우 지가와 거주자의 구매력이 주택 건설
에 중요한 고려 사항이 아니었기 때문에, 상업적인 기능이 점
차 확산됨으로써 거주자들이 도심에서 내몰리는 젠트리피케이

션이 나타나지 않았다. 따라서 도심의 주거 기능이 상업시설과의 경쟁 없이 발전할 수 있었다. 상업이 아니라 정치, 행정, 문화와 주거가 도심을 장악하게 된 것은 사회주의 시기 도시의 큰 특징이었다.

그런가 하면 민간 소유 주택 건설이 활성화되지 못했기 때문에 서구의 도시를 특징짓는 도시 외곽으로의 확대, 즉 교외화Suburbanisierung도 나타나지 않았다. 교외화 과정은 결국 중앙정부가 도시 변두리에 대규모 주택단지를 신규로 건설하는 경우일 뿐이었다. 동독 정부는 대규모 주거단지를 통해 사회 계층에 따른 주거지역 분할 혹은 질적 격차를 없애는 것, 즉 '사회주의적인 생활양식'을 실현하겠다는 목표를 내세웠다.

물론 현실은 훨씬 복잡할 수밖에 없었다. 먼저 이 '사회주의적인 생활양식'에 있어서 개인의 취향이나 수요가 들어설 여지는 없었다. 주택의 수요자는 평균적인 수요를 가진 존재로 상정되고 있을 뿐이었다. 이렇게 지어진 동독의 주택 규모는 서독보다 현저히 작았다. 동독에서 거주자 1인당 23 평방미터 주택이 평균이었지만, 서독의 경우 32 평방미터였다.[48] 동독 주택정책의 우선순위가 신축주택의 질이 아닌 양에 있었음을 보여주는 수치인 셈이다.

이처럼 이 신도시 개발에서 신축주택의 양을 중시한 결과 편의시설 건설이 매우 지연되고 있었다. 호이어스베르다Hoyerswerda의 경우를 보면 도시가 건설되기 시작한 것은 1960년대 초였지만, 10년 후에야 최초의 백화점이 개장했고, 20년 후에 일반 편의시설들이 갖추어졌으며, 거의 30년 후에 문화시설이 들어서게 되었다.[49] 그 긴 지연의 과정에서 신도시의 일상생활이 어떠했으리라는 것은 능히 짐작할 수 있는 일이다.

이처럼 주로 교외에서 대규모로 주택이 건설되는 동안 구도심은 방치되고 있었다. 구도심의 대규모 임대병영이 사회주의하에서 극복되어야 할 자본주의의 잔재로 간주된 것을 중요한 이유로 꼽을 수 있다. 또한 구도심의 임대주택들이 1945년 이후에도 여전히 민간 소유인 경우가 많아서 동독국가로서는 이 민간 소유 주택의 개조에 나서거나 매력적인 주거 여건으로 만들어내는 데 관심을 가질 이유가 없기도 했다. 또한 부동산시장이 존재하지 않는 가운데 토지의 가치가 실제로는 어디나 동일했기 때문에 도심의 인구밀도를 높이기 위해 노력할 경제적인 동기가 전혀 없는 상태이기도 했다.

반면 주택소유자 측에서 보자면 이들 가운데 상당수가 동독에 거주하지 않기도 했거니와, 거주하고 있다고 하더라도 주택의 유지 보수를 감당할 수도 없었으며, 설령 어렵사리 감당한다고 해도 임대료가 1936년 수준으로 동결된 상황에서 주택의 개보수는 경제적 채산성이 전혀 없는 일이었다. 건설업 전체가 산업화된 주택 건설에 나서고 있었기 때문에 소규모 주택공사를 할 인력 및 자원이 존재하지 않는 상황이기도 했었다.

호네커로의 권력 교체가 이루어지고 표현의 자유가 예외

적으로 허용된 시기인 1973년 제작되어 300만 관객을 동원했던 영화 "파울과 파울라의 전설Die Legende von Paul und Paula"은 동독 내부의 주거 격차를 잘 보여주고 있다. 식료품 가게 점원인 파울라가 거주하는 구도심의 19세기 후반 건물들은 쇠락했을 망정 사랑과 기쁨이 허락되는 공간이었던 반면, 당 관료로 사회적 지위가 상승한 파울이 이주한 신도시 조립식 주택들은 사회주의적인 행복이 약속된 공간이었음에도 그 안에서 파울은 행복하지 못했다. 초연되었을 때 20분 동안 박수를 받았다는 사회주의 비판의 알레고리로 가득찬 이 영화는 구주택들을 철거하고 무시간의 콘크리트 구조물들로 도시를 재구조화하던 호네커 시기 건축에도 비판의 칼날을 겨누고 있었던 것이다.[50] 아이러니하게도 통일 이후에는 젠트리피케이션을 통해 구도심이 다시 부유층 지역으로 부상하고 도시 외곽의 조립식 주택 지역들이 빈곤한 지역으로 추락하는 양상이 나타나고 있어 도시란 얼마나 역동적인 주체인지를 극명하게 보여주고 있다.[51]

　　구도심의 구주택에 대한 정부의 태도가 바뀌게 된 것은 도시 외곽에 신도시를 건설하는 것만으로는 주택수요를 감당할 수 없다는 것이 분명해진 1980년대 이후부터다. 도시 외곽으로 과도하게 팽창함에 따라 농지가 축소되는 상황을 간과하기 어려웠고,[52] 도시 외곽에 새롭게 건설된 신도시에 교통 등 모든 인프라를 갖추느라 엄청난 비용이 드는 가운데 이미 인프라가 갖춰진 도심을 재개발할 필요성이 새로이 부각되는 것은 당연

방치된 구도심 對 신도시 조립식 주택

했다. 1981년 사통당 10차 당 대회에서 행한 호네커의 연설은 이러한 변화를 잘 보여준다. "향후에도 주택 건설 확대가 필요하다는 것은 의심할 여지가 없다. 그러나 지금 존재하는 건축물들을 보다 집중적으로 활용하고 더 잘 가꾸고 유지하고, 재건축하고 개보수할 필요도 절실하다."[53]

이에 따라 1980년부터 1985년 사이에 재건축과 개보수의 비율을 두 배로 늘리려는 목표를 세우게 되었다. 1970~1990년 사이 주택 건설 목표량을 보면 그 분명한 차이를 볼 수 있다.[54]

	신축	재건축 / 개보수	총합
1917~1975	40만	10만	50만
1976~1980	56만	19만	75만
1981~1985	60만	34만	94만
1986~1990	59만	47만	106만

[표2] 1970년~1990년 동독 주택 건설 목표(호)

1971년 동독 주택의 80%는 1945년 이전에 지어진 건물이었고, 그 가운데 대다수는 1914년 이전에 지어진 건물이었다.[55] 신도시 건설이 많이 이루어진 1990년에도 동독 인구의 절반 이상이 2차대전 전에 지어진 건물에 거주하고 있었다. 따라서 구주택의 개조는 매우 중요한 과제일 수밖에 없었다.

이 시기 동독 정부는 구주택의 재건축 및 개보수를 촉진하기 위해서 개인 소유의 다가구주택에 대한 대출 여건을 완화시키는 등 민간주택이 더 많은 지원을 받을 수 있도록 했다. 또한 소규모 토목공사를 담당하는 수공업자들에 대한 지원을 강화했다.

그리하여 통계상으로는 1971년부터 1988년까지 114만 호가 "개보수Modernisierung"되기에 이르렀다. 그러나 실제 내용을 보면 상하수도를 위한 공공 공사를 포함하는가 하면, 화장실, 욕조 설치 등 간단한 보수 공사도 포함시키고 있어 통계 조작에 가까운 것으로 평가되고 있다.[56] 이러한 통계 조작이 서독과의 체제 경쟁의 맥락에서 이루어졌음은 말할 나위도 없다. 서독은 동독에 인구 천 명당 393호의 주택이 있고, 서독의 경우 404호로 이와 비슷하다는 통계를 발표한 바 있었다.[57] 그런데 이러한 판단의 근거가 된 동독측 자료는 거주가 사실상 불가능한 상태에 놓인 주택, 간단한 보수 공사가 이루어졌을 뿐인 "개조된" 주택을 신축주택에 포함시키는 방식으로 결과를 부풀린 것이었다.

하지만 통계 조작으로도 구도심의 끝없는 쇠락을 가릴 수 없었다. 통일 직전인 1989년 11월에 동독에서 제작되어 방송된 "라이프치히를 아직 구할 수 있는가Ist Leipzig noch zu retten?"라는 다큐멘터리에 따르면 7만 호가 철거되어야 하는 상태였고, 15만 호가 개조를 절실히 필요로 하는 상태였다. 당시 라이프치히에는 건설노동자가 수적으로는 충분한 상황이었지만, 이들 가운데 다수가 동베를린의 국영 건설회사에 파견 보내진 상태였고, 남은 노동자들마저도 구도심을 개보수하는 기술이 아니라 콘크리트 조립식 주택을 건설하는 기술을 가졌을 뿐인 노동자들이었다.[58] "도시의 쇠락에서 동독 시위가 발화되었다"라는 표현은 동독의 건설 아카데미 구성원이 1989년 가을의 분위기를 설명하기 위해 한 말이지만,[59] 학자들 사이에서 널리 수용되고 있는 해석이기도 하다.

1980년 중앙위원회 10차 회의에서 행한 호네커의 연설을 보면 동독 계획 경제의 문제가 무엇이었을지 쉽사리 짐작케 된다. 그는 "1985년까지 건설비용을 15% 낮추어야 한다"고 선언하였지만, 이 목표는 "경제적, 사회적 목표를 훼손하지 않"고 "노동의 질을 높이는" 방법으로 이루어져야 했다. 그러나 "노동의 질은 어떻게 높일 수 있을 것인가"에 대한 고민은 없다. 그는 이어서 "새롭게 건설된 건물이건 개보수된 건물이건 에너지 소비를 40% 줄여야 한다는 국민 경제상의 드높은 요구를 잊어서는 안 된다"고 선언했다. 물론 에너지 소비를 어떻게 줄일 것인지에 대한 언급도 없다.[60]

그런가 하면 극도로 중앙집권적인 체제였음에도 불구하고 문제에 대한 책임을 지역에 돌리는 양상도 나타났다. 사통당 정치국Politbüro이 주택 문제가 이미 해소되었고 체제의 약속이 지켜졌다고 선언한 바 있었지만, 이들 역시도 주거 문제의 심각성을 모르지 않았음은 물론이다. 1989년 2월 드레스덴 지역에 대한 사통당의 보고서는 드레스덴의 주택 건설 목표가 달성되지 못했음을 인정하기는 했다. 그러나. 그 이유로 "하부 행정 단위인 크라이스Kreis 차원에서 주도하는 건설업 부문에서 충분한 성과를 보이지 못했다"는 점이 지적되었는가 하면, 이 모든 불충분한 상태의 본질적인 원인으로서 각각 한국의 도와 시·군에 해당할 "베치르크Bezirk와[61] 크라이스Kreis 위원회의 능력 부족이 지적되어야만" 한다는 입장이었다.[62] 권력의 중앙집중화가 체제의 특징이었음에도 문제의 원인은 모두 하부행정 차원으로 돌리고 있는 것이다. 실소를 금할 수 없는 지점은 이 보고서에서 다시 1990년까지 주택 문제가 해결될 수 있다고 선언되고 있다는 사실이다. 물론 "어떻게"에 대한 설명은 없다.

통일 직후인 1990년 베를린의 사회과학센터Wissenschafts-zentrum Berlin에서 동독 주택정책의 가장 큰 문제로 지적한 것은 주택의 문제를 주택 신축을 통해서만 해결하려 했다는 점이다. 주택 건설 재정, 소유 구조, 주거 공간 배당, 임대차법, 임대료 등을 변화하는 사회경제적 여건에 맞추는 등 나른 방법은 제대로 논의된 바 없었다는 것이다.[63]

방치된 구도심 對 신도시 조립식 주택

주택 건설 주체

동독에서 주택 건설은 사통당과 국가계획위원회Staatliche Plankommission를 중심으로 중앙정부 차원의 포괄적인 계획을 수립한 후, 국영 건설회사, 조합주택회사, 민간이 실행하는 방식으로 이루어졌다. 신축주택 가운데 각각의 건설 주체가 차지하는 비율은 다음과 같았다.[64]

	국영 건설회사	조합	민간
1950년	39	0	61
1955년	63	12	25
1961년	29	66	5
1971년	73	18	3
1980년	45	45	10

[표3] 동독 신축주택의 건설 주체 비율(%)

인민소유기업Volkseigener Betrieb, VEB인 각 지역 '주택 건설 콤비나트Wohnungsbaukombinat'가 국영건설회사였고,[65] 지역주택청Kom-munale Wohnungsverwaltung, 이하 KWV이 주택의 관리주체였다. 이 법인체는 복권수익 관리, 지방채 관리에서부터 국가 소유 주택의 매매 등 주택과 관련되는 재정 관리 전반을 담당하고 있었다.

'주택 건설 콤비나트'에 더해 주택조합 역시도 주택 건설에 있어 중요한 역할을 담당했다. 전통적으로 존재했던 주택조합들은 소비에트 점령 지역의 화폐개혁 이후로 거의 붕괴되었다. 이는 정치적으로 의도한 결과이기도 했는데, 이 주택조합들이 자본주의적인 소유의 담지자로 간주되었던 탓이었다. 그러나 동독에서 유일한 대중봉기였던 1953년 6월 17일 봉기 이후 민심을 추스르고 주택 부문에서 자발적인 협조를 끌어냄으로써 국가의 부담을 경감시키고자 주택조합들이 재조명되기 시작했다. 그리하여 과거의 주택조합들은 1954년 이후 '노동자주택 건설조합Arbeiterwohnungsbaugenossenschaften, AWG'으로, 그리고 1957년 이후에는 공익성을 표방하는 '사회주의적 주택 건설조합Wohnungsbaugenossenschaft, WBG'으로 재구성되었다. '노동자주택 건설조합Arbeiterwohnungsbaugenossenschaften, AWG'은 대기업에 의해 만들어졌고 조합원 자격은 사원으로 한정되었다. 그러나 1957년 이후의 '사회주의적 주택 건설조합WBG'은 중소기업, 소매업, 정부 및 대학까지를 아우르는 주택조합으로 확대되었다.

국영 건설회사인 '주택 건설 콤비나트'와 마찬가지로 주택조합 역시 계획 경제하에 놓여 있었다. 노동자주택 건설조합AWG의 경우 반대급부 없이 국가 소유의 토지에 건설할 수 있었으며, 국가로부터 매우 좋은 조건으로 대출을 받았다. 1957년 말에 560개의 노동자주택 건설조합AWG에 6만 명의 회원이 있었으며, 신축주택에서 이 조합 건설 주택의 비율은 1961년에 이르면 66%로 높아졌다.[66] 굴곡이 있기는 했지만, 1980년대에도 이 조합주택은 전체 신축주택 가운데 절반을 차지했다.[67]

한편, 원래 바이마르 시기부터 존재했던 '공익주택조합 Gemeinnützige Wohnungsbaugenossenschaft'이 점차 재조명을 받게 되었다. 2차 대전 후 공익주택조합은 자본주의적인 기업으로 간주되어 세제 혜택이 철폐되고 재산세가 인상되는 등 탄압을 받았고, 그 결과 1957년 이전의 경우 신축에 나서기보다는 기존 공익주택조합 소유 주택에 대한 관리를 중심으로 간신히 명맥을 유지하고 있었을 뿐이었다. 그러나 주택 건설 물량을 늘려야할 사회적인 필요가 커짐에 따라 1957년 이후부터 '노동자주택 건설조합AWG' 형태로 재조직되는 것이 허용되었다. 그 결과 1958년 말까지 400여 개의 공익주택회사, 즉 거의 모든 '공익주택조합'이 '노동자주택 건설조합AWG' 형식으로 전환되었다.[68]

이처럼 다양한 형태의 조합주택이 유지될 수 있었던 것은 조합에 가입한 시간, 참여한 노동에 따라서 주택을 할당받을 수 있기 때문이었다. 동독에서 국가 소유 보통주택의 경우 "필요"에 따라 엄격하게 설정된 우선순위가 존재했다. 반면, 이 조합주택은 각 주택별로 별도의 대기자 리스트를 갖고 있었기 때문에 공공 주택보다 빨리 순번이 돌아올 가능성이 높았다. 특히 지역주택청의 주택 배분 시스템하에서 우선권을 가질 수 없던 단독가구, 이혼자 등에게 매력적이었다. 즉, 이윤 동기가 아

니라 보다 나은 주거 여건에 대한 희망이 조합 가입을 장려하는 상황이었던 것이다.[69]

세 번째 범주인 민간주택의 경우 가족 거주용 단독주택 건설만 허용되고 있었다. 이 개인 소유는 역사적 상황에 따라 억제되기도 하고 장려되기도 했다. 노동자주택 건설조합AWG이 아직 취약하던 1950년대 초반의 경우 투자금의 20%를 가진 민간인들이 국가가 장려하는 대출을 통해 주택 건설에 적극적으로 나설 수 있었다. 그 결과 비록 전반적인 주택 건축 활동 자체가 활발하지 않아서였을망정 1950년의 민간건축주의 비율이 61%에 달하기도 했다. 그러나 이 비율은 1958년에 이르게 되면 7%로 하락한다.[70]

그런가 하면 1971년 호네커 집권 이후 생산성을 높이고 체제에 대한 지지를 높이고자 주택정책에 우선순위를 두면서 다자녀 가구, 집단 농장에 속하는 농민과 노동자 가족, 스스로 주택 건설에 필요한 재원을 확보한 경우 등에 한해 개인 소유 주택 건설이 장려되기도 하였다. 중소규모 도시나 농촌지역 등 대규모 건설 프로젝트가 진행 중이지 않은 지역에서 건설 여력을 활용하고, 청년층의 동독 이탈을 막고자 해서였다. 구체적으로 건설자재 구매를 위한 무이자 대출을 제공했는가 하면, 경우에 따라서는 국유 토지를 무기한 비용 없이 제공하기도 했다. 그럼에도 불구하고 민간주택을 건설하는 과정에서 건설자재 및 인력 부족은 피할 수 없는 문제였다. 결국 건설에 필요한 물품을 사적으로 준비하고 다양한 건설 기술을 가진 지인들을 확보하는 수밖에 없었다. 흥미롭게도 1984년 동독노동조합 통계에 따르면 목재, 금속 등 건설 관련 자재가 작업장에서 사라지는 물품 가운데 가장 큰 비중을 차지하고 있었다.[71]

조립식 주택Platte의 등장

1955년 이래로 산업적인 건설 방식의 비율이 꾸준히 높아져서 1985년에 이르면 그 비율은 83%에 달하게 되었다. 구체적으로 짜맞추거나 쌓아올리는 방식인 블록건축Blockbau이 1960년대까지 지배적이었지만, 1970년대 들어서면서부터 조립식 주택이 유행하게 되었다.[72] 통일 직후인 1991년의 조사에 따르면 동독인들의 20% 이상이 5만 호 이상의 대규모 주거지에 생활하고 있었고, 50% 이상은 '조립식주택' 등 '산업적으로 건설된 주택Industrialisierter Wohnungsbau'에 거주하고 있었다. 이 '산업적으로 건설된 주택' 가운데 42%는 주택 건설시리즈WBS 70에 따라 설계된 상태였다.[73]

　이 '조립식 주택'은 주택 건설에 필요한 조립판의 숫자를 최소화하고 가능한 많은 부분을 미리 제작함으로써 건축비용이 저렴하기도 했거니와, 사회주의 이데올로기에 부합한다는 점에서도 선호되고 있었다.[74] 당시 '조립식 주택'은 사회주의 체제를 통한 인간의 진보를 주거 부문에서 실현하고 있는 것처럼 보였고, 생활 수준의 전반적 상승을 통해서 체제 내적인 안정을 도모하고자 했던 동독 정부는 이를 새로운 사회주의적 주거 형태로 선전했다.

동독의 조립식 주택 건설은 소비에트의 영향을 빼고 설명할 수 없다. 소비에트에서 '산업적인 방식의 주택 건설'은 1920년대 시작되었다.[75] 당시 모든 시민을 위한 최소한의 공간 마련이라는 모토 하에 다목적 공간으로서의 거실, 표준화된 가구, 합리화된 주방시설 등을 내용으로 하는 대규모 조립식 주택 건설이 이루어졌다. 1937년 소비에트가 노보쿠즈네츠크Novokuznetsk 등 시베리아의 산업 도시 개발에 나섰을 때 숙련노동력 확보를 위해 산업화된 주택 건설이 대규모로 이루어졌으며, 이 프로젝트에는 독일 건축가 게하르트 코젤Gerhard Kosel도 참여한 바 있었다. 베를린의 텔레비전탑Fernsehturm을 건설한 것으로 유명한 그는 1955년 동독에서 건설담당차관Staatssekretär im Ministerium für Aufbau을 맡아 주택 건설의 산업화를 촉진하는 역할을 맡게 되었다. 그를 통해 소비에트의 테일러리즘과 동독 주택 건설 사이의 상관 관계가 더할 나위 없이 뚜렷하게 드러나는 셈이다.

그런가 하면 바이마르 시기로부터 이어지는 독일 산업주택 건설의 전통도 견고하게 존재하고 있었다. 1911년 유명 건축가 발터 그로피우스Walter Gropius가 포디즘과 건축을 결부시켜 파구스베르크Faguswerk를 완성함으로써 독일에서 산업적 방식의 건설이 시작되었다. 유명한 건축가 르 코르뷔지에Le Corbusier, 마틴 바그너Martin Wagner,[76] 에른스트 메이Ernst May, 브루노 타우트Bruno Taut 등이 모두 1920, 30년대부터 산업적 생산을 위한 견본 디자인에 나섰다.[77] 그리고 1920년대 이들의 건설작업에 동참했던 헤르만 헨젤만Hermann Henselmann과 리하르트 파우릭Richard Paulick이 이후 동독에서 저명한 건축가로 활약함으로써 바이마르에서 동독으로 이어지는 산업적 주택 건설에 인적 연속성을 부여하였다. 앞서 언급된 게하르트 코젤 역시도 브루노 타우트와 에른스트 메이Ernst May에게서 사사함으로써 바이마르, 소비에트, 동독 건축 간의 연결고리를 체현하고 있기도 했다.

이처럼 동독의 산업적 주택 건설은 바이마르로부터 이어지고 소비에트에서 영향을 받았지만, 동시에 20세기 후반의 전반적인 경향성에 잇닿아 있기도 했다. 종전 이후 여러 산업 국가들은 공히 주택부족 문제와 씨름하고 있었다. 각국은 모두 주택을 싸고 빠르게 지을 수 있는 방법을 찾아내는 데 적극적이었고, 이러한 상황에서 대단위 조립식 콘크리트 아파트는 하나의 해결책으로 보였다. 암스테르담의 바일머미르Bijlmermeer, 보스턴의 아카데미 홈스Academy Homes, 리옹의 르 맹게트Les Minguettes 등이 서구에도 존재하지만, 사회주의권에서는 거의 이 조립식 콘크리트 아파트만 지어지다시피 했다는 점에서 차이가 있다. 서독의 경우 표준화를 통해서 대규모 단지를 건설해야 할 긴박한 필요성이 사라진 이후로는 산업적 건설을 정치적으로 지원하지 않게 되었다. 중소규모 건설기업이 일반적인 독일에서 대규모 단지 건설이 사회적인 저항에 부딪히기도 했거니와 외국인 노동자를 동원할 수 있게 됨으로써 건설 분야 노동력을 줄여야할 사회적인 압력도 사라졌기 때문이었다.

그러나 조립식 주택이 동독에서라고 논쟁 없이 받아들여진 것은 아니었다. 1950년 동독건설부 장관 일행의 소비에트 방문 이후 발표된 건설 관련 규정에서 산업적인 주택 건설에 대한 언급이 있었음에도 불구하고 실제로 이 시기에 건설된 주택들은 주로 벽돌 건물들이었다.

동독에서 조립식 주택 건설이 확산된 것은 흐루쇼프Nikita Khrushchev가 탈 스탈린화의 도구로서 주택정책을 선택하고 이를 여타 사회주의 국가들에 관철시키고자 했기 때문이었다. 1954년 12월 흐루쇼프는 "너무 비싼 건축가들"이라는 제목으로 전체 동구권의 주택 건축에 영향을 미치는 연설을 한 바 있었다. 스탈린 시대의 신고전주의 건축에서 벗어나서 건축의 경제성을 높이는 데 집중해야 한다는 것이 그 주된 내용이었다. 농업전문가이던 흐루쇼프가 건축에 이토록 지대한 관심을 피력한 것은 1953년 초 스탈린 사망 후에 이어진 권력투쟁 때문이었다. 1954년 11월 말 가장 중요한 라이벌인 게오르기 말렌코프Georgy Malenkov와 대립하는 상황 가운데서 흐루쇼프는 인기 있는 주제이면서 자신의 입지를 강화해줄 주제로 주택 문제를 선택했다. 실제로 이 주택 건설 산업화 조치는 개혁가, 혁신가로서 흐루쇼프의 이미지를 만들어냄으로써 그의 중요한 권력 기반이 되었다.

이처럼 동독에서 조립식 콘크리트 건축이 확산된 데는 소비에트의 영향이 컸다. 기실 동독의 건축가들은 이러한 방식의 건축이 강제되는 것에 대해 크게 반발을 하였고, 주택 건설담당 차관이던 게하르트 코젤이 1955년 직접 관련 잡지에 '동독의 건축가들이 이 산업화된 주택 생산의 이점을 파악하지 못하고 있다'는 내용의 기고문을 발표함으로서 진화에 나서기도 했다.[78]

그러나 결과적으로 흐루쇼프의 입장이 수용될 수 있었던 것은 동독 건축가들 가운데서도 이 조립식 주택의 건설을 지지하는 그룹이 있었기 때문이다. 당시 활동했던 동독의 건축가 귄터 히르쉬펠더Günter Hirschfelder에 따르면 동독에서는 이 조립식 주택의 건설 방법을 소비에트에서 받아들인 것처럼 설명하고 있었지만 실제로 소비에트의 기술은 전혀 역할을 하지 못했다. 동독의 건축아카데미가 관심을 가졌던 것은 덴마크의 라센 & 닐슨Larsen & Nielsen과 프랑스의 "코이그노 & 카뮈Coignot & Camus" 체제였다.[79] 또한 서독의 저명 건축가이자 베를린 공대의 교수로서 베를린에 거주하던 로베르트 폰 하랄츠Robert von Halász가 조립식 주택 건설 방식을 높이 평가하였던 가운데, 동독의 건설 엔지니어들과 긴밀히 협업하고 있었던 그의 영향력 역시도 동독에서 조립식 건축 기술이 쉽게 유입되는데 기여한 요인으로 꼽히고 있다. 냉전시대 사회주의적인 합리성을 체현하는 것으로 간주되던 조립식 주택마저도 자본주의 체제와 교류의 산물이었던 것이다.

그 결과 조립식 콘크리트로 건설된 최초의 도시는 호이에스베르다Hoyerswerda였다. 아이젠휘텐슈타트에 이어 두 번째 사회주의 신도시가 된 호이에스베르다는 갈탄 콤비나트이던 "슈바르체 품페Schwarze Pumpe"의 주거 기능을 떠맡기 위해 탄생했다.

이 조립식 콘크리트 건설 방식의 경제적인 채산성이 생각했던 것만큼 높지 않다는 것이 머지않아 드러나게 되었다. 사통당 중앙위 건설 부서에서 이 문제가 공식적으로 논의되기도 했다. 그러나 그 경우 산업적인 생산방식 그 자체가 아니라 건설계획 및 실현 과정에서 충분한 질적 성과가 담보되지 못했던 탓으로 설명되었다. 이러한 결과는 관련되는 개인을 비판하는데 사용될 소지가 컸고, 실제로도 사통당 중앙위 건설국장이 조립식 주택 건설을 주도하던 게하르트 코젤을 해코지하는데 활용되었다.[80] 동독 출신으로 드물게 서독대학에 자리 잡은 도시사회학자 크리스티네 한네만Christine Hannemann에 따르면, 이는 동독 지배 전략의 기본 모형을 전형적으로 보여주는 방식이었다. 비판을 정밀하게 하기보다 불분명하게 하여 불안감을 조

성하고 압력을 가하는 방식으로 내부의 권력투쟁에 활용되곤
했다는 것이었다.

한편 '조립식 주택'의 확대는 예상치 못한 부작용도 안고
있었다. 조립식 주택의 패널 구조 공법을 실현하기 위해 동독
에는 47개의 패널 구조 공장이 있었고, 1980년까지 10개 공장
이 더 신설될 계획이었다. 반면, 목수, 미장공과 같은 건설 관련
수공업이 체계적으로 방해를 받으며 무너지게 되었고, 건축가
가 불필요한 존재로 전락하게 되었다. 따라서 구주택의 개보수
및 현대화가 제대로 이루어질 수 없게 되었고, 그 결과 신도시
에서 2채가 신축되면 구도심에서 1채가 거주불가능 상태에 빠
지는 양상이 나타났다.

마르찬Marzahn

주택 문제를 해결하기 위해 베를린, 라이프치히, 드레스덴 등
도시 외곽에 신도시들이 개발되는 가운데, 베를린 북동쪽에 건
설된 마르찬은 그중 가장 큰 규모를 자랑했다. 마르찬은 원래
계획상으로는 175,000명을 수용하는 규모였다가 1989년경에
는 50만 명을 수용하는 것으로 확대되었다. 당시 동독 인구가
1,600만 명이었던 것을 생각하면 엄청난 규모였다. 3년간의 기
초 작업 뒤에 1977년 7월에 공사가 시작되었고, 그 해 말부터

입주가 시작되었다. 대규모 조립식 주택단지는 "주택 건설 시리즈Wohnungsbauserie, WBS 70" 유형을 따르고 있었다.

허허벌판에 건설된 이 신도시는 일견 자본주의, 파시즘, 전쟁 등 동독의 과거 경험들과 무관한 "기억이 없는 공간"이었다.[81] 그러나 도시계획의 역사를 들여다보면 연속성이 매우 큰 것에 놀라게 된다. 마르찬은 베를린의 주거 여건 개선을 위해 독일 제국 시기부터 지속적으로 있어왔던 구상의 연장선에 있었다.

1871년 베를린 아파트의 75%가 임대병영 아파트였고, 10%는 지하 주택이었다.[82] 중간계급 자유주의자들은 이러한 주거상황이 좌파 정치에의 경도를 낳을 것이라고 우려했다. 실제로 노동자 거주 지역 인근의 술집들은 아우구스트 베벨, 로자 룩셈부르크, 클라라 체트킨 등이 노동자 계급을 파업과 시위로 이끌던 장소가 되었다. 이 혁명과 저항의 장소는 1848년 최초로 일어난 베를린 봉기의 장소이기도 했다.

이에 따라 도심에 모인 노동자들을 도시 외곽으로 이주시키는 계획이 19세기 후반부터 있었다. 이미 1911년 베를린 미래 디자인 컨테스트 수상작들은 마르찬이 자리한 북동부 베를린에 새로운 주거단지를 마련하는 내용을 담고 있기도 했다. 바이마르 시기에도 지속적으로 북동부 베를린의 슈프레Spree 강 지류를 따라 대규모 주택단지를 건설할 필요성이 제기되었다.[83] 이러한 계획은 나치 시기로도 이어졌다. 베를린 도심의 슬럼을 사회주의의 온상으로 위험시했던 나치 지도부의 판단에 따라 당시 건설 총감독Generalbauinspektor이던 알베르트 슈페어Albert Speer가 1938년에 발표한 베를린 건설안은 베를린 북동부 지역에 45만 호의 아파트를 건설하는 것을 중요한 내용으로 하고 있었다. 슈페어는 도심의 슬럼을 철거하여 미래 세계의 수도가 될 베를린의 위상에 걸맞는 대규모의 홀과 광장들을 건설할 계획이었다.

이러한 역사적 전통의 연장선에서 마르찬 신도시가 계획될 수 있었다. 동독 정부는 과거 자본주의 시대의 유산인 제국 시기의 구도심을 개조하기보다 새로운 도시계획을 통해서 사회주의 사회 체제의 우월성을 입증하고자 했고, 마르찬은 전 세계에 동독 사회주의 경제의 힘을 보여주는 진열장이었다. 빌리 브란트Willy Brandt, 인디라 간디, 김일성, 고르바초프 등 여러 명사들이 건설 현장을 방문했다.[84]

마르찬의 건설계획은 르 코르뷔지에를 찬양하고 1932년에 발표된 아테네 헌장을 중시하던 동독 아카데미의 이상을 고스란히 따르고 있었다. 먼저 자연과의 조화를 중시한 점을 꼽을 수 있다. 자연환경 및 자연과의 조화를 중시한 아테네 헌장은 태양광의 부재를 도시 슬럼의 특징으로 꼽고, 하루 최소 두 시간 이상의 채광이 확보될 필요성을 강조했다. 동독에서는 1976년 이를 법으로 명문화해서 모든 신축 아파트들이 적어도 하루 두 시간의 일조량을 확보하도록 했다. 또한 도시의 녹지 확보를 중시했기 때문에 마르찬의 2구역과 3구역 사이에 38만 그루의 나무가 심어졌다.

두 번째로 마르찬은 인도와 차도의 구분을 강조한 아테네 헌장의 원칙을 고스란히 따르고 있었다. 마르찬의 두 대로는 차량 통행용이었고, 거주자는 인도를 통해 학교와 커뮤니티 시설, 공공 교통과 연결되고 있었다.

세 번째로 아테네 헌장은 근대 도시에서 필요한 인구밀도를 확보하면서도 채광, 통풍 등을 확보하기 위해 고층 건물이 필수적임을 강조하고 있었다. 이는 마르찬의 경우에도 마찬가지여서 5층, 11층, 22층으로 구성된 "주택 건설시리즈WBS 70"의 디자인을 따르고 있었다.

르 코르뷔지에와 아테네 헌장이 모더니즘을 반영하고 있었다면, 사회주의적인 시민 육성을 위한 이웃 건설 역시 강조되었다. 호네커와 당국은 당시 주택의 숫자에만 관심을 가졌기 때문에 건축과 도시계획의 디테일에 대해서는 독일건축아카데미Deutsche Bauakademie, DBA에 일임하였다. 당시 독일의 건축아카데미는 주거 문제를 보다 넓은 도시 기능성의 맥락에 위치시키는 것이 필요하다고 보았다. 도시 거주자들을 개인의 총합으로 볼 것이 아니라 집단적인 주체로서 바라보아야 하며, 사회주의의 미래는 새로운 주택뿐만 아니라 새로운 공동체를 필요로 하고, 건축은 이 과정을 촉진해야 한다는 것이었다. 전통과 뿌리내림이라는 의미를 가진 베를린 지역 사투리에서 유래한 "키츠

Kietz"는 '사회주의적인 이웃' 개념으로 발전하여 동독 주택 및 주거 정책의 중요한 목표로 부각되었다.

이러한 목표는 마르찬 건설에도 반영되었고, 이에 따라 시각적 통일성과 더불어 미학적인 차이를 강조함으로써 마르찬의 각 구역에 구분되는 커뮤니티를 만들어내려는 노력으로 이어졌다. 벽화, 커뮤니티 가든과 조각상 등을 통해서 건축의 단조로움을 피하고 "키츠" 감각을 이끌어내고자 했다.

통일 이후 마르찬의 운명은 동독의 운명을 상징하고 있는 듯하다. 구도심의 다양한 시간 층위를 가진 건물들이 이후 투자가들에게 매력적이었던 반면, 마르찬의 동일한 대규모 아파트 단지는 개발업자들에게 인기가 없었다. 상대적으로 넓은 평수, 중앙난방, 녹지 등 구도심에서는 꿈도 꿀 수 없던 근대적인 시설로 인해 모두가 갈망하던 거주지이던 마르찬은 2009년 65세 미만 인구의 42%가 장기 실업 등으로 인해 복지수급자인 상태로서 "통일과 그에 뒤이은 신자유주의적인 전환에서 '패배자'를 상징"하게 되었다.[85] 도시가 살아움직이는 유기체적인 측면을 가진다는 것을 보여주는 너무나도 흥미로운 사례인 셈이다.

3장

'정치적 임대료'와
주택배당

임대료 정책

동독의 임차인 가구 비율은 전체 가구의 3/4이었다.[86] 임대주
택에 대한 동독 정부의 정책은 분명했다. 주택 소유로부터 이
윤이 창출되어서는 안 된다는 것이었다. 먼저 임차인의 거주권
이 절대적으로 보장되었다. 지역 당국이 임대를 관리하는 가운
데 임대 계약 해지는 사실상 거의 불가능했고, 유일하게 임대
계약 해지가 가능한 상황은 세입자에게 적합한 대안 주거가 제
시되는 경우일 뿐이었다. 즉 합법적인 입주가 끝나고 나면 임
대인이 아무런 통제권이 없고 세입자가 완벽한 주거 안정성을
누린다는 의미였다. 설령 수년간 임대료를 지불하지 않았다 하

더라도 강제로 퇴거되지 않았고[87] 임대인의 자녀 거주도 임대
계약 해지의 이유로 인정되지 않았다.[88]

임대료도 마찬가지였다. 1936년의 임대료 동결 조치는 동
독말까지 지속되었다. 지방주택 행정당국의 특별승인이 없이
는 임대료 인상이 불가능했다. 그 결과 임대료는 평방미터당
0.6~0.8 마르크에 머물렀다. 도시 외곽 신축주택 거주자와 구
도심의 방치된 주택 거주자의 임대료가 거의 비슷하고 하수처
리비, 전기료 등에서만 차이를 보이는 현상이 나타나게 되었
다. 구체적으로는 동베를린 스탈린거리Stalinallee의 주택이 평방
미터당 0.9 마르크였고, 최초의 사회주의적인 신도시인 스탈린
시, 즉 아이젠휘텐슈타트에서 평방미터당 임대료가 0.6~0.78
마르크에 불과했다.[89] 임차인의 소득 수준, 주택의 질 등이 아
무런 역할을 하지 못하도록 하는 매우 낮은 금액이었다. 이
는 주택의 유지관리비에도 현저히 미치지 못하는 금액이었다.
1970년 초 동독의 내각회의Ministerrat에서[90] 추산한 실제비용
임대료Kostenmiete는 3마르크였다.[91] 즉 임대료가 유지보수비의
1/4 선에 머물러 있었던 셈이다. 이 비율은 동독 말기까지 지
속되었다. 1988년 12월 사통당 중앙위원회 회의에서 호네커는
임대료가 노동자와 회사원 가계 월소득의 3% 이하를 차지하
고 있다고 보고했다.[92]

비용에 훨씬 못 미치는 가격으로 책정된 이 임대료는 각
가구의 구매력을 개선하기 위한 국가 보조금의 성격을 갖고 있

었다. 주거공간에 대한 기본권을 인정한 동독국가로서는 임대료와 주거비용을 부담 없는 선에서 보장할 수밖에 없었다. 사통당 지도부와 지역주택청의 명시적인 동의 없이는 어떤 주택 소유자도 임대료를 인상시킬 수 없었다.

이처럼 낮은 임대료는 시한폭탄과 다를 바 없다는 평가도 받고 있었다. 부채를 져가며 개보수를 해봐야 임대료 인상이나 이윤을 남기는 판매 등 기대수익이 전혀 없었기 때문에 주택 소유자들은 개보수를 끝없이 미루는 경향을 보였다. 이러한 상황으로 인해 민간주택 소유자들이 주택을 지자체에 '선물'하는 상황도 빈번했다. 부동산이 이익은 없고 투자만을 요하는 부담으로 간주되었던 것이다.[93]

동독의 경제학자이던 요아힘 테쉬Joachim Tesch는 저렴한 임대료로 인해 발생하는 가장 큰 문제가 주택 부문에 민간 자본투입이 이루어지지 못하는 것이라고 본다면, 이는 "진실의 1/4"에 불과하다고 주장한다. 주택 개보수가 이루어지지 못했던 것은 자본 부족이 아니라 건설자재와 건설역량 부족 탓이었다는 것이다. 흥미롭게도 그가 낮은 임대료의 가장 큰 해악으로 꼽는 것은 주택 재고량이 효율적으로 활용되지 못했다는 점이다. 임대료가 극히 낮기 때문에 자녀가 모두 떠나건 이혼을 하건 사별을 하건 기존의 큰 주택을 줄일 유인이 전혀 없었다는 것이다.

동독의 경제학자들은 지속적으로 임대료를 최소한 감가상

각과 운영비를 포함하는 수준으로 올려야 한다고 주장했지만, 이러한 '경제적' 요구는 사회주의가 모두를 위한 기본적인 필요를 보장해야 한다는 '정치적' 선택 뒷전으로 밀렸다. 그 과정에서 다른 대안적인 방안들, 예컨대 임대료를 인상시켜서 주택건설에 투자될 자본을 마련하거나 소득 수준에 적합한 방식으로 주거를 재분배하기 위해 임대료를 주택의 질에 따라 구분하는 것 등은 도외시 되었다.

물론, 임대료를 인상하려는 시도가 전혀 없지는 않았다. 임대료 동결로 인해 주택경제 부문의 비용에서 정부 몫이 지속적으로 늘어나게 되자, 울브리히트는 사통당 지도부의 반대에도 불구하고 1966년 신축주택의 임대료를 인상함으로써 주택 유지 관리 비용을 충당하고자 했다. 신축건물의 임대료는 건설비를 고려하여 약 30% 정도 인상되었다. 온수, 중앙난방 사용료 등도 인상되었다. 이는 산업 가격 체계를 개혁하려는 전체적인 노력의 일환이기도 했다.

이 조치는 많은 비판에 직면했다. 특히 신축주택의 기준이 1967년 이후에 건설된 주택으로 결정되었기 때문에, 1960~1966년 사이에 지어진 주택과의 형평성 문제가 주로 논의되었다. 신축 연도 차이가 1년에 불과한데도 임대료가 현저히 다른 상황이 나타나는 등 부적합해 보이는 측면도 있었다. 가격 인상에 따르는 어려움을 완화시키기 위해 1967년 네 자녀의 저소득층 가정에 임대료 보조금을 지불하기도 하였다.

결국, 1966년의 임대료 인상 조치에 따른 "울브리히트-임대료"는 호네커가 집권한 직후인 1972년에 철회되었다. 1967년 이후 지어진 신축주택의 임대료 역시 동독 대부분 지역에서 평방미터 당 0.8~0.9 마르크, 베를린 지역의 경우 0.9~1.25 마르크로 설정되었다.[94] 그리하여 호네커 시기 내내 각 가정은 평균적으로 월 소득의 3~5%를 임대료로 지불할 뿐이었다.[95] 이에 더해 각 가정의 전기, 가스, 수도 등의 사용료에도 엄청난 보조금이 주어지면서 "두 번째 월급봉투Zweite Lohntüte"로 지칭되고 있었다.[96] 사용료에 보조금이 지불되는 상황에서 불필요한 전력, 물, 가스 소비가 엄청난 규모로 이루어졌을 것임은 말할 나위도 없다.

독일 현대사가인 악셀 쉴트Axel Schildt의 평가에 따르면 동독의 '정치적 임대료'는 자국민들을 향해 동독 사회의 정당성을 입증하는 주요한 논거로 활용되었으며, 개인 주택 소유자들을 상대로 한 부의 재분배 효과를 의도하고 있기도 했다.[97] 국민의 기본 수요 충족과 관련되는 가격을 안정화시켜온 동독을 "복지 독재"로 지칭한 콘라트 야라우쉬Konrad Jarausch의 해석을 따른다면,[98] 주택정책은 이에 가장 걸맞은 사례인 것으로 보인다. 정치적인 정당성을 가진 체제였다면 국민을 향한 이러한 '아부'가 불필요했을 것임은 물론이다.

주택 배당 및 관리:
중앙정부와 지방정부, 민간위원회

서독에서 다양한 건설 주체, 주택정책적 목적, 그리고 금융 조건이 서로 경쟁하면서 다양한 건축 및 주거 형식을 만들어냈던 반면, 동독에서는 중앙정부가 주택 건설에서 분배에 이르는 모든 상황을 전적으로 좌우함으로써 엄청난 비효율이 양산되고 있었다. 1989년의 통계를 보면 소비재 부문 가운데서도 주택의 건설, 보수, 유지비, 임대료 보조금 등 다양한 항목을 통해 주거 부문에 엄청난 지출을 했다. 소비재 상품에 대한 보조금이 120억 마르크였던 반면 주택부문에는 160억 마르크의 보조금이 투입되고 있었다. 베를린 인근 신도시 마르찬Marzahn에 새로 건설된 주거단지에 1980년에 지어진 68 평방미터 아파트의 경우 임대료는 123마르크였지만, 감가상각, 유지, 보수를 포함하는 운영비용은 이자율을 고려하지 않는다 하더라도 848마르크였다. 따라서 임대료가 운영비용의 29%, 전체 비용의 16%에 불과한 상황이었다.[99]

이처럼 국가가 생산에서 분배에 이르는 전 과정을 장악하고 있었던 가운데, 주택의 생산과 공급은 구조적으로 별도로 관리되었다. 생산은 중앙집권적인 구조 하에서 경제 계획에 따라 결정되고, 할당은 지방정부에 의해서 사회적인 우선순위에 따라 결정되었다.[100]

주거공간의 배분에는 세 가지 척도가 있었다. 먼저 사회정치적인 척도로서 파시즘에 맞선 전사, 혹은 동독 체제 건설에 기여를 한 그룹이었다. 두 번째는 인민 경제적인 척도로서 각 기업이 선택권을 가질 수 있었다. 각 기업의 핵심 노동자들을 지원하고 교대제 노동자들Schiftarbeiter을 배려하는데 활용되었다.[101] 마지막으로 사회적인 척도로서 다자녀 가구, 신혼부부, 한부모가정 등이 선호되었다. 동독 지도부는 1960년대 초부터 지속적으로 감소하던 출산율을 높이고자 1976년부터 신축주택의 20%를 신혼부부에게 배당하도록 내부적으로 결정했다.

이 분배 과정에서 국가는 시민들의 삶에 깊이 개입할 수 있었다. 예컨대 동독에서 가장 인기 있는 거주지이던 마르찬의 경우 동독 전체에서 아동 비율이 가장 높은 지역에 속했다. 전체 거주자의 30%가 18세 미만이었고, 17%는 7세 미만이었다. 마르찬에 거주하는 가장 손쉬운 방법이 아이를 낳는 것이었고, 이는 출산율을 제고하고자 했던 동독의 정책과 맞물려있었다.[102] 그런가 하면 동독 체제에서 경제, 문화, 정치 엘리트들은 베를린 판코프Pankow 등 빌라 지역에 살거나 혹은 주택에 거주하는 경우가 많았다.

선호되는 주택을 할당해주는 것이야말로 체제 충성파들에 대한 가장 큰 보상이었다. 배우, 음악가, 체육인, 그리고 당간부, 핵심 사회조직 지도자, 경찰, 군대 지도자 등 "특별수요자Sonderbedarfsträger"가 존재했다. 반면, 구도심의 열악한 구주택의 경우 고령자 혹은 반체제 인사들이 거주하는 경우가 많았다. 따라서 동독 자체 기준으로 사회적 구분은 사라지지 않은 상태였다고 볼 수 있다. 그러나 최상층과 최하층을 제외한 중간층의 경우 사회경제적인 공간 구분이 적었다고 볼 수 있다. 물론 동독 사회 내에서 사회적 격차 자체가 작았기 때문에 이들을 구분해내기도 어려웠다.

동독 출신 사회학자인 알리체 칼Alice Kahl은 그 결과로 서독에서 생각할 수 없는 정도로 다양한 인구 계층이 모여 사는 것이 가능했다는 점을 높이 평가했다.[103] 자녀가 많은 노동자 계급의 가족들이 120평방미터 이상의 대규모 주택에 거주할 수 있었던 것은 이러한 상황에서나 가능한 일이었다는 것이다. 반대로 소득 수준이 높은 고학력층이 화장실이 바깥에 있는 변두리 아파트에 거주하는 현상도 드물지 않았다.[104]

동독 주거난의 구체적인 양상

1970~80년대에 동독인들 다수는 그들의 주거 조건에 만족하지 못하고 있었다. 예컨대 1974년의 경우 결혼 2년 미만의 신혼부부 가운데 20%가 독립하지 못하고 있었다. 드레스덴에서는 구주택에 거주하는 젊은 거주자의 1/3만이 그들의 주거 조건에 만족감을 표시했다. 반면 신도시 주택의 경우 주거 조건

에 만족한다고 평가하는 비율은 76%에 달했다. 1984년 10월 라이프치히에서 실시된 서베이 결과 괜찮은 주택을 마련하는 것이 청년층이 가장 중시하던 인생 목표였다.[105]

동독의 주택 관련 청원서는 이사가 매우 어려운 상황에서 발생할 수 있는 여러 문제를 잘 보여준다. 노모를 간호하고자 하나 직장이나 주거를 옮길 수가 없었는가 하면, 가정 폭력을 휘두르는 남편에게서 벗어난 후 아이들과 머무르는 집을 구하기까지 대기시간이 길었고, 직장을 옮기게 되어 어렵사리 이사한 경우일지라도 자녀 교육 시설이 갖춰진 곳을 찾기가 극히 어려웠다. 이에 따라 이사로 인해 직장을 바꾸는 경우도 드물지 않았다.[106] 실제로 1980년 라이프치히에서는 주거 문제에 대한 탄원이 전체 청원서의 31%에 달했다.[107]

동독의 주택 문제를 한층 복잡하게 했던 것은 동독의 주택 정책이 인간의 평균적인 기본 수요를 지향할 뿐, 그 밖의 주택과 관련한 다양한 수요가 들어설 여지가 없었다는 점이다. 동독에서 주택은 상품으로 간주되지 않았고, 따라서 주택을 할당하는 데 있어 소득이 아니라 주거 수요의 긴박성이 중시되었다. 주택을 구하고자 한다면, 현재 독자적인 주거공간Wohnraum을 갖지 않아야 했다. 이 경우 주거공간은 방을 포함하는 개념이었기 때문에, 결혼과 출산 이외의 방식으로 독자적인 주택을 확보하기가 극히 어려웠다. 이에 따라 동독의 평균적인 결혼 연령이 1970년에 여성은 21.9세, 남성은 24세였고, 이러한 추세는 큰 변동 없이 지속되었다. 성년인 싱글이나 이혼한 자녀, 자녀가 없는 신혼부부 등 체제가 장려하는 가족 모델 바깥에 있는 경우 자기 삶을 스스로 만들어 나갈 주택을 확보하기가 어려웠다.

또한 배정된 주택의 방수는 거주자의 수에서 1을 뺀 숫자라야 했다. 3인 가구의 경우 방 두 개인 주택이 배당되는 식인데, 방의 크기는 고려되지 않았다.[108] 동독에서 결혼한 커플은 방 두 개 이상의 주택을 배정받을 수가 없었다. 직업이 무엇이건 소득이 얼마이건 차이가 없었다. 동독 정권 말기에 여성의 사회적 지위를 가늠하기 위해 내각회의Ministerrat의 발주로 착수되었다가 통일 이후인 1990년에 출간된 "여성 리포트 90Frauenreport 90"에 따르면 18~25세, 25~35세는 주거에 대한 불만족이 각각 29.4%와 33.1%로 높았지만, 35~45세, 45~60세는 15.5%와 7.6%로 현저하게 낮았다.[109] 이는 주거 공간에 대한 불만족이 주로 신혼부부, 장성한 자녀 등 젊은 층에서 심각했음을 잘 보여주고 있다.

주택과 관련되는 각종의 통계 자료에서 주택 인테리어나 주택의 크기 등에 대한 정밀한 주거 여건이 담긴 적은 없었고, 주택과 관련되는 대부분의 통계는 신축된 주택의 수를 나타낼 뿐이었다. 주택정책의 진보는 오로지 건설된 주택의 숫자를 중심으로 평가되었다. 동독인들의 입장에서 보자면 최소한의 조건을 충족한 주택을 할당받는 것 외에 주거 여건을 개선할 수 있는 길이 없었다.

　이처럼 주거를 총체적으로 국가에 의존하고 있는 상황에서 개인의 삶을 개선하는 방법은 직접 건축하거나 혹은 알음알음으로 주택을 교환하는 방법뿐이었다. 먼저, 건축에 필요한 물품을 사적으로 준비하고 다양한 건축 기술을 가진 지인들을 확보하는 방식이 흔히 이용되었다. 주택교환은 개인이 광고를 통해서 교환할 사람을 찾는 방식으로 이루어졌다. 1983년 한 부부는 주택위원회Wohnungskommission에 주택을 신청한 후 10년을 기다려서, 그것도 교환을 통해 주택을 확보할 수 있었다.[110] 그나마 이 교환도 공식적인 승인을 거쳐야 했는데, 대체로 승인되는 편이기는 했다.

통일 이후 주택 문제

동독 시기 내내 임대료가 1936년 수준에서 동결되고 평균 임대료 비중이 가구소득의 3%에 불과하며 주택 자체는 국가위원회를 통해 할당되는 것이 동독 가정들의 일반적인 상황이었다. 통일 직후인 1990년 708만 호 주택 가운데 41%가 민간 소유, 42%가 인민소유주택 기업 소유, 그리고 17%가 조합 소유였다. 이 가운데 통일 이후 인민소유 주택기업들은 부채를 떠안는 조건으로 지자체 소유로 넘어가게 되었다. 이 부채 액수는 600억 마르크, 평방미터 마다 300 마르크로서 한국 돈으로 수십 조에 달하는 금액이었다. 또한 평방미터당 150 마르크를 넘어서는 채무를 진 경우 보유 물량의 15%를 민간 소유주에게 판매하도록 했다.[111] 주택의 소유구조가 현저하고도 급격하게 바뀌는 상황이 발생하게 되었던 것이다.

주택 소유자가 바뀌는 것을 넘어 부동산 부문 전체가 요동치고 있었다. 이 시기의 대표적인 문제로 갑자기 높아진 지대를 꼽을 수 있다. 원래 토지와 주택 관련 시장이 존재하지 않았던 동독에는 지대가 존재하지 않았다. 그러나 통일 이후 시장 거래를 위해서는 지대가 새롭게 '결정'되어야 했고, 그 과정은 여러 오판들로 가득 차 있었다. 이 시기 동독에서 만들어진 높은 부동산 가격은 1990년 통일 당시 만연해 있었던 성장에 대한 기대감을 반영하고 있었다. 또한 제도적으로도 통일 직후 5년간 부동산에 대한 각종 세금 감면이 허용됨으로써 부동산 투자를 부추기고 있었다.

신탁청, 연방, 주, 그리고 코뮌 등 독점적인 지위를 가진 공공 판매자들은 측량가를 높여 잡았다. 인프라를 포함해 생활의 질이 서독의 수준에 현저히 미치지 못하는 상태였음에도 불구하고 서독 수준의 가격이 도입되었고, 서독 전문가들이 이를 소위 전문적인 식견으로 뒷받침해주고 있었다.[112] 이렇게 '결정'된 가격은 대다수 동독인들을 포함하여 자본이 적은 사람들이 동독의 부동산 시장에 참여할 수 없게 만들었다.

이러한 상황에서 통일 이후 동독인들은 다양한 이유에서 주거불안을 경험할 수밖에 없었다. 먼저, 통일 이후 임대료를 유지관리비 이상으로 인상하는 것이 허용됨에 따라 임대료의 급격한 인상이 나타났다. 1994년 1월까지 임대료는 과거 동독의 임대료보다 5~10배 인상되었다. 라이프치히 지역 신문에 따르면 이로 인해 점유권을 상실할 것에 대한 우려를 가진 시민의 비율이 32%였다. 또한 주택 개보수는 임대 계약 변경의 사유에 해당되었기 때문에, 세입자들은 수년에 걸쳐서 주거불안정을 경험해야 했다. 주택이 상가 건물로 개조되는 것도 허용되었기 때문에 과거 값싼 아파트가 고가의 주택 혹은 상가로 변신해서 기존 세입자들의 접근이 불가능해지는 일도 다반사였다. 이로 인해 과거 소유주와 오래된 임차인 사이의 갈등도 심각한 사회문제로 떠올랐다.

그런가 하면 서독에 거주하는 원소유주들로부터의 반환 요구도 거셌다. 통일 이후 과거 몰수된 재산에 대해서 통일 독일은 "보상 이전에 반환Rückgabe vor Entschädigung"을 원칙으로 삼았다. 반환을 원칙으로 하되 도로나 공공건물들이 들어서서 반환이 불가피한 경우 등에 대해 예외적으로 보상하도록 했다.[113] 많은 서독인들이 "동독에서 보물찾기에 나서도록"했고 많은 동독인들에게는 "새로운 조국에서 새롭게 느끼게 된 부조리로 인하여 동독의 자의적 국가에 대한 기억이 사라지도록" 만든 이 결정으로 인하여 "집집마다, 구역마다, 독일인들이 독일인

229

들에, 관청이 관청에, 공무원이 공무원에 맞서 싸우는" 상황이 나타났다.[114] 이 분쟁의 대상이 된 주택은 동독 전체 주택 재고량의 15%에 달했다. 라이프치히에만 6만 건의 반환청구서가 제출되었던바, 원소유주에게 주택이 반환되는 것은 수년이 소요되는 복잡한 과정이었고, 그 과정에서 해당 가구의 주거불안정성은 필연적이었다.[115] 한 건 한 건 해결이 얼마나 지난했는지는 "티스푼으로 산을 옮긴다"라는 한 부동산 회사 대표의 표현에서 잘 드러난다.[116]

이러한 문제를 다루어야 할 행정의 전문성이 떨어졌던 점도 상황을 크게 악화시켰다. 동독의 최하위 행정단위인 7,563개의 게마인데Gemeinde 가운데 81%의 인구가 5천 명 이하였고,[117] 그 가운데 절반은 500명 이하였다. 면적이 세 배가 넘는 서독의 게마인데가 8,506개였던 점을 생각하면 동독의 게마인데는 규모가 매우 작았던 셈이다. 이러한 행정 체제는 통일 이후 즉시 재조정되었다. 동독의 소규모 게마인데들은 전문 공무원이 아니라 명예직인 행정력을 통해서 유지되어 왔었고, 행정개편을 통해 새로 채용된 인원은 서독 출신들인 경우가 많았다. 이들은 새롭게 처하게 된 상황에 대해 전혀 경험이 없었고 심지어는 전화기조차 갖추지 못한 경우도 있었다.

이 시기에 있었던 오류에 대해서 다음과 같은 표현이 회자되었다. "먼저 빨리 돈을 벌고자 할인점들이 들이닥쳤고, 그다음에는 옛 재산을 반환받고자 하는 중개인과 법률가들이 찾아

왔으며, 마지막으로 모든 것을 약속하지만 스스로 아무것도 할 수 없었던 컨설턴트들이 왔다. 동독인들에게 이제 모든 것을 새로 배워야 한다는 점을 분명히 알려준 전문가들이 마지막으로 왔다."[118]

나가며

동독의 주택정책은 전적으로 중앙정부 관할 하에 있었다. 중앙정부는 모든 시민들에게 바람직한 주거 조건을 개선하는 것이 국가가 담당해야 할 과제임을 지치지 않고 천명했고, 굴곡이 있을지언정 실현하기 위해 지속적으로 노력했다. 중앙정부가 주택의 생산에서 분배까지 전 과정을 담당하겠다는 이 무망한 목표가 실현되기 어렵다는 것이 분명해지자, 목표를 수정하고 전략을 바꾸기보다 다양한 방식으로 통계를 조작하는 등 문제 자체를 부정하는 방식으로 대응했다. 조작된 통계로 외부 세계를 속일 수는 있었지만, 매일 구도심의 낡은 주택을 접하던 시민들까지 속일 수는 없었다. "무기도 없이 폐허를 만들어내다 Ruine schaffen ohne Waffen"라는 표현은 동독인들이 자신들의 열악한 주거 조건을 두고 만들어낸 절박한 민심의 표현이었다. 그리고 이 문구는 통일 당시 "무기 없이 평화를 만들어내다 Frieden schaffen ohne Waffen"이라는 표현으로 전용됨으로써 열악했던 동독의 주택상황과 체제 붕괴 간의 상관관계를 분명하게 보여주었다.

그럼에도 불구하고 1,700만 동독인들의 주거 여건, 그들의 삶을 두고 노정된 실패라는 말로 설명하는 것은 주택 문제 전반을 국가가 장악하려 했던 동독 정부의 시도만큼이나 무모한 일일 것이다. 자본주의 체제에서라면 주거 약자인 한부모가족, 다자녀 가구 등이 신도시의 신축주택에 우선적으로 배정받을 수 있었다. 그런가 하면 동독에서는 원칙상 홈리스가 존재할 수가 없었고, 빈 집에 대한 무단 점유조차도 묵인되는 양상을 보였다. 일단 주택을 확보하게 된다면 임대료를 아무리 오랜 기간 지불하지 못하더라도 강제로 퇴거할 수 없었다. 결국 동독인들은 서독인들과 사뭇 다른 주거에 대한 감각을 가질 수밖에 없었던 것이다. 사유재산권의 절대성이 서독에서 자명했던 것만큼이나 동독인들에게 주거권은 헌법으로 보장받는 기본권이었다. 이처럼 주거권을 '보장'하던 체제가 베를린 장벽 붕괴와 더불어 하루아침에 사라지고 난 이후 주거권을 '획득'하기를 강요받게 된 동독인들이 느꼈을 난감함은 상상하기조차 어렵다. 동독 출신 소설가 잉고 슐체Ingo Schulze가 많은 동독인들에게 "가끔은 돈이 당보다 고약했다."라고 언급했던 것은 이 주택 문제에 가장 잘 들어맞는 표현이었을 법하다.[119]

1   Alice Kahl, *Erlebnis Plattenbau*(Leske & Budrich, 2003), 70.; Annemarie
      Sammartino, "The New Socialist Man in the Plattenbau: East German housing
      program and the development of the Socialist way of life," *Journal of Urban
      History*, Vol. 44, No. 1(2018), 82에서 재인용.

2   Mary Fulbrook, The People's State; East German Society from Hitler to
      Honecker(Yale University Press, 2005), 62: Peter Marcuse/Wolfgang Schumann,
      "Housing in the colors of the GDR," in: Bengt Turner et.al.(eds.), *The reform
      of housing in Eastern Europe and the Soviet Union* (Routledge, 1992), 102.

3   1939년 라이프치히에 존재하던 5만 호의 건물들 가운데 절반 정도가 전화를
      입지 않았다. Alice Kahl, "Housing and the Quality of Urban Living," in: Eva
      Kolinsky(ed.), *Between Hope and Fear*(Keele University Press, 1995), 135.

4   Alice Kahl, "Housing and the Quality of Urban Living," 136.

5   Adelheid von Saldern, *Häuserleben*(Verlag J.H.W., 1995), 326.

6   예외적인 경우는 다음과 같다. Thomas Topfstedt, "Wohnen und Städtebau," in:
      Ingeborg Flagge(ed.), *Geschichte des Wohnens: Von 1945 bis heute Aufbau-
      Neubau-Umbau*(Franz Steiner Verlag, 2002), 419-562.

7   Hoai Phuong Tran Thi, "Meine Eltern idealisieren noch immer die DDR.
      Heute verstehe ich endlich, warum," *Spiegel*(2019년 11월 9일).
      https://www.spiegel.de/panorama/30-jahre-mauerfall-heute-verstehe-
      ich-warum-meine-eltern-die-ddr-idealisieren-a-3b9012f8-0229-4dc4-
      9a83-6f064c2f0096

8   http://www.verfassungen.de/de45-49/kr-gesetz18.htm

9   Axel Schildt, "Wohnungspolitik," in: Hans Günter Hockerts(ed.), *Drei Wege
      deutscher Staatlichkeit*(Oldenbourg, 2010), 179. 이를 뒷받침하는 법적인
      근거는 1946년부터 마련되었다. 1946년 주택법Wohnungsgesetz에 따르면 비게
      되는 주택에 대해서는 신고의 의무가 부과되었고. 주택입주는 관계 당국의
      할당을 통해서만 이루어졌으며, 주택교환 역시도 승인을 받아야 했다. 필요한
      경우 개인 소유주의 의사에 반하여 강제로 임대 계약이 체결될 수도 있었다.

1955년의 주거공간조정법Wohnraumlenkungsverordnung이 노동자주택과
민간소유주택의 경우 특별한 지위를 인정했다면 1967년에 새로 만들어진
규정에 따르면 사택을 포함하여 소유 형태와 무관하게 모든 주택에 해당되었다.
중앙집권적인 주거 공간 분배만이 사회적 정의를 보장할 수 있다는 논거로
이 조치가 정당화되었다.

10 http://www.verfassungen.de/ddr/verf49.htm

11 Verfassung der Deutschen Demokratischen Republik(1968).
    https://www.kas.de/c/document_library/get_file?uuid=9c5c691c-e04a-85b3-
    5200-167692469643&groupId=252038

12 Zivilgesetzbuch der Deutschen Demokratischen Republik(1975).
    http://www.verfassungen.de/ddr/zivilgesetzbuch75.htm

13 Paul Betts, "Building socialism at home: The case of East German interiors,"
    in: Katherine Pence/Paul Betts(eds.), *Socialist Modern: East German everyday
    culture and politics*(University of Michigan Press, 2008), 99.

14 Konrad-Adenauer-Stiftung, "DDR Quelle: Hatte Marx doch Recht?," 8.
    https://www.kas.de/c/document_library/get_file?uuid=98fa31c6-b82a-febc-
    b115-960b53ae75e8&groupId=252038

15 Peter Marcuse/Wolfgang Schumann, "Housing in the colors of the
    GDR," 82-83.

16 Peter Marcuse/Wolfgang Schumann, "Housing in the colors of the
    GDR," 88.

17 Thomas Topfstedt, "Wohnen und Städtebau in der DDR," 430.

18 요아힘 가우크, 『독일 대통령 요아힘 가우크 회고록』(한울, 2009), 39.

19 요아힘 가우크, 『독일 대통령 요아힘 가우크 회고록』(한울, 2009), 40.

20 Hartmut Häussermann, "Von der Stadt im Sozialismus zur Stadt im
    Kapitalismus," in: Hartmut Häussermann et.al.(ed.), *Stadtentwicklung in
    Ostdeutschland*(Springer, 1996), 11.

21 Hartmut Häussermann, "Von der Stadt im Sozialismus zur Stadt im
    Kapitalismus," 11.

22 동독의 경우 소유권이 전적으로 철폐되지 않고 제한되었으며 처분권을 통해
    국가의 통제 하에 두었다. 일찍이 소련군 점령지역에서 발표된
    토지매매법Grundstücksverkehrsgesetze의 경우 소유권 이전 시에 신고 의무를 두고
    국가의 선매권Vorkaufsrecht을 인정함으로써, 주택 및 토지거래 분야에 민간시장
    경제가 자리 잡지 못하도록 했다.

23 이 건설법과 더불어 '도시건설 16개 기본법Grundsätzen des Städtebau'이 이 시기 도시건설을 위한 근간이 되었다. 이 16개 기본원칙은 '모스크바 차터Charta von Moskau'라고도 불리는데, 이는 동독 도시계획전문가들이 모스크바를 방문한 이후 구성되었기 때문이다. 건설부장관 로타 볼츠Lothar Bolz를 위시한 동독의 대표단은 소비에트의 사회주의적인 건축을 경험하기 위해 1950년 4월 12일부터 한 달간 소비에트를 방문하였고, 불과 두 달 후에 도시건설의 기본 원칙을 발표하였으며, 4개월 후인 1954년 9월 6일 건설법이 제정되기에 이르렀다.

24 Annette Kaminsky, *Illustrierte Konsumgeschichte der DDR* (Landeszentrale für politische Bildung Thüringen, 1998), 78.

25 Axel Schildt, "Wohnungspolitik," 183.

26 Annemarie Sammartino, "The New Socialist Man in the Plattenbau: East German housing program and the development of the Socialist way of life," 82.

27 Hans F. Zacher, *Social Policy in the Federal Republic of Germany* (Springer, 2013), 88.

28 Hannsjörg F. Buck, *Mit hohem Anspruch gescheitert – Die Wohnungspolitik der DDR* (LIT Verlag, 2004), 324.

29 Paul Betts, "Building socialism at home: The case of East German interiors," 101.

30 Eli Rubin, "Amnesiopolis: From Mietskaserne to Wohnungsbauserie 70 in East Berlin's Northeast," *Central European History*, Vol. 47(2014), 350.

31 Mary Fulbrook, *The People's State; East German Society from Hitler to Honecker* (Yale University Press, 2005), 51.

32 Marlies Schulz, "Wohnen und Fertilitätsverhalten in der DDR," in: Darja Reuschke(Hg.), *Wohnen und Gender* (VS Verlag für Sozialwissenschaften, 2010), 117-118. 이 책에 따르면 1970년 10월과 1971년 2월에 국가위원회의 의장 에리히 호네커에게 청원서를 보낸 것으로 되어 있지만, 이 시기 국가위원회의 의장은 발터 울브리히트였기 때문에 울브리히트로 썼다. 울브리히트는 1960년부터 12월부터 1973년 8월까지 국가위원회의 의장을 지냈다. https://de.wikipedia.org/wiki/Vorsitzender_des_Staatsrats

33 Wilhelm Hinrichs, *Wohnungsversorgung in der ehemaligen DDR – Verteilungskriterien und Zugangswege* (AG Sozialberichterstattung Wissenschaftszentrum Berlin für Sozialforschung, 1992), 9. https://bibliothek.wzb.eu/pdf/1992/p92-105.pdf

34 Christoph Klessmann, *Zwei Staaten, eine Nation* (Bundeszentrale fur politische Bildung, 1997), 406. 이 공화국 이탈자들의 주택은 몰수된 후에 매매되었고,

통일 이후 심각한 소유권 분쟁의 원인이 되었다.

35 Hannsjörg F. Buck, *Mit hohem Anspruch gescheitert – Die Wohnungspolitik der DDR*, 330에서 재인용.

36 Hannsjörg F. Buck, *Mit hohem Anspruch gescheitert – Die Wohnungspolitik der DDR*, 330에서 재인용

37 Roland Habich et.al., *Sozialreport 1990: Daten und Fakten zur sozialen Lage der DDR*(AG Sozialberiterstattung Berlin, 1990), 40.
    https://bibliothek.wzb.eu/pdf/1990/p90-102.pdf

38 Hannsjörg F. Buck, *Mit hohem Anspruch gescheitert – Die Wohnungspolitik der DDR*, 332.

39 Eli Rubin, "Amnesiopolis," 351.

40 Axel Schildt, "Wohnungspolitik," 각주 182.

41 Hannsjörg F. Buck, *Mit hohem Anspruch gescheitert – Die Wohnungspolitik der DDR*, 332-333.

42 Marlies Schulz, "Wohnen und Fertilitätsverhalten in der DDR," 120.

43 Hannsjörg F. Buck, *Mit hohem Anspruch gescheitert – Die Wohnungspolitik der DDR*, 325-326.

44 Joachim Tesch, "Wurde das DDR-Wohnungsbauprogramm 1971/1976 bis 1990 erfüllt?" in: *UTOPIE kreativ*, Sonderheft 2000, 51.
    https://www.rosalux.de/fileadmin/rls_uploads/pdfs/2000_Sonderheft_Tesch.pdf

45 Hannsjörg F. Buck, *Mit hohem Anspruch gescheitert – Die Wohnungspolitik der DDR*, 336.

46 "Im Osten wird nicht gezählt," *Der Spiegel*(29/1993).
    https://www.spiegel.de/spiegel/print/d-13690849.html

47 Eli Rubin, "Amnesiopolis," 334.

48 Adelheid von Saldern, *Häuserleben*, 325.

49 Mary Fulbrook, *The peoples' state East German society from Hitler to Honecker*, 61.

50 "Der Untergang des alten Berlin in der Legende von Paul und Paula," *WerkstattGeschichte*, Vol.43(Klartext, 2006), 109-121.
    https://werkstattgeschichte.de/wp-content/uploads/2017/01/WG43_109-121_WARNKE_PAULA.pdf

51 Matthias Bernt/Andrej Holm, "Die Ostdeutchlandforschung muss das Wohnen in den Blick nehmen Plädoyer für eine neue politisch-institutionelle Perspektive

auf ostdeutsche Städte," *sub\urban: Zeitschrift für kritische Stadtforschung*, Vol. 8, No. 3(2020), 98.

52 1970년대 말과 80년대 초의 경우 매년 1,500 헥타아르의 농지가 주택 건설로 인해 사라지고 있었다. 이에 따라 식량 생산도 영향을 받고 있었다. 당시 토지에 가격이 매겨지지 않았기 때문에 이 비용이 전혀 고려되지 않은 결과였다. Siegfried Grundmann, "Die absurde Logik des Wohnungs- und Stätebaus der DDR," in: Heiner Timmermann, *Deutsche Fragen: Von der Teilung zur Einheit*(Duncker & Humblot, 2001), 326.

53 Siegfried Grundmann, "Die absurde Logik des Wohnungs- und Stätebaus der DDR," 330에서 재인용.

54 Wilhelm Hinrichs, *Wohnungsversorgung in der ehemaligen DDR – Verteilungskriterien und Zugangswege*, 10과 13쪽의 표를 합한 것임.

55 Brian Ladd, "Socialist Planning and the rediscovery of the old city in the German Democratic Republic," *Journal of Urban History*, Vol. 27, No. 5(2001), 588.

56 Hannsjörg F. Buck, *Mit hohem Anspruch gescheitert – Die Wohnungspolitik der DDR*, 339.

57 Hannsjörg F. Buck, *Mit hohem Anspruch gescheitert – Die Wohnungspolitik der DDR*, 344.

58 https://www.youtube.com/watch?v=7AZT05N0j4s

59 Jürgen Rostock, "Zum Wohnungs- und Städtebau in den ostdeutschen Ländern," *Aus Politik und Zeitgeschichte*, Vol. 29(1991), 41에서 재인용.

60 Siegfried Grundmann, "Die absurde Logik des Wohnungs- und Stätebaus der DDR," 333.

61 법학자인 김병기는 통일 후 남북한 행정통합에 관한 논문에서 베치르크를 '도'로 번역했고, 이 책에서도 이를 따랐다. 김병기, "통일 후 남북한 행정통합을 위한 법제정비 방안 재론,"『행정법연구』54호(2018), 95-141.

62 Siegfried Grundmann, "Die absurde Logik des Wohnungs- und Stätebaus der DDR," 336에서 재인용.

63 Roland Habich et.al., *Sozialreport 1990: Daten und Fakten zur sozialen Lage der DDR*, 41.

64 Peter Marcuse/Wolfgang Schumann, "Housing in the colours of the GDR," 96.

65 예컨대 베를린의 주택 건설콤비나트의 경우 'VEB Wohnungsbaukombinat Berlin'이었다. 이와 같은 형태의 콤비나트가 Berlin, Cottbus, Gera, Halle, Potsdam, Dresden 등 주요 도시들에 있었다. Christine Hannemann, *Die Platte*

Industrialisierter Wohnungsbau in der DDR (Vieweg, 1996), 81.

66 Thomas Topfstedt, "Wohnen und Städtebau in der DDR", 428.

67 이 노동자주택조합 주택은 인민소유기업과 콤비나트 인근에 건설되었다. 인근의
타 회사 노동자들도 거주할 수는 있었지만, 대체로 사택의 성격을 갖고 있었다.
입주를 위해서는 긴박한 주거의 필요를 갖고 있거나 작업장에서 현저한 성과를
보이거나 사회활동에 적극적으로 참여해야 했다. 주택의 할당은 가족 수, 입사
연도, '사회적 필요'가 중요했다. 이때 사회적 필요란 작업장의 핵심 노동자인지
여부와 관련되었다. 지자체에서 관리하는 임대주택과 달리 이 노동자주택조합의
구성원들은 조합비를 지불해야 했고, 소위 건설 시간을 수행해야 했다.

68 Wissenschaftliche Dienste des Deutschen Bundestages, *Geschichte und
Bedeutung der Wohnungsbaugesellschaften in der DDR* (2007), 6.
https://www.bundestag.de/resource/blob/411786/39a606ab924ddd68206f40
4cd68f5cb2/WD-1-059-07-pdf-data.pdf

69 그런가 하면, 주택조합을 통해 주택을 획득한 경우일지라도 소유자이기보다는
국가 소유 주택 임차인과 다를 바 없는 조건이었다. 주택 계획에 참여할 수
없었고, 유지, 임차 혹은 개조 과정에 영향을 미칠 수도 없었다.

70 Thomas Topfstedt, "Wohnen und Städtebau in der DDR," 429.

71 Mary Fulbrook, *The peoples' state East German society from Hitler to
Honecker*, 57.

72 Christine Hannemann, "Entdifferenzierung als Hypothek," in: Hartmut
Häussermann et.al.(ed.), *Stadtentwicklung in Ostdeutschland* (Springer, 1996), 89.

73 Christine Hannemann, *Die Platte: Industrialisierter Wohnungsbau in
der DDR* (Hans Schiler Verlag, 2005), 154.

74 조립식 주택의 원조는 영국이었다. 해외 식민지에서 영국인들의 주거 문제가
심각해짐에 따라 현장에서 조립, 가공만 하는 방식의 "Prefabrication"이
1800년경부터 주목을 끌게 되다. 1820년 영국 목수 리처드 매닝Richard Manning이
호주로 이민한 아들을 위해 만든 "Manning-Cottage"를 통해서 본격화된
이 조립식 주택 방식은 이후 유럽의 식민지 주택, 교회 등의 건설에 더 적극
활용되었다. 조립식 주택 건설의 재료로 철골구조 건축과 철근 콘크리트 방식이
경쟁하였지만, 독일의 경우 1930년대부터 전쟁 준비로 인해 철근에 대한 수요가
늘어나게 되면서 조립식 주택 건설 방식은 철근 콘크리트 방식으로 정착되기에
이르렀다. 철근 콘크리트 조립식 주택 건설 기술 자체의 경우, 1905년 콘크리트
판넬 방식을 활용한 영국의 J.A.Brodie, 그리고 이 방식을 1908년 뉴욕의 주택단지
건설에 활용한 뉴욕 엔지니어인 Grosvenor Atterbury 등에게서 영향을 받아

철골구조와 콘크리트 판넬의 접합이라는 방식이 표준으로 정착되기에 이르렀다.

75 레닌은 1916년부터 테일러주의에 감화를 받았으며, 과학적 경영이 자본주의에서
사회주의로의 이행을 이끌어낼 수 있다고 보았다. 테일러주의는 소비에트
노동자들에게 노동 규율로서 먼저 도입되었고, 다음으로 중앙 계획, 산업화된
대량생산 등에 주안점을 두게 되었다. 그 결과 노동규율, 지침-경영, 중앙 계획과
대량생산 등 네 가지 원칙이 소비에트 포드주의와 사회주의 경제의 중심 구조로
자리 잡게 되었다. 그리고 이러한 원칙은 주택 건설에도 반영되었다.

76 마틴 바그너는 베를린 건설 감독의 위치에서 수공업적인 주택 건설 방식을
20세기의 기술 수준으로 끌어올리기 위해 많은 노력을 했다. 그는 1925~1926년
독일 최초의 조립식 주택 건설 단지인 베를린-리히텐베르크Berlin-Lichtenberg의
'슈프라네만 지들룽Splanemannsiedlung'을 건설하였다. 이 새로운 건설 기술에 대한
전문가들의 관심은 점차 높아져 갔지만 양적인 확산으로 이어지지는 못했다.
여전히 대부분의 주택들은 전통적인 방식으로 지어지고 있었다. 그러나
1940년부터 시작된 전후 계획에 따르면 전후 10년간 총 6백만 호에 달하는
주택 부족이 예상되고 이 엄청난 수요를 충족시키기 위해서는 합리화를 통한
건축단가 인하가 중시되고 있었다. 당시 주택 건설 담당자이던 한스 바그너Hans
Wagner는 1941년 나치 당국이 공식 승인하던 건축방식이 아닌 대량생산 방식을
강조하고 있었다.

77 슈튜트가르트에 지어진 신건축 대표자들의 견본주택들 가운데 산업적인
방식으로 지어진 발터 그로피우스의 주택 단가가 가장 비쌌던 데서 드러나듯이,
이러한 시도는 가시적인 경제적 성과로 이어지지 못했다. 이 주택은
'바이스정원단지Weissenhofsiedlung', 혹은 '공예협회단지Werkbundsiedlung'로 불린다.
https://de.wikipedia.org/wiki/Wei%C3%9Fenhofsiedlung

78 Christine Hannemann, *Die Platte: Industrialisierter Wohnungsbau in der DDR*(Vieweg, 1996), 63.

79 Christine Hannemann, *Die Platte: Industrialisierter Wohnungsbau in der DDR*, 62.

80 Christine Hannemann, *Die Platte: Industrialisierter Wohnungsbau in der DDR*, 66.

81 Eli Rubin, "Amnesiopolis," 335.

82 Eli Rubin, "Amnesiopolis," 336f.

83 1920년대 마틴 바그너 주도하에 노동자 주택단지들이 건설되었고, 브루노
타우트가 디자인한 '후프아이젠지들룽Hufeisensiedlung'이 대표적인 사례였다.
비록 북동부 베를린이 아니라 북부와 남서부 베를린에서 실현되기는 했지만,

이 계획들은 모두 노동자들이 슬럼에서 벗어나 도시 외곽으로 이주하도록
하려는 방안으로 제기되고 있었다.

84 Eli Rubin, "Amnesiopolis," 363.

85 Tatiana Matejskova, ""But One Needs to Work!": Neoliberal Citizenship,
    Work-Based Immigrant Integration, and Post-Socialist Subjectivities in Berlin-
    Marzahn," *Antipode*, Vol. 45, No. 4(2013), 989.

86 Rainer Neef/Ute Schäfer, "Zusammenleben und Auseinanderleben," in:
    Hartmut Häussermann et.al.(eds.), *Stadtentwicklung in Ostdeutschland*
    (Springer, 1996), 50.

87 H. 호이써만/W. 지벨, 『주거사회학: 주거의 변동과 세분화에 관한 개론』, 228.

88 Axel Schildt, "Wohnungspolitik," 180.

89 Hannsjörg F. Buck, *Mit hohem Anspruch gescheitert – Die Wohnungspolitik
    der DDR*, 171.

90 법학자인 김병기는 통일 후 남북한 행정통합에 관한 논문에서 Ministerrat을
    "내각회의"로 번역했다. 김병기, "통일 후 남북한 행정통합을 위한 법제정비
    방안 재론," 『행정법연구』, 54권(2018), 98쪽.

91 Axel Schildt, "Wohnungspolitik," 180.

92 Joachim Tesch, "Wurde das DDR-Wohnungsbauprogramm 1971/1976 bis
    1990 erfüllt?," 50.
    https://www.rosalux.de/fileadmin/rls_uploads/pdfs/2000_Sonderheft_Tesch.pdf

93 Joachim Tesch, "Wurde das DDR-Wohnungsbauprogramm 1971/1976 bis
    1990 erfüllt?," 55.

94 Hannsjörg F. Buck, *Mit hohem Anspruch gescheitert – Die Wohnungspolitik
    der DDR*, 371.

95 Annette Kaminsky, *Illustrierte Konsumgeschichte der DDR*, 82-83.

96 Hannsjörg F. Buck, *Mit hohem Anspruch gescheitert – Die Wohnungspolitik
    der DDR*, 373.

97 Axel Schildt, "Wohnungspolitik," 180.

98 Konrad Jarausch, *Dictatorship as Experience*(Berghahn, 2009), 59.

99 Peter Marcuse/Wolfgang Schumann, "Housing in the colours of the GDR," 92.

100 동독에서 주택생산과 할당이 분리된 것은 두 가지 상황에서 비롯되고 있었다.
    먼저 사회주의의 이데올로기는 모든 사회구성원의 기본적인 필요를 보장하도록
    하고 있었다. 이 경우 생산될 필요가 있는 주택의 수는 단순히 인구수와 인구
    구성에 의해 결정되었고, 누가 구체적으로 미래의 수혜자가 될지는 고려되지

않았다. 주택생산이 이루어지기 이전에 누가 주택수요자가 될지에 대한 결정이
대략 이루어질 필요가 있는 자본주의 체제에서와는 현저히 다른 방식이었던
셈이다. 두 번째로 생산과 할당을 분리하여 중앙정부의 지배를 강화하고자 했다.
당 지도부에 의한 중앙 계획 경제의 통제는 1989년까지 절대적인 것이었다.
주요한 경제적 과제는 동시에 주요한 정치적 과제였다. 얼마나 많은 주택이
어떤 규모로, 어떤 방식으로, 누구에 의해, 어떤 과정을 통해 지어질지는
모두 중앙정부가 결정할 과제였고, 지역에서는 단지 누구에게 이 주택이 할당될
지만을 결정할 수 있었다. 지역에서 특정 주택이 한 개인에게서 다른 개인에게로
이전되는 것을 결정할 수는 있었지만, 전체적인 주거의 형태는 지방정부의
관할 하에 있지 않았다. 즉, 경제적 권력은 중앙정부의 것이고, 사회적인 우려는
지방정부의 우려로 남는 것이 동독의 정치 구조의 특징이었던 셈이다. 물론, 이
중앙권력 통제는 말처럼 일사불란하고 분명하지 않았다. 국가는 지방행정당국과
중앙의 각 부처로 구성되어 있었으며, 중앙의 각 부처가 서로 충돌하는 요구들을
지방행정당국에 제시하는 경우도 많아서 다양한 혼란이 존재할 수밖에 없었다.

101 Wilhelm Hinrichs, *Wohnungsversorgung in der ehemaligen DDR –
   Verteilungskriterien und Zugangswege*, 21.
   https://bibliothek.wzb.eu/pdf/1992/p92-105.pdf

102 Eli Rubin, "Amnesiopolis," 368.

103 Alice Kahl, "Housing and the Quality of Urban Living," 140.

104 Alice Kahl, "Housing and the Quality of Urban Living," 143.

105 Mary Fulbrook, *The peoples' state East German society from Hitler to
   Honecker*, 53.

106 Mary Fulbrook, *The peoples' state East German society from Hitler to
   Honecker*, 56.

107 Thomas Topfstedt, "Wohnen und Städtebau in der DDR," 422.

108 Marlies Schulz, "Wohnen und Fertilitätsverhalten in der DDR," 124.

109 Gunnar Winkler(Hg.), *Frauenreport 90*(Verlag die Wirtschaft Berlin, 1990), 125.
   https://deutsche-einheit-1990.de/wp-content/uploads/Frauenreport90_web.pdf

110 "Glücklich in der Platte," *Spiegel*(24).
   https://www.spiegel.de/geschichte/plattenbau-in-der-ddr-a-971320.html

111 Wolfgang Kiehle, "Wohnungspolitik," in: Uwe Andersen/Wichard Woyke (ed.),
   Handwörterbuch des politischen Systems der Bundesrepublik Deutschland
   (Springer, 2013).
   https://www.bpb.de/nachschlagen/lexika/handwoerterbuch-politisches-

system/202215/wohnungspolitik

112 Hartmut Häussermann, "Von der Stadt im Sozialismus zur Stadt im Kapitalismus," 24.

113 통일 이후 동독 부동산 처리 원칙에 대한 연구로는 다음을 참조할 것. 한정희, "구 동독 지역 몰수부동산의 처리원칙 및 실태," 『EU학 연구』 11권 1호(2006), 41-72.

114 "Alte Rechte, neues Unrecht," *Spiegel*(27/1992). https://www.spiegel.de/wirtschaft/alte-rechte-neues-unrecht-a-210e3744-0002-0001-0000-000013689057

115 Alice Kahl, "Housing and the Quality of Urban Living," 140.

116 "Alte Rechte, neues Unrecht," *Spiegel*(27/1992). https://www.spiegel.de/wirtschaft/alte-rechte-neues-unrecht-a-210e3744-0002-0001-0000-000013689057

117 Hartmut Häussermann, "Von der Stadt im Sozialismus zur Stadt im Kapitalismus," 21. 동독은 1952년 전통적으로 독일에 존재했던 행정단위인 연방주를 해체하고 15개의 도Bezirk를 만들었으며, 그 아래 크라이스Kreis와 게마인데Gemeinde를 두었다.

118 Hartmut Häussermann, "Von der Stadt im Sozialismus zur Stadt im Kapitalismus," 22에서 재인용.

119 류신, "북해로 가는길-잉고 슐체의 소설 『심플 스토리즈』에 나타난 통일 이후 동독인의 삶의 편력," 『독일언어문학』 37권(2007), 151에서 재인용.

제 4 부

'주택공익성' 對 소유권

서독 시기(1949~)

2차 대전 발발 전인 1935년에 이미 150만 호의 주택이 부족했던 가운데 2차 대전을 거치며 서독 주택 가운데 1/4이 완전히 붕괴하거나 심각한 손상을 입었으며, 나머지 1/4도 일정하게 손상되었다.[1] 전쟁 직후 주택 자체가 부족했을 뿐만 아니라 주택에 대한 수요도 급증했다. 925만 명에 달하는 추방민과 피난민이 있었으며 전쟁 이후 결혼이 급증하면서 120만 호의 추가적인 가구 수요가 발생했다.[2] 따라서 1945년부터 1950년 사이에 100만 호가 재건되거나 건설되었다지만, 1950년 신생 독일연방공화국에는 여전히 주택 480만 호가 부족한 상태였던 것으로 추산된다.[3]

전후 주택 문제가 "국가의 가장 중요한 사회, 경제, 정치적 활동 영역 가운데 하나"였다거나[4] 혹은 "가장 긴박한 사회정치적 과제들에 속했다"[5]는 현대사가들의 판단에 어떠한 과장도 없었다고 볼 수 있을 것이다. 이러한 상황에 직면하여 초대 총리 아데나워는 연방주택 건설부Bundeswohnungsbauministerium를 신설함으로써 서독의 사회국가가 주택 마련을 얼마나 중시하는지 보여주었다.

1950년대 서독은 주택관리의 측면에서 임대료를 동결시키고 세입자의 퇴거를 거의 불가능하게 했던 바이마르 시기의 '주택강제경제'를 지속시켰고, 주택 건설의 측면에서는 장기적으로 일반주택으로 전환되도록 디자인된 사회주택 건설에 주력했다. 절대적인 주택 부족으로 인해 신속하게 제정된 1950년 3월의 1차 주택법에 따라 1956년까지 "공적인 지원을 받는 사회주택" 360만 호가 건설되었다.[6]

이처럼 활발한 사회주택 건설과 '주택강제경제' 정책 유지로 특징지어지던 1950년대를 지나고, 1960년부터는 당시 주택부 장관이던 파울 뤼케Paul Lücke의 이름을 딴 '뤼케 계획Lücke-Plan'을 통해 임대료에 대한 규제를 점진적으로 철폐했다. 이로 인해 1960년대는 임대료 폭등과 투기 논란으로 점철되었다. 이러한 주거불안정을 배경으로 등장한 사민-자민당 정권은 1969년부터 1982년까지 지속되었다. 한편으로 1971년과 1974년 임차인보호법을 통해 원래 의도보다 오래 지속되기는 했어도 한시적 조치에 불과한 것으로 여겨지던 임대차보호와 임대료에 대한 정부 개입을 항구적인 법적조치로 만들어내는 데 어렵사리 성공했다. 그러나 다른 한편으로 "계획초과이득세Planungswertausgleich" 등 임대 계약에 대한 개입을 넘어서는 개혁안들은 모두 의회의 문턱을 넘어서는 데 실패함으로써 주택 문제에 대한 정부개입을 정당화하기가 얼마나 우려운지를 극명하게 보여주었다. 1982년 13년만에 재집권에 성공하여 1998년까지 지속된 기민-자민당 정부의 경우 주택 문제를 시장에서 해결해야 한다는 입장을 고수하였고, 이에 따라 1990년부터는 사회주택 건설의 주된 주체이던 공익기업에 대한 보호를 철폐할 것을 결정하는 등 주택 문제를 시장에 맡기는 방향으로 거침없이 나아갔다.

각각 주택 관리와 주택 건설 부문에서 서독 사회가 안고 있던 빈틈에서 발생한 "귄터 카우쎈Günther Kaußen" 스캔들과 "노이에 하이마트Neue Heimat" 스캔들은 주택 부문에 대한 정부 개입을 둘러싸고 벌어진 격렬한 사회적 논쟁에서 시장자유주의자들 편으로 무게중심을 옮기는데 큰 기여를 한 사건들이었다.

1장

"목적없는 소유욕"의 귄터 카우센Günther Kaußen 스캔들과 '주택강제경제'

인간 귄터 카우센

1928년생인 귄터 카우센은 철학, 심리학, 독문학을 공부한, 소위 '인문학적 소양'이 넘치는 인물이었다. 부모가 사망한 후에는 생계를 위해 경영학으로 전공을 바꾸었고, 당대의 걸출한 경영학자이던 에리히 구텐베르크Erich Gutenberg 교수의 연구 그룹에서 조교를 지내기도 했다. 독일 경영학계의 거두이던 구텐베르크의 회고에 따르면 카우센은 "매우 지적이고 명징한 두뇌를 갖고 있었고, 매우 정확했으며, 단단한 에너지"를 가지고 있어 "가장 뛰어난 학생임을 모두가 인정했"던[7] 인물이었다.

"교회의 생쥐처럼 가난"하던[8] 그의 인생이 획기적으로 바

꿔게 된 것은 1957년, 한 친척으로부터 본Bonn 인근의 바트 고데스부르크Bad Godesberg에 있는 작은 집을 상속받게 되면서였다. 그의 나이 30세 때의 일이었다. 그는 이 집을 스스로 고쳐서 본의 이란 대사관 직원에게 세를 준 것을 시작으로 별다른 노력 없이 큰돈을 벌 수 있는 부동산 임대업의 세계에 발을 들이게 되었다. 4년 후 그가 학업을 중단했을 때 그는 이미 8채의 '구주택Altbauwohnung'을 소유한 상태였다. 매우 철두철미했던 그는 부동산 임대업과 관련된 서독법 체계의 허점을 꿰뚫고 있었으며, 경영학 전공자답게 채산성을 극대화할 수 있는 방법을 누구보다 잘 알고 있었다. 또한 이미 1968년 초기 컴퓨터 가운데 하나인 UNIVAC 9200을 임대업에 활용할 정도로 시대를 앞서 나간 인물이기도 했다.

이후 그는 쾰른에서 샌프란시스코에 이르는 여러 도시들에서 때로는 거리 전체, 때로는 어느 구역 전체를 사들이는 방식으로 부동산업계의 거물로 떠올랐다. 그는 소유권과 거주권 사이의 갈등 가운데서 어정쩡하게 서 있던 독일 주택정책의 허점을 파고들었다. 임대료 동결 조치로 인하여 구도심의 주택가격이 가치에 비해 매우 저평가되고 있는 현실을 냉철하게 바라보았고, 자본주의 경제 하에서 주택시장이 자유화될 수밖에 없다는 미래의 방향성에 대해서도 분명한 판단을 내리고 있었다. 카우센에게 있어 이 현실 가치와 미래 가치 간의 차이는 '이윤'을 의미했다.

슈피겔이 수차례에 걸쳐서 카우센 특집 기사를 작성했고, 공영방송인 서부독일방송Westdeutscher Rundfunk, WDR이 헬리콥터를 띄워서 옥상에서 감자와 토마토를 기르는 그를 촬영한 끝에 "귄터 카우센을... 찾아나서다"라는 다큐멘터리를 제작할 정도로 언론의 관심을 받던 그였지만, 어떠한 인터뷰도 남기지 않을 정도로 철저히 은둔자의 자세로 살았다. 그와 가장 빈번히 교류했던 '프랑크푸르트 모기지 은행Frankfurter Hypothekenbank, FHB'의 대변인은 그가 "천재와 광기의 경계에서 살았다."고 표현하기도 했다.[9] 그는 당시 50~60페니히에 불과하던 은행의 이체 수수료를 내지 않기 위해 인편으로 우체국 수표를 이용하곤 했으며, 몇 리터의 커피와 다섯 갑의 담배를 태우면서 밤새 사무실에서 일하곤 했던 인물이었다. 그의 직원들은 타이핑을 하면 그 자체로 완벽한 문장일 그리스 철학, 경제, 정당, 그리고 전쟁에 대한 그의 독백을 몇 시간이나 견뎌내야 할 때도 많았다고 한다. 존중받지 못했던 것은 전직 교사이던 동거인의 경우에도 마찬가지여서 "독일에서 가장 멍청한 교사"라는 말을 들어야 했다. 그는 부에 따르는 책임을 몰랐고, 심지와 그 부와 자기 자신의 소비를 연결시킬 줄도 몰랐다. 늘 검소했고, 유럽인들의 생활에 필수인 휴가 여행도 가지 않았으며, 동반자와의 사이에 네 명의 딸을 낳았지만 결혼 자체는 거부하고 있었다.

그는 철저히 부 자체를 위해 부를 축적한 독일판 스크루지였다. 한때 그는 캘리포니아에 수천 채, 독일에 16,000~20,000

채에 달하는 주택을 소유하여 독일 최고 부자 가운데 한 명으로 떠올랐지만, 종국에는 1억 3,300만 달러에 달하는 부채를 남기고 1985년 유서도 남기지 않은 채 사망하였다.[10] 그가 자살로 생을 마감한 후 한 신문에 따르면 "그의 죽음에 누구도 눈물 한 방울 흘리지 않았다." "목적 없는 소유욕Habsucht ohne Ziel"이라는 '쥐트도이체 차이퉁Süddeutsche Zeitung'의 기사는 그의 인생 전체를 요약 정리하는 말로 손색이 없어 보인다. 카우센이 써나간 인생 드라마를 가능케 했던 것은 전후 서독의 '주택강제경제' 정책이었다.

임대업자 귄터 카우센

"구주택황제Altbaukönig",[11] "임대 상어Miethai", "독일 사회를 급진 좌파보다도 더 흔들어댄"[12] 이라는 수식어가 따라다니는 임대업자 카우센의 수익모델은 단순했다. 그는 먼저 대규모로 임대주택들을 사들였다. 모두가 교외의 정원 있는 집을 꿈꾸던 시절 그가 주목했던 것은 주로 구도심에 있는 낡은 주택들이었다. 루어Ruhr 공업지대의 광산업에서 손을 떼고자 했던 철강기업 크룹Krupp사 사택의 경우 4,000채를 한꺼번에 사들여서 임대료를 두 배로 올리기도 했다. 그런가 하면 주택 개보수 등 신규 투자는 전혀 하지 않았다. 크룹 사의 경우 사택 관리를 위해 수십 명의 관리 요원을 고용했으나, 카우센은 당시로서는 희귀하던 컴퓨터의 도움으로 10명 미만의 직원으로 동일한 규모의 주택을 관리했다. 이처럼 임대주택을 대규모로 구매하면서도 비용이 수반되는 관리는 전혀 하지 않아 카우센 소유 주택들이 붕괴 직전에 이르는 일도 다반사였다.

그의 주택소유욕은 끝을 몰랐다. 저평가된 임대주택들을 대규모로 구매한 후 허위서류로 주택의 가치를 높게 책정해서 과도한 은행 대출을 받고 이 돈으로 다시금 주택들을 사냥하듯 사들였다. 예컨대 그가 1963년 125,000마르크로 사들인 쾰른의 한 구주택의 경우 연간 실제 임대 수익이 15,532마르크였지만 임대 수익이 34,517마르크인 것으로 허위 신고하여 열흘 후 한 모기지 은행에서 200,000마르크를 대출받았다. 즉, 그는 자신의 돈을 전혀 쓰지 않은 채 집 한 채와 더불어 75,000마르크의 현금을 손에 쥐었던 것이다.[13]

물론 이러한 처신에 대해서 독일 사회는 여러 가지 방식으로 대응에 나섰다. 여러 세입자들이 소송을 걸었고 재판에 져서 수 차례에 걸쳐 손해배상을 해야만 했다. 세입자 두 사람에게 집 앞에서 폭행을 당한 적도 있었다. 주택을 불법적으로 비워둔 결과 당시 흔한 사회현상이기도 하던 주택점거 Hausbesetzung를 당했는가 하면 지자체로부터 엄청난 벌금을 징수당하기도 했다. 좌파 극단주의자들이 자본주의적인 부동산 임대업의 상징이던 그의 집에 폭탄테러를 가한 적도 있었다.

"혁명분파Revolutionäre Zellen"들은 "카우센 같은 자가 침대에서 평화롭게 죽는다면 치욕이다"라는 플래카드로 협박하기도 했다.[14]

그러나 이러한 조치들로 인해 타격을 입기에 그의 왕국은 너무 광대했고 너무 견고했다. 카우센에 대한 불만이 높았으나 그를 처벌하거나 금지할 법적인 근거는 없었다. 따라서 그에 대한 정부 제재에 수년이 소요될 수밖에 없었다.

1974년 5년간의 조사 끝에 건축가의 과장된 소견서 및 거짓으로 부풀려진 임대료에 근거하여 과도한 은행 대출을 받은 혐의로 기소되기도 하였지만, 1976년에 1심 법원이, 그리고 1978년에 2심 법원이 이를 기각했다. 카우센의 자산이 부풀려졌건 아니건 간에 누구도 구체적인 손실을 보지 않았다는 것이 그 이유였다. 결과적으로 카우센이 제시한 담보가 설령 불충분했다 하더라도, 카우센의 다른 자산을 통해서 은행의 손실을 메꿀 수 있었으리라는 것이 법원의 판단이기도 했다. 카우센 측에 따르면 초과대출Überfinanzierungen은 속임수가 아니라 매우 흔한 관행일 뿐이었다. 실제로 그에 대한 재판이 진행되는 사이 카우센 소유 임대주택의 임대료는 그가 모기지 은행 측에 적어낸 금액 수준으로 인상되기도 했다.[15]

카우센은 자신이 합법적인 방식으로 사업을 하고 있다고 생각했고, 이는 어느 정도 사실이기도 했다. 문제는 카우센의 치부를 가능케 한 독일 주택 관련 법체계 자체였다.

독일 '주택강제경제'

1950, 60년대 독일에 카우센의 사냥감이 된 저렴한 '구주택'이 그토록 많았던 이유는 무엇이었을까? 구주택Altbauwohnung의 임대료 및 구주택 자체의 가격이 그토록 낮았던 것은 1차대전 시기에 도입된 이래 지속된 주택강제정책Wohnungszwangswirtschaft 탓이었다. 1차 대전 시 군인 가족을 보호하기 위해 도입된 이 조치는 엄청난 주거난으로 인해 2차 대전 이후에도 유지되었다. 임대인이 주거난을 투기적인 목표로 활용할 가능성을 없애기 위해서였다. 1946년 군정법 18조에 따라 '주택강제경제' 정책이 지속될 것이 선언되었다. 이에 따르면 임대료는 동결되었고, 지방행정당국이 주거공간을 파악하고 주거 이외의 용도로 전용을 금지할 권한을 갖게 되었으며, 계약 해지나 이사는 지역 주택청Wohnungsamt의 동의가 필요했다. 이로써 주택 부문에서 시장이 작동할 여지가 거의 사라지게 된 셈이었다.

　전후 재건이 시급한 상황에서 서독 사회는 이러한 조건을 지속하기로 결정했다. 1948년 화폐개혁 이전에 건설된 구주택의 경우 "기준 임대료Richtsatzmiete"가 존재했다. 임대주택의 매매가가 연간임대료 수익의 10배 정도로 추산되었던 만큼, 임대료 동결은 구주택 가격을 전반적으로 낮추는 결과도 수반하고 있었다. 구주택의 낮은 임대료가 전후 신축주택들의 임대료를 낮추는 데에도 기여했음은 말할 나위도 없다.

1950년부터 1962년 사이 주택 임대료가 생활비에서 차지하는 비율은 평균 10%대였다. 이처럼 낮은 주거비용으로 인해 임금 수준이 안정적으로 유지될 수 있었고, 이에 더해 소비 여력을 갖게 됨으로써 라인강의 기적으로 상징되는 경제 부흥에 무시할 수 없는 영향을 끼치게 되었음은 물론이다.[16] 결국 이 주택 강제조치의 수혜자는 임차인뿐만 아니라 독일 경제 전체였다고 볼 수 있을 것이다.

이처럼 '주택강제경제'로 인해 선진 산업국가인 서독의 경제력에 걸맞지 않게 저렴한 주택시장이 존재했던 것이다. 이 '주택강제경제' 체제가 공고하게 존재했다면 카우센이 아무리 치부에 능하다고 해도 수익을 내기가 쉽지 않았을 것이다. 문제는 그가 부동산임대업자로 활발히 활동하던 1960년대가 이 '주택강제경제'가 점차 사라지던 이행기였던 사실이다. 카우센은 주택부문에 통제와 자유화와 공존하고 있던 이 시기의 특징을 잘 활용할 줄 아는 인물이었다.

생전에 인터뷰를 전혀 남기지 않았기 때문에, 카우센이 자신의 비즈니스에 대해 어떤 철학을 갖고 있었는지는 드문 에피소드를 통해 파악할 수 있을 뿐이다. 그의 세입자 가운데 한 명이 분노를 표출하기 위해 수개월에 걸친 시도 끝에 결국 카우센을 개인적으로 만났을 때, 카우센은 "한 시간 동안 너무나도 낮은 임대료와 임박한 사회주의의 위험성에 대해 논구했다 philosophisieren"고 한다.[17] 카우센은 엄청난 규모로 이루어진 그의 임대사업이 이 "너무나도 낮은 임대료" 덕분이기도 했다는 사실에 대해서는 눈을 감고 있었던 듯하다.

카우센을 보호한 법들

카우센이 그의 제국을 구축할 수 있었던 것은 '주택강제경제' 정책 이외에도 그에게 유리한 부동산 관련 법 제도 탓이었다. 먼저, 임대업이 독일사회에서 가지던 독특한 지위가 큰 역할을 하고 있었다. 독일사회에서 임대업은 영업활동이 아니라 재산관리Vermögensverwaltung로 여겨지고 있었기 때문에, 영업세Gewerbesteuer 과세 대상이 아니었다. 노점상마저도 영업세를 납부해야했지만 엄청난 부를 축적한 부동산업자Grundeigentümer 카우센은 개인임대인Privatvermieter으로 간주되었기 때문에 영업세를 회피할 수 있었다.

두 번째로 카우센의 이익을 보호해준 중요한 법은 소득세법상의 의무 보유기한이었다. 당시 독일의 소득세법Einkommenssteuergesetz에 따르면 개인 임대인의 경우 2년 이상 보유한 부동산을 매각할 때 생기는 토지 판매 이득에 대해 세금을 낼 필요가 없었다. 이러한 허점은 카우센이 활동하던 당시에도 널리 인식되고 있었다. 토지소유주의 이익이 사회로 환원될 수 있는 손쉬운 길로서 무엇보다 소득세법 투기 시효를 변화시키는 것이 꼽히고 있었다. 간단하게 말하자면 의무 보유 기한을 2년보다 늘려서 과세의 대상 범위를 넓히자는 것이었다. 이 점에 있어서는 사민당 뿐만 아니라 당시 야당이던 기민련도 동의해서 이 기한을 10년으로 연장하고자 했고, 이 법을 "반투기법 Antispekulationsgesetz"으로 명명하기도 했다. 그러나 이러한 논의에도 불구하고 부동산 투기에 대한 비판적인 분위기가 만연하던 1970년에도 소득세법 개정이 이루어지지 못했다. 이 기한은 1999년에야 10년으로 상향 조정됨으로써 주택 매매에 대한 의미있는 과세를 할 수 있게 되었다.

　　세 번째로 부동산에 대한 평가가 제대로 이루어지지 않았던 점을 들 수 있다. 당시 부동산소유주들의 토지자산 평가는 현 시가를 반영하지 않고 있었고, 따라서 납세자의 개인별 과세 능력을 정확히 반영하지 못하는 상황이었다. 부동산 가치에 대한 평가가 제대로 이루어지고 그에 따라 매년 징수되는 보유세가 있었다면 카우센이 혹자는 10만 채라고도 하던 그 많은 주택을 소유하고자 하지 않았을 것이다.

　　독일 정부는 왜 엄청난 세금원을 포기하면서까지 부동산으로 인해 이익을 얻고 있던 다수 시민들에게 과세하는 길을 택하지 않았을까? 부동산 자산 가치에 대한 정확한 평가를 매년 실시하자는 아이디어는 바이마르 시기부터 있었고 실제로 바이마르 시기에 이를 제도화하기도 했었다. 그러나 1931년 브뤼닝 정부가 들어선 이후 이 평가 기간을 6년으로 미루었고,[18]

나치의 경우 1935년 1월 1일을 기준일로 삼아 딱 한 번 포괄적인 부동산 평가를 실시했을 뿐이었다.

그 후 전쟁, 군정, 분단 등을 거치며 부동산 평가가 이루어지지 못했다가, 1964년 1월 1일을 기준일로 하여 30년 만에 이루어지게 되었다. 그러나 실제로는 1965년부터 1969년 사이에 느슨하게 이루어졌고, 이에 근거한 과세는 1974년에야 이루어질 수 있었다. 따라서 10년 전의 부동산 평가에 근거한 과세가 이루어지는 상황이 된 셈이었다. 그나마도 1970년 법이 개정되면서 6년마다 이루어지기로 했던 재평가가 무기한 연기된 결과 1964년의 토지 평가 가치가 무려 2015년까지 유효했다. 물론 1964년의 평가 가치가 그대로 반영된 것이 아니라 이 가치에 일정 비율을 곱하는 방식이기는 했지만,[19] 독일 정부가 부동산에 대한 정확한 평가를 하는데 얼마나 소극적이었는지를 뚜렷하게 보여주는 사례임은 분명하다. 사민당 집권 초인 1971년 토지재산에 대한 정확한 평가를 시도한 적도 있었지만 구체적인 평가 방식을 둘러싼 논란 끝에 좌초되었다.[20]

결국, 부동산소유주들에 대한 과세는 소득 및 재산 상태를 제대로 반영하지 못한 채로 이루어졌기 때문에 독일 부동산소유주들이 세법상 특권적인 지위를 누리는 결과가 나타났다. 이처럼 부동산 자산이 다른 자산에 비해 과세상 저평가되는 문제는 헌법재판소에서도 논의되기도 했다. 헌재는 1976년과 1995년 두 차례에 걸쳐 유형자산Sachvermögen과 화폐자산

Geldvermögen 간의 불평등한 과세는 기본법의 평등 의무에서 위배된다고 결론지었다.

구체적으로 1995년 6월 헌재 판결의 경우 상속세를 내는 과정에서 자본자산의 경우에는 현재의 가치에 따라 세금을 내지만 토지자산의 경우 1964년 기준에 따라 세금을 내게 되는 상황이 기본법 평등 조항에 해당하는지가 주요 쟁점이었다. 이러한 격차는 기본법 평등에 위배되기 때문에 의회가 새로운 법을 제정하여 이러한 불평등 상황을 없애야 한다는 것이 헌재의 결론이었다.[21] 이 판결에 따라 후속 조치를 취해야 했던 연방의회는 토지자산에 대한 과세를 강화하는 방식이 아니라 재산세를 거의 없애고 상속세를 낮춤으로써 서로 다른 자산 유형 간의 평등을 구현는 방식으로 대응했다.

세수를 현저히 높일 수 있었음에도 불구하고 정부가 이를 외면했던 것은 느슨한 과세로 인해 부동산 소유자들만 이익을 보고 있었던 것이 아니라, 토지세가 주택의 관리비용으로서 결국 임대료에도 영향을 미쳐 임차인까지 함께 이익을 보고 있었기 때문이다. 부동산에 대해 철저히 과세하지 않아 임대료가 낮아진 점을 고려할 때, 서독의 임대료 역시 동독의 임대료와 마찬가지로 어느 정도 "정치적"인 가격이었다고 볼 수 있을 것이다.

카우센 제국의 붕괴

카우센의 제국은 독일과 미국으로 나뉘어 있었다. 미국 시장에서도 그는 값싼 구주택을 구매해서 이 주택을 담보로 대출을 받아 또다시 주택을 구매하는 방식으로 영업을 했다. 그의 영업 방식은 독일보다도 훨씬 시장 자유주의를 중시하던 미국인들에게도 놀라운 방식이었다. "슬럼 지주Slumlord"로 불리던 그는 임대주택을 구매하자마자 임대료를 가능한 최고 수준으로 끌어올렸고, 그것도 경우에 따라서는 6개월마다 인상하겠다고 선언하기조차 했다. 물론 독일에서와 마찬가지로 주택의 개보수를 위한 투자는 전혀 하지 않았다. 임차인이 임대료를 내지 못할 경우 즉각 몰아냈는데 이후 새로운 세입자를 찾지 못해 샌프란시스코의 카우센 소유 주택 1/5이 빈집이 되는 경우도 있었다.

결국, 카우센 제국의 붕괴는 미국에서부터 시작되었다. 1980년대 초 카우센이 주택을 다량 보유하던 샌프란시스코, 애틀랜타 등에서 경기가 악화됨에 따라 주택가격이 폭락하고 주택 수요가 감소하게 되었다. 이에 더해 은행 이자율은 14%까지 치솟았고, 미국 은행들이 대출금을 갚을 것을 요구하기 시작했다. 그가 소유한 독일 주택의 임대료로는 감당할 수 없는 금액이었다.

카우센 제국의 독일영토에서는 더 엄청난 난관이 기다

리고 있었다. 카우센의 부동산임대업이 세금이 면제되는 자산관리에 속할 것인지 영업세를 내야 하는 영업활동에 속할 것인지의 문제가 독일의 최고 조세법정인 "연방조세법원 Bundesfinanzhof"에서 논의되기 시작한 지 꼭 10년만인 1981년, 최종 결정이 내려졌다. 카우센이 개인인 자산관리인이 아니라 사업자라는 것이었다.[22]

이 판결은 카우센 제국의 문을 닫는데 결정타가 되었다. 그가 개인 자산의 임대로부터 개인적인 수익을 올리고 있을 뿐이라는 주장이 20년간 수용되고 있었던 사실이 임대업자로서 그가 수익을 올리는 주된 근거였던 탓이었다. 앞서 언급된 바와 같이 사업자가 아닌 일반인으로서 그는 영업세Gewerbesteuer를 낼 필요가 없었고, 2년간 주택을 보유하다 판매하면 투기가 아닌 것으로 간주되어 전혀 세금을 낼 필요가 없었다. 또한 그는 소득세법 82조 1항에 따라서 1948년 화폐개혁 이전에 지어진 '구주택'을 소유한 개인으로서 욕실, 화장실, 주방, 난방, 엘리베이터 수리 비용을 10년에 걸쳐서 감면받을 수 있었다. 또한 그가 일반인으로 간주되었기 때문에 은행에서 대출 신고서를 잘못 혹은 불완전하게 신고했을 시에 3년 이하의 징역이나 금고형에 처해지는 것을 면제받을 수 있었다. 이 모든 우호적인 조건이 일거에 사라지게 된 것이다.

상황을 더 어렵게 만든 것은 이 판결로 인해 그가 임대업자로 활동하기 시작한 1950년대 말부터 납부하지 않았던 세금을 모두 소급해서 납부하게 되었다는 사실이었다. 엎친 데 덮친 격으로 그가 임대주택을 주로 소유하고 있던 베를린, 함부르크, 라인란트, 루어 지역 등에서 부동산 가격이 폭락하기 시작했다.

이러한 상황에서 카우센의 제국에 속했던 붕괴 직전의 임대주택들이 높은 가격으로 판매할 수 있는 상태에 있지 않았음은 말할 나위도 없다. 무엇보다도 그가 말년에 소유하던 주택들은 매우 낡아 거주가 불가능한 상태에 놓인 경우가 많았다. 좋은 위치에 있는 좋은 주택들은 세제 혜택을 받고 개조해 이미 판매한 상태였다.

그가 주택을 매매하고자 하더라도 여러 가지 기술적인 문제들이 있었다. 그가 거래한 은행이 120개가 넘었고, 어느 주택이 어느 은행에서 몇 번에 걸친 담보대출을 받았는지를 파악하기가 어려운 상태였다. 심지어 그가 몇 채의 주택을 소유하고 있는지도 정확히 밝혀지지 않았다. 1981년부터 쾰른의 세무서에서 두 명의 전담 담당관이 있었지만 그가 사망한 후까지도 여전히 그의 재산에 대해 과세를 하지 못하고 있었다. 카우센이 스스로 고안한 비공식적인 방식으로 회계를 관리했기 때문이었다.[23]

2장

'주택강제경제'의
철폐와 임대법

'주택강제경제'와 임대인 단체

카우센이 임대업자로서 본격적으로 활동하는 동안 '주택강제 경제'를 둘러싼 사회적 갈등은 점차 심화되었다. 누구보다도 주택 소유자들이 목소리를 높였다. 경기가 좋아질수록 부동산 소유자 단체들의 압력도 커져갔다. 예컨대 1960년 3월 5일 노르트라인-베스트팔렌 지역 주택 소유자 23,000명이 특별 전세 열차를 동원하여 참여한 대규모 집회가 열렸다. 1960년 1월 주택소유자단체 노르트라인 베스트팔렌 지부 회원은 70,038명 이었다.[24] 따라서 23,000명은 이 지역 단체 회원 1/3에 달하는 숫자였다. 특별열차를 타기 위해 플랫폼을 가득 메운 인파는 이 문제가 당시 어떤 정치적인 파괴력을 가진 주제였는지를 여실히 보여주고 있었다. 이 협회에서는 1960년 7월 1일부터는 임대료에 대한 규제와 주택 관리에 대한 정부 개입을 철회할 것을 주장했다. 이에 더해 구주택의 개보수를 지원할 것, 기본 임대료Grundmiete를 38%까지 인상할 것, 임대차보호법 개정을 포기할 것, 그리고 1963년 초까지는 주택 부문에 대한 모든 강제 규정들을 무효화할 것을 요구했다.[25]

이 주택 소유자 단체는 1949년 서독 건국 이래 1969년까지 20년간 여당 자리를 놓지 않던 기민련Christliche Demokratische Partei, CDU과 긴밀한 관계를 맺고 있었다. 예컨대 1965년 노르트라인-베스트팔렌 한 지역의회 선거에서 기민련 선거운동 비용에 필요한 40,000마르크 대부분을 주택 소유자 단체에서 제공했다.[26] 이 단체의 사무총장Verbandsgeschäftsführer이자 단체가 후원하고자 한 후보인 칼 헤스베르크Carl Hesberg는 연방의회 내 '주택과 공간을 위한 소위원회Bundestagsausschuss für Wohnungswesen und raumordnung'의 위원장이기도 했다. 단체 결성 50주년이던 1965년의 행사에는 당시 총리이던 루드비히 에어하르트Ludwig Erhard가 축전을 보냈는가 하면 주택부장관이던 파울 뤼케Paul Lücke의 경우 이 행사에 직접 참석하여 연설하기도 했다. "2000년대의 도시에 소유권이 남아있을지"라는 뤼케를 향한 질문은 그 자체로 당시 주택소유자들이 가졌던 우려가 어느 정도였을지를 가늠케 한다. 이에 대해 뤼케는 "자유로운 사회가 자유로

운 상태로 남아있기 위해 소유권을 필요로 한다."고 답하기도 했다.[27]

점차 빌헬름 뢰프케Wilhelm Röpke, 알프레드 뮐러-아르막Alfred Müller-Armack 등 사회적 시장경제의 주창자들, 그리고 당시 경제부 장관이던 루드비히 헤어하르트 역시도 주택시장에 대한 인위적인 개입이 가지는 문제점들을 지적하기에 이르렀다.[28] 잘 작동하는 가격 체계의 형성이 경제정책의 핵심이며 임대주택의 가격 역시도 예외일 수 없다는 것이었다. 어떤 형태이건 임대료 형성에 대한 정부 개입은 임대주택 건설에 대한 민간 투자에 부정적인 영향을 미치게 되며, 임대료 동결로 인해 가구의 이동이 일어나지 않게 되면 수요를 충족시키기가 더 어려워지게 된다는 것이 '주택강제경제' 철폐를 주장하는 측의 주된 논거였다.

뤼케 계획Lücke-Plan

파울 뤼케는 여러모로 신생 "독일연방공화국"을 상징하는 인물이었다. 2차 대전 당시 레지스탕스의 공격으로 한쪽 다리를 잃은 나치 국방군의 장교였던 그는 전후 고향에서 가톨릭 청년 단체를 조직하여 지역 기민련 창당을 주도하였다. 1949년 연방의회 초기부터 1972년까지 23년간 연방의회 의원이었으며, 연방위원회의 '재건 및 주택 분야Ausschuss für Wiederaufbau und Wohnungswesen' 위원장을 지냈다. 그런가 하면 아데나워, 에어하르트, 키징어 등 기민련 출신 세 총리의 내각에서 주택 건설부 장관, 내무부 장관을 역임하는 등 입법부와 행정부를 종횡무진 누빈 대표적인 기민련 정치가였다. 뤼케는 '주택강제경제Wohnungszwangswirtschaft' 철폐, 사회적인 임대 및 주거권 법안 입안, 그리고 주거보조금 제도를 도입함으로써 서독인들의 일상생활에 넓고 깊은 영향을 미쳤다.

특히 그가 주택건설부 장관[29]으로 재직하던 1960년에 제정된 "'주택강제경제' 철폐와 사회적 임대권 및 주거권에 대한 법Gesetz über den Abbau der Wohnungszwangswirtschaft und über ein soziales Miet- und Wohnrecht"의 파장은 엄청난 것이었다. 일반인들이 '뤼케 계획'으로 부르던 이 법안은 구주택을 대상으로 하던 임대료 규제 철폐를 주된 내용으로 하고 있었다. 주택부문이 "자유로운 시장경제에서 하나의 섬"으로 남았으며 주택 부문에 대한 통제를 "내던져야 한다"는 것이 뤼케의 입장이었다.[30] "임대료가 자유로운 시장경제를 통해 결정되는 것이 바람직하다는 입장이던 뤼케가 중시했던 것은 구주택의 채산성 문제였다. 낮은 임대료로 인해 주택 개보수비용이 마련되지 못하면 주거 여건이 더 악화될 것이라 전망한 그는 가능한 빨리 구주택 개보수비용이 조달될 수 있도록 임대료 인상을 가능케 해야 한다고 주장했다.

또한 구주택의 임대료 규제가 지속될 경우 실제 필요보다 큰 주택의 임차인들이 부분 임대를 함으로써 결국 주택 소유자가 아니라 임차인이 이익을 보는 불합리가 발생한다는 점을 지적했다. 물론 임대료 인상의 영향을 받게 될 소득 하위 계층이 어려움을 겪게 되리라는 것은 분명했으나, 규제를 풀지 않으면 암거래 시장이 형성되어 결국 소득 하위 계층이 손해를 보게 되는 엄연한 경제적 현실도 존재한다는 입장이기도 했다.

결국 임대료가 인상되어야 하고 주거공간에 대한 정부 차원의 개입이 사라져야 한다는 사회적 합의가 형성되어 갔다. 아데나워 정권의 2인자로서 기본적으로 시장에 대한 국가규제를 최소화해야 한다는 입장이던 경제부장관 루드비히 에어하르트Ludwig Erhard도 가장 크고 중요한 시장이던 주택시장에 경쟁체제를 도입하는 것이 시급한 과제라는 입장이었다.[31] 사민당 역시 뚜렷한 대안을 갖고 있지 않았으며, 연방주 정부들은 처음부터 중앙정부의 개입보다는 시장을 통한 주택 문제 해결을 원하고 있었다. 1960년대 경제가 급격히 성장하고 있었던 상황에서 주택 시장이 자유화될 경우 주택공급이 더 늘어나게 될 것으로 전망되고 있기도 했다.

이에 따라 실제로 쟁점이 되었던 것은 임대주택에 대한 '주택강제경제'의 철폐 그 자체가 아니라 탈규제의 시점과 방법에 대한 것뿐이었다. 임차인 단체에서 뤼케 법안에 대해 일관되게 반대했지만, 공익주택기업연합회Gesamtverband gemeinnütziger Wohnungsunternehmen나 독일 노총 역시도 기본 원칙 자체에 대해서는 찬성하고 있었다. 단지 전문가들이 주택시장의 수요 공급이 맞는 상태라고 간주하던 주택공실률 3% 미만인 지역의 경우 '주택강제경제'가 유지되어야 한다는 유보조건을 중시하고 있을 뿐이었다.

그 결과 뤼케 계획은 1960년에 법제화될 수 있었다. 실제 적용은 3년 후인 1963년부터 단계적으로 이루어졌다. 먼저 균형 잡힌 주택시장이 존재하는 것으로 간주될 수 있는 3% 규정을 충족시키는 지역, 즉 "시장이 작동 가능한marktreif" 지역의 경우에만 임대료 자유화가 이루어졌다. 이 기준에 따르면 1964년 여름까지 565개 독일 행정단위 가운데 462개가 이미 '주택강제경제'를 포기해도 좋은 '백색지구'에 속했다.[32] 1966년 1월 1일까지 임대주택에 대한 각종의 정부 통제를 없애도록 계획되었지만, 실제로는 1969년에 이르러서야 함부르크, 뮌헨, 베를린을 제외한 모든 도시와 지자체에서 주택시장의 탈규제에 도달하게 되었다. 그리고 서베를린이 마지막으로 백색 지구에 속하게 됨으로써 뤼케 계획이 최종적으로 실현된 것은 1988년 1월 1일이었다.[33]

뤼케 계획의 실현은 결국 임대료가 자유롭게 결정되고 임대차 보호도 제한된다는 의미였다. 이로 인해 임차인의 주거 여건이 악화될 것을 우려하여 민법에 사회조항Sozialklausel인 556 a항이 추가되었다.[34] 이 사회조항에 따르면 "임대인의 정당한 이해를 고려할지라도, 임대 계약의 종료가 임차인 혹은 그 가족에게 있어 정당화될 수 없는 어려움을 야기하는 경우 계약 해지에 맞설 수 있도록" 했으며, "적합한 대안적 주거 공간이 감당할 수 있는 조건으로 마련될 수 없는 것" 역시도 임대 계약의 종료에 맞설 수 있는 어려움으로 간주될 수 있었다.[35] 임대 계약 해지에 있어 임차인이 처한 상황에 대한 고려가 적은 한국에서라면 상상할 수 없는 정도로 임차인을 보호하는 조항이기는 했지만, 뤼케 법으로 인해 임차인의 주거 여건이 악화되는 현실을 피할 수 있게 해줄 정도일 수는 없었다.

뤼케 계획과 임대료 인상

모든 경제정책에 대한 평가가 그러하듯이, 뤼케 계획이 어떤 결과를 낳았는지에 대해서도 의견이 분분하다. 한편에서는 시장경제로의 이행이 순조롭게 진행되고 있다고 평가했고, 다른 한편에서는 무수한 임대 계약 해지와 가격 인상이 잇따르고 있다고 평가했다. 물론 뤼케와 정부 측에서는 부정적 평가의 근거로 제시되는 사례가 일부 예외에 불과한 것으로 판단하고 있었다.

　그러나 당시의 통계 자료를 보면 가파른 임대료 인상이 있었다는 것을 부정하기는 어려워 보인다. 1962년부터 1972년 사이 전체 생활비 인상폭은 37.9%였지만, 임대료 인상폭은 83.1%에 달했다. 구주택의 임대료는 이 기간에 두 배가 되었다.[36] 특히 노동자 가정에서 임대료가 차지하는 비율은 1950년 10.5%, 1968~1975년 사이에는 15~16%를 차지하게 되었다. 난방과 전기료가 대략 5% 내외였던 점을 생각할 때 전체 주거비는 20%를 넘어서고 있었던 셈이다.[37] 대도시를 중심으로 주거비 비중이 30~40%에 달하는 현재 독일의 상황에 비추어 볼 때 높다고 보기는 어려운 수치이지만 1950년부터 1962년 사이 주택 임대료가 생활비에서 차지하는 비율이 평균 10%대였던 점을 고려할 때 사회적으로 매우 심각한 문제로 인식되었으리라는 짐작이 가능하다.

1966년 주택부장관이던 자민당의 에발트 부허Ewald Bucher는 슈피겔과의 인터뷰에서 국민들이 임대료를 소득의 10%로 묶어 두려한다고 비판적으로 언급하면서 20% 정도를 임대료로 지불하는 것이 적합하다고 맞섰던 것은 이러한 맥락에서였다.[38]

이처럼 뤼케 계획으로 인한 사회적 갈등이 고조되자 기민련 정권에서는 뤼케 계획의 실현을 가능한 지연시키고자 했다. 뤼케 계획으로 인한 혼란이 1965년 연방의회 선거 일정과 겹치는 것에 대한 우려가 무엇보다 컸다. 따라서 특히 대도시 지역을 대상으로 하여 뤼케 계획의 실현을 미루려는 조치들이 취해지고 있었다. 그럼에도 불구하고 뤼케 계획으로 인한 임대료 인상과 그로 인한 주거불안정성이 장기적으로 1966년의 대연정을 넘어 1969년 사민당이 집권하게 되는 데 영향을 미쳤다는 것을 부인하기는 어렵다.

1969년에 이르면 독일의 거의 모든 지역이 '백색 지구'에 속하게 되었다. 그 결과 임대료 인상은 다시금 정치적인 중요성을 획득하기 시작했다. 임대료가 오르면 전체적인 물가 인상도 불가피했다. 보험료, 수리비, 수도세, 상하수도료 등 각종의 비용이 인상되고 있었다. 정부도 공무원의 임금을 인상할 수밖에 없었고, 따라서 각종 세금도 인상될 수밖에 없었다. 그리하여 1970년대 초에 들어서 임대료 문제는 사회정치적인 의제 가운데 1순위로 뛰어오르게 되었다. 급기야 독일노조는 1970년부터 다시금 임대료 동결을 주장하기에 이르렀다.

이처럼 뤼케 계획으로 인해 임대료가 대폭 인상되었음에도 불구하고 정작 주택시장 자유화의 목표, 즉 임대료를 높임으로써 민간 부문을 통해 주택 건설, 특히 임대주택 건설을 촉진하고자 했던 목표를 달성하지는 못했다. 건설업자의 입장에서 보자면 자본 비용, 건설 및 관리 비용도 인상되었기 때문에 임대주택을 건설하는 것으로는 충분한 채산성이 확보되지 않았던 것이다. 구체적으로 1955년에서 1965년 사이 사회주택 건설 비용이 평방미터당 304 마르크에서 752마르크로 인상된 바 있었다.[39] 그 결과 1가구 1주택의 형태로 계산할 때 1968년의 주택조사에 따르면 많게는 240만 호가 부족한 것으로 추산되기도 했다.[40] '임대료를 통제한다고 해서 단 한 채도 신축이 일어나지 않는다'는 것이 현재까지도 임대료 통제에 대한 강력한 반대 논거였지만, 반대로[41] 임대료에 대한 통제를 없앤다고 해서 반드시 주택 건설이 활성화되지도 않는다는 것을 보여주는 의미 있는 역사적 경험인 셈이다. 그리고 주택 부문에서 국가 철수가 반드시 시장 회복을 의미하지 않는다는 것은 바이마르 공화국 시기에 이미 목도한 현실이기도 했다.

주거보조금Wohngeld의 도입

1960년의 뤼케 계획은 1965년에 법제화된 주거보조금과 연동되고 있었다. 1965년에 최초로 법제화된 주거보조금은 연방주 차원에서 여러 역사적 경험들이 누적된 끝에 제도화될 수 있었다. 이는 독일주택정책사에서 늘상 나타나는 현상으로서, 지방정부 차원에서 유사한 제도들이 시도된 경험을 딛고서야 중앙 정부 차원의 제도화가 이루어지곤 했다. 독일에서 주거지원금이 최초로 도입된 것은 바이마르 시기였다. '주택강제경제'가 점차 완화되고 하이퍼인플레이션이 닥치게 되자 연금생활자나 실직자 등의 경우 임대료를 감당할 수가 없게 되었다. 이 시기 바덴, 헤센 등의 연방주에서는 주거지원금을 포함하는 사회복지 체제를 구축했는가하면, 프로이센, 바이에른 등 큰 연방주들의 경우 주택이자세 감면 혜택을 제공했다. 뮌헨의 경우 1936년부터 임대지원금Mietbeihilfe을 지불했고, 경우에 따라 연체된 임대료를 지자체가 대신 지불한 사례가 486건에 달했다.[42]

1955년에 제정된 연방임대법Bundesmietengesetz 역시 보조금 Beihilfe을 포함시킨 바 있었고,[43] '주택강제경제' 조치 하에서 통용되던 '기준임대료Richtsatzmiete'가 '비용임대료Kostenmiete'로 전환된 1956년 이후 주거비 부담이 높아지게 되자, 1960년 "임대료 보조금 혹은 주택 소유자의 비용보조금 관련 법규명령 Verordnung über die Gewährung von Miet- und Lastenbeihilfen"을 발표하기도 했지만,[44] 니더작센Niedersachsen, 노르트라인-베스트팔렌 Nordrhein-Westfalen, 그리고 함부르크 등 세 개 주에서 도입되었을 뿐이었기 때문에 그 즉각적인 효과는 미미했다.[45]

1965년 전국적인 차원의 주거보조금 도입이 이루어진 직접적인 계기는 뤼케 계획이었다. 철폐법이라 불리던 뤼케 계획을 통해서 백색지구에 한해 임대료가 15% 인상될 수 있도록 했지만, 사회주택의 경우에도 단계적으로 임대료를 높일 가능성이 열리게 되었고, 이에 따른 임대료 폭등 문제는 매우 큰 사회적인 쟁점으로 부각되었다. 이에 맞서 1965년 4월 1일에 공표된 주거보조금법Wohngeldgesetz은 기존에 존재하던 "주거지원금Wohnbeihilfe"을 "주거보조금Wohngeld"으로 대신하고 있다.[46] 뤼케 계획에 따라 주택시장이 임대료가 자유화된 백색지구와 여전히 임대료 통제를 받는 흑색지구로 양분된 가운데, 백색지구의 경우 사회주택이건 일반주택이건 모두 주거보조금을 신청할 수 있게 되었다. 주거보조금은 지방 행정당국에 신청하고 매년 갱신될 수 있도록 했다. 주거보조금이 전제하는 허용가능한 임대료 부담은 연간소득의 12~22%로 설정되었다. 그 결과 1970년에 주거보조금 수령자는 908,000명에 달하게 되었다.[47]

사민-자민당 정부가 들어선 후인 1970년에 발표된 2차 주거보조금법Zweites Wohngeldgesetz은 1965년의 주거보조금 법안보다 훨씬 야심찬 목표를 갖고 있었다. 1965년 법에 따르면 "사회적 곤궁을 벗어날 수 있도록 기초적인 주거 공간을 제공"하는 것을 목표로 했지만,[48] 2차주거보조금법의 경우 "경제적으로 적합하고 가족 지향적인 주거를 보장"하는 것을 목표로 하고 있었다.[49] 행정 절차도 간소화되었다. 새로운 법에 따라 각 개인은 "주거보조금표Wohngeldtabellen"를 통해서 자신이 수령할 수 있는 보조금액을 쉽게 알 수 있게 되었다. 주거보조금을 결정하는 요소가 연소득총액, 가족 수, 임대료 혹은 담보대출금 등 세 가지로 단순화되어 있었기 때문이다.

1971년 법안:
임대차보호와 비교임대료Vergleichsmiete

1960년 뤼케 법 발효 직후부터 1971년 법 제정 전까지는 한국과 마찬가지로 새로운 임대료를 제시하여 세입자가 이를 받아들이지 않을 경우 임대 계약을 해지하는 방식이 일반적이었다. 1차대전 이후부터 20세기 말까지를 통틀어 한국적인 의미에서 자유로운 주택시장이 독일에서 존재한 유일한 기간이었던 셈이다. 1970년 '주택강제경제' 하에서 통제대상이던 함부르크의 한 구주택소유자는 집을 헐고 새로 짓는다며 41년 동안 그 집에 살던 세입자를 내보낸 직후 젊은 신혼부부를 새로 들였다. 100마르크이던 월세는 250마르크로 인상된 상태였다. 물론 임대인은 퇴거요구에 합당한 이유를 댈 의무가 있었지만, 실제로는 "임대인 자신의 필요Eigenbedarf"라는 명분을 댈 경우 법원에서도 속수무책이었다.[50]

그러나 "주택의 가격에 도시 생활의 질이 달려있는" 상황에서 주택소유주와 부동산중개업자가 "전혀 자유롭지 못한 시장의 절대적 지배자"가 되고 "임대인이 가격을 결정하고 임차인은 이에 적응해야할 수 밖에 없는" 상황을 독일사회는 길게 용납하지 않았다.[51] 사민당이 이미 1966년부터 대연정에 참여한 상태였고, 1969년부터는 자민당과의 연정을 통해 집권여당으로서 더욱 목소리를 높일 수 있는 상황이었다.

사민-자민당 정부는 임차인 보호와 임대료 인상 등 두 부분으로 구성된 "임차인 보호 강화를 위한 법Gesetz über den Kündigungsschutz für Mietverhältnisse über Wohnraum"을 1971년 제정했다.[52] 먼저, 임대료 인상을 이유로 세입자를 몰아낼 수 없도록 1조 4

항에 명시하는 등 계약해지권Kündigungsrecht을 매우 제한하였다. 임대 계약해지는 임대료가 밀리거나 임대인이 직접 사용하거나 혹은 임차인이 지속적으로 주거 조건을 훼손하는 경우에 한했다. 동시에 정부는 "적합한 시장가Marktgerechte Preise"를 제시하여 임대료가 "장소에 적합한 비교임대료Ortsübliche Vergleichesmiete" 수준까지 인상될 수 있도록 했고, 분쟁이 있을 경우 "지방법원판사Amtsrichter"가 개입할 수 있도록 했다. 이 비교임대료 규정은 구주택 뿐만 아니라 임대주택 전체에 적용될 수 있도록 하였다.

이 1971년 법을 통해서 연방 정부는 임대 문제에 대한 하나의 해결책을 찾은 것으로 여겼다. 한편으로 이미 체결된 임대 계약의 경우 임대인이 자의적으로 임대료를 인상하거나 계약을 해지하는 것을 금지시킨 가운데, 포괄적으로 가격 동결을 내걸지 않고 "장소에 적합한 비교임대료"라는 기준을 제시함으로써 적합한 범위 내의 임대료 인상을 가능케 한 셈이었다. 다른 한편으로 신규 임대 계약이 체결되는 경우 특별한 예외사례가 아니라면 국가 개입 없이 자유로이 임대료가 결정되도록 했다. 지속되는 계약의 임대료 인상에 대해서 규제하되 신규 계약의 임대료에 대한 자유는 허용하는 방식, 즉 현재에도 유지되고 있는 독일적인 임대 계약의 기본 모형이 만들어지게 된 셈이었다.

이처럼 임대가격 형성을 위한 새로운 척도로서 "장소에

적합한 비교임대료"를 도입하는 것에 대한 정당 간 합의가 이루어졌지만, 당시 집권 연정 내에서도 사민당은 이를 지속적인 조치로 보았고 자민당은 이를 임시적인 조치로 보았다는 점에서 근본적인 차이가 있었다. 시장자유주의를 당의 근간으로 하는 자민당은 동방정책 등 외교정책 등에 대해서는 사민당과 긴밀히 공조하면서도 경제정책의 측면에서는 사민당과 지속적으로 대립하고 있었다.

기본적으로 자민당은 주택 소유자가 임대료 인상을 위해 임대 계약을 해지하는 것이 가능해야 한다고 보았으며, 주택시장에서 수요 공급이 안정적일 경우 국가가 주택시장에 계속 개입해서는 안된다는 입장이었다. 반대로 사민당은 국민의 주거 공간 확보라는 문제를 전적으로 시장경제에 맡길 수 없다는 기존의 입장을 고수했다. 사민당은 문제가 발생할 경우 거주지를 옮겨야 하는 임차인이 근본적으로 보다 열악한 상황에 놓여 있는 셈이기 때문에 국가가 임차인 보호를 지속해야 하고, 법적인 안정성을 위해 주택시장이 안정화되더라도 그 개입을 지속해야 한다는 입장이었다. 이러한 입장 차가 갈등으로까지 불거지지 않았던 것은 당시 자민당이 사민당이 중시하는 이슈에 대해 정면으로 반박하며 연정 협약을 위태롭게 할 정도로까지 임차인 문제를 중시하지는 않았기 때문이었다.

1971년 법이 의미하는 바가 무엇이었는지는 결국 시장에서 검증될 수 있을 뿐이었다. 실제로 1971년 법이 발효되었을 때 이 조치는 가격 동결에 준하는 결과를 낳았다. 일부 가격 인상이 이루어지기도 했지만 기본임대료Grundmiete는 매우 안정적이었다. 임대인들이 임차인에게 비교임대료에 해당하는 임대료 인상을 요구하는 데 성공한 경우는 매우 제한적이었다. 이 비교임대료에 대한 객관적인 정보를 확보하는 것은 개인은 말할 나위도 없고 비교적 자료가 많을 법한 대규모 임대 기업에도 쉽지 않은 일이었기 때문이다. 결국 이 문제가 법원으로 넘어가게 되었을 때, 법정에서 입증의 책임은 임대료를 인상하고자 하는 임대인이 지게 되었다. 심지어 6만 호의 사택을 가진 기업에서 매우 온건한 정도의 임대료 인상을 요구한 사건도 법원에서 "증거불충분"으로 기각된 사례가 있을 정도였다. 이러한 상황에서 1971년 이후 임대인들은 임대료 인상을 포기하는 경우가 많았고, 그 결과 1972~73년에 임대료 인상이 멈추는 경향이 나타나게 되었다.

이와 관련하여 1971년 법안이 통과된 지 1년 후 사민당 측에서는 "계약조건을 충실히 이행하는 임차인이 거처에서 안전하게 느껴도 되는 상황이며", "왜 이 법이 그토록 논란이 되었는지"를 1년이 지난 지금 이해할 수가 없다는 논평을 내기도 했다.[53]

1974년의 개정안

1971년의 법안은 1974년 12월을 기한으로 하는 한시적인 법이었기 때문에 곧 후속 조치에 대한 논의가 뒤따랐고, 1974년 "주거공간임대 상황을 위한 해지보호법 개정안Zweites Gesetz über den Kündigungsschutz für Mietverhältnisse über Wohnraum"을 통해 1971년의 법안을 지속시키게 되었다.[54] 단 1971년 법안보다 임대료 인상 가능 조건을 간소화시켰다. 이에 따르면 임대인은 "다른 임대인의 세 주택", 즉 세 가지 비교 대상을 언급하거나 "전문가의 소견서"를 제출함으로써 지역에 일반적인 임대료임을 입증할 수 있게 되었다.[55] 또한 주택대출 이자율 인상 역시 관리비용으로서 임차인에게 쉽게 전가될 수 있게 되었다.

이 1974년 법은 독일 주택정책 역사에서 기념비적인 성격을 가진다. 1914년 참전군인 가족을 보호하고자 임대 계약에 정부가 개입하기 시작한 지 60년만인 1974년의 법을 통해서 비로소 임대 계약에 대한 항구적인 국가 개입이 인정받게 되었다. 이 60년 동안 임대 계약에 대한 정부 개입은 계속 비판에 직면했고, 뤼케 계획을 통해 이 개입이 철회되었던 것도 주택 부족이 매우 심각할 경우에만 예외적으로 주택시장과 임대 계약에 대한 국가 개입이 정당화할 수 있다는 반론이 강고했기 때문이었다. 60년간의 통제, 11년간의 자유화를 거쳐 다시금 임대 계약에 대한 국가 개입이 제도화되었던 것은 이 문제를 둘러싼 갈등이 얼마나 치열했는지를 잘 보여주고 있다. 임대 계약 갱신권을 둘러싸고 문재인 정부 초기 한국사회가 겪은 갈등을 돌아보면, 11년 간에 걸친 임대 계약 자유화를 경험한 이후 다시 임대 계약에 대한 통제로 회귀하기로 한 선택이 얼마나 과감한 선택이었는지가 분명해진다.

1983년 비교임대료표

1971년 법에 이어 1974년 법을 통해서 임대료 인상 절차를 간소화했음에도 불구하고 임대료 인상은 여전히 매우 어려운 일이었다. 1976년부터 1982년 사이 임대료는 26.4% 인상되었지만, 일반 물가인상률은 30.5%에 달하고 있었다. 주택 경제 분야 전문가들 사이에서 "유사-가격동결Quasi-Preisstopp"이라는 표현이 회자될 정도였다.[56] 1970년대의 임대료 인상률은 물가상승률에도 미치지 못했던 반면 건설단가는 지속적으로 인상됨에 따라 민간자본이 주택 건설에 투입되지 못하는 상태가 지속되었다. 그 결과 1980년대 초에 이르면 다시금 주택 부족이 논의되기에 이르렀다.

이러한 상황을 잘 보여주고 있는 것은 생명보험 회사들의 투자 패턴 변화였다. 생명보험Lebensversicherung은 독일 제국 시기 이래 국가가 통제하는 경제 분야에 속했다. 이 부문에서 고

객의 이익을 최대로 보호하기 위해 위험을 최소화하도록 하는 규정이 있었다. 1950년대 이래로 보험사들은 부동산 부문, 특히 임대주택 부문에 대한 투자를 늘려갔다. 1970년대 중반 이래로 이러한 상황은 변화하게 되었다. 1971년 독일 생명보험사들의 임대주택에 대한 투자는 1971년 7.2%에서 1979년 1.6%로 급감하였다.[57] 보험사들 이외 다른 투자자들도 임대주택 부문 투자에 관심을 기울이지 않았다. 비교임대료 체제로 인해 임대료 인상이 어려운 상태에서 임대주택 건설 초기에 발생하는 적자를 메우기가 어려웠기 때문이다. 또한 1971년과 1974년의 임대법 개혁을 통해 임대주택의 장기적인 채산성에 대한 기대 역시도 사라지게 된 상황이었다.

특히 연정에 참여하고 있던 자민당은 독일에서 주택 소유자가 '사회적 서자'로 다루어지고 있는 것은 불공정에 불과하며, 주택 문제는 기본적으로 국가가 아니라 시장, 민간 주도로 다루어져야 한다는 입장이었다. 1970년대 후반의 자민당은 경제자유주의를 보다 더 강조하면서 기민련과의 거리를 좁혀가고 있던 상황으로, 정권을 유지하기 위해 이제는 사민당이 자민당의 목소리에 귀를 기울이지 않을 수 없는 처지에 놓이게 되었다. 그리고 실제로 1982년 기민련이 다시 정권을 장악할 수 있었던 것은 결국 자민당이 파트너를 바꾸는데 동의했기 때문에 가능했다.

이처럼 절박한 상황에서 연정을 유지시키고자 하던 헬무

트 슈미트Helmut Schmidt 총리가 사민당 내의 반대를 무릅쓰고 직접 개입하여 1981~82년 세 가지 임대 관련 규정을 제시하게 되었다. 먼저 신축건물의 경우 대체로 10년마다 임대료를 올리는 "정기인상임대료Staffelmiete"가 허용되었다. 임대주택에 대한 투자 의욕을 촉진시키기 위해서였다. 임차인 단체에서는 이 새로운 계약 형태를 통해서 정치적인 금기가 깨어졌고, 가격을 인상시키는 결과를 가져올 것이라고 보았지만, 임대인들은 이러한 법적인 가능성에 대해 큰 기대를 하지 않고 있었다. 생명보험과 모기지 은행Hypothekenbank 역시 큰 반응을 보이지 않았다. 최대 10년이라는 기한은 과연 부동산 투자에 채산성이 있을지에 대한 의혹을 잠재우기에는 충분하지 않았다.

보다 파급력이 컸던 두번째 규정은 임대인이 임대료 인상 시에 제시해야 하는 증거자료와 관련 있었다. 임대인은 이제 자신이 소유하고 있는 주택들의 임대료 자료를 제시해도 증거로 인정받을 수 있게 되었다. 따라서 여러 채의 주택을 소유하고 있는 임대기업들의 경우 증거자료 제시가 용이해진 만큼 임대료 인상이 쉬워지게 되었다.

장기적으로 볼 때 가장 큰 변화는 세 번째인 "임대료표Mietenspiegel" 규정을 통해 비교임대료 확정 절차를 변화시킨 것이었다. "임대료표" 자체는 이미 1974년 법에서 임대료 인상의 증거로 허용되고 있었다. 그러나 당시 의회에서는 비교임대료라는 복잡한 쟁점을 기꺼이 법정으로 밀어버리고자 했기 때문에, "임대료표"에 대한 규정을 명확히 하지 않은 상태였다.

장기적으로 이 "임대료표"는 임대인들이 즐겨 활용함으로써 더 큰 의미를 갖게 되었다. 세 가지 비교 가능한 주택을 언급하거나 전문가의 자문을 구하는 다른 방법들은 더 많은 시간과 노력을 필요로 했기 때문이다. "비교임대료표"를 제시하는 것이 법원에서의 승산을 높이는 비교적 손쉬운 방법이었다.[58]

이 정부안이 마련된 지 얼마 되지 않은 1982년 10월 헬무트 슈미트Helmut Schmidt 총리가 불신임 투표를 통해 퇴진하게 되었고, 자민당은 1969년부터 13년간 함께 정부를 구성해온 사민당과 작별하고 기민련과 연합하여 헬무트 콜 정부를 탄생시켰다. 사민-자민당이 만든 임대법개혁안은 기민-자민 연정이 탄생한 후인 1983년 1월 1일 "임대주택 공급을 높이기 위한 법 Gesetz zur Erhöhung des Angebots an Mietwohnungen"이라는 명칭으로 통과되었다.[59] 이로써 독일의 세입자들은 안정적으로 임대주택에 거주하는 가운데, 정기적으로 임대료 인상이 이루어지는 조건을 받아들이게 되었다.[60]

3장

노조기업 '노이에 하이마트 Neue Heimat' 스캔들

283

사회주택

바이마르 시기와 마찬가지로 '주택강제경제'로 인해 주택 분야에서 채산성이 낮게 유지될 경우, 건설 분야에 민간자본이 유입될 여지가 줄어들 수밖에 없으므로 국가 개입이 필수적이었다. 바이마르 시기에 주택이자세에 근거하여 대규모로 사회주택 건설이 이루어진 바 있었고, 이러한 아이디어는 고스란히 나치 시기로도 이어져서 대규모 사회주택 건설계획이 1940년 "총통명령Führererlass" 형식으로 발표된 바 있다.[61]

1950년 "사회주택"을 중심으로 하는 대규모 건설계획안이 1차 주택 건설법이라는 이름으로 신속히 법제화될 수 있었

던 것은 이러한 배경에서였다. '사회주택Sozialwohnung'이라는 명칭 자체를 최초로 사용하고 있는 이 1차 주택법안은[62] 6년 이내에 180만 호의 사회주택을 건설할 것, 그리고 주택 건설 관련 공적 자금을 사회주택에만 투입할 것을 목적으로 하는 등 원래 사민당이 제안한 사회주택법안을 그 중요한 얼개로 삼고 있었다. 그리고 전후의 긴박한 주택의 필요로 인해 "각 정당 간 의견 차이를 드러내지 않을 필요가 있다는 입장이 지배적"이어서 두 달이라는 기록적으로 짧은 시간 안에 통과될 수 있었다.[63] 그 결과 1950년에 지어진 신축주택의 경우 2/3가, 1960년대에 지어진 신축주택의 경우 50%, 1970년의 경우 25%가 사회주택인 상황이었다.

사회주택의 면적은 미혼모나 대가족을 대상으로 한 예외적인 경우를 제외하고는 32~65 평방미터 미만의 규모로 제한되어 있었다. 또한 임대료를 낮게 유지하는 것이 목표였기 때문에 평방미터당 임대료가 1~1.1 마르크를 넘지 않도록 했다. "국민 다수가 지불할 수 있는 월세 수준을 유지하는 것"이 목표였던 탓이다.[64]

사회주택은 건설 자체만이 아니라 유지, 관리의 측면에서도 정부의 규제를 받고 있었다. 먼저 지사체의 주택 문제 담당 부서에서 사회주택에 거주할 후보자들의 명단을 제공하고, 사회주택 소유자들이 이들 가운데서 세입자를 선택하도록 되어 있었다. 당시 사회주택 거주 자격은 화이트칼라 노동자들의 보험 가입 의무 한계선 미만, 즉 사무직 노동자보험 Angestelltenversicherung의 연간평균소득Jahresarbeitsverdienstsgrenze으로 설정되어 있었는데, 1954년의 경우 이 금액은 일반 산업노동 자 순소득의 2배에 달하는 금액이었다. 이처럼 거주 자격 범위 를 넓게 잡은 탓에 사회주택거주 대상자는 전체 국민의 70%에 달했다.[65]

이 시기 선택된 사회주택 모델이 가지는 특징은 당시에 있 던 여러 대안적 선택지들과의 비교 속에서 잘 드러난다. 먼저 모든 건축주들이 정부 지원을 받는 데 있어 평등한 대우를 받 도록 했다. 그 결과 교회, 노조, 기업, 개인 건축주를 포함하여 폭넓은 주체들이 건설에 나설 수 있게 되었다. 이는 노조 및 사 민당에 친화적이던 공익주택회사가 공공 주택 건설을 주로 담 당하던 바이마르 공화국 시기의 관행과 거리를 두고 있었고, 지방정부가 직접 공공 주택 건설에 나서던 영국과도 달랐다.

다음으로 독일 사회주택은 영구적으로 국가가 소유하는 비상품화된 주택이 아니라 장기적으로 민간주택으로의 전환을 염두에 두고 건설된 주택 모델이었다. 사회주택 건설에 이용 된 공적 자금을 상환하거나 일정 기간이 경과하면 민간주택으 로 전환된다는 점에서 한번 사회주택으로 지어지면 지속적으 로 사회주택으로 남게 되는 오스트리아 빈의 사회주택과도 궤 를 달리하고 있었다. 예컨대 귄터 카우센은 카멘Kamen, 베르크 카멘Bergkamen 등에서 사회주택을 대량으로 구매하여 한꺼번에

노조기업 '노이에 하이마트' 스캔들

공적자금을 납부해버림으로써 사회주택 요건을 제거한 채 임대료 제한이 없는 민간주택으로 전환시키곤 했다.

사회주택을 이와 같은 방식으로 구상했던 것은 전후의 정부 재정 상황에서 비롯되기도 했다. 필요한 공공 주택 건설 비용을 전적으로 국가가 떠안는 것은 전후의 재정 상황에서 생각할 수 없는 일이었다. 1950년 당시 점령국에 지불해야할 금액만 45억 마르크로서 당시 연방 예산의 36%에 달하고 있었다.[66] 그런가 하면 1950년에 지어진 37만 호를 평균단가로 계산하면 37억 마르크에 달했다.[67] 이러한 상황에서 민간자본 유치 없이 충분한 주택 건설이 이루어질 수 없었지만, 수익성 보장 없이 민간자본이 주택 부문에 유입될 리 만무했다. 이와 관련하여 1949년 9월 최초로 행한 연설에서 갓 선출된 연방총리 콘라드 아데나워는 주택 건설을 "힘을 다해 촉진하겠지만", "민간자본이 주택 건설에 다시 관심을 가질 수 있도록" 하기 위해 조치할 것임을 선언했다. 민간자본이 없이 "주택 문제를 해결하는 것이 불가능하기 때문"이라는 것이었다.[68]

세 번째로 독일의 사회주택은 미국, 영국, 호주 등 자유주의 복지국가Liberal welfare state의 경우와 달리 소득 하위 계층을 주된 대상으로 한 주택도 아니었다. 사회주택 건실 주체들의 경우 원칙적으로 임차인 선발에 있어서 법적인 자율권을 포기해야만 했지만 실제로는 여전히 임차인 선발에 있어서 영향력을 확보하고 있었다. 구체적으로 1950년대 이래 존재했던 바,

최초의 임차인이 건축주에게 추가적으로 1회에 걸쳐 지불하는 임차인융자Mieterdarlehen 등의 제도가 소득 수준이 높은 임차인이 사회주택의 수혜자가 되는 것을 가능케 하고 있었다. 결국 사회주택은 소득 수준이 높은 인구가 거주하는 것을 원칙적으로 허용하고 있었던 셈이다.[69] 이로써 독일 사회주택은 규모와 구조 면에서 기준이 높았고 시간이 지남에 따라 그 기준이 점점 더 높아졌기 때문에 민간 주택과 차이가 별로 없을 정도로 인기가 높았다.[70]

이처럼 독일의 사회주택이 건설되고 관리되는 방식은 기본적으로 주택 부문에 대한 공적인 개입을 꺼리는 기민련 정권의 정향을 뚜렷이 하고 있었다. 당시 기민련 정권은 사회주택을 전후의 응급상황에 대한 대응책일 뿐 장기적으로 지속될 수 있는 모델이 될 수 없다고 보았다. 사회주택이 건설되는 비율이 매우 높던 1950년과 1951년에도 주택 건설 분야에 투자된 자본 중 각각 38.3%와 41.35%만이 공적 자본이었고, 나머지는 자본 시장에서 조달되고 있었다. 이후에도 정부가 직접 공적자금을 투자하여 주택 건설에 나서는 비율은 꾸준히 감소하여, 1960년 23.4%, 그리고 1970년에는 7.3%에 머물게 되었다.[71]

임대주택과 자가주택이 국가의 주택정책에 있어 기본적으로 경쟁 관계에 있는 가운데, 유럽 각국에서 보수주의 정당들은 자가주택을 임대주택보다 중시하고 있었고, 기민련 정권 역시 예외가 아니었다. 1953년 주택법 개정안을 둘러싼 논의에서 아데나워는 다음과 같이 자가주택에 대한 자신의 소신을 피력한 바 있었다. "정원이 딸린 자가주택은 어느 모로 보나 가족 개념의 가장 행복한 실현으로 볼 수 있다".[72] 특히 사회주택 건설이 궤도에 오른 1956년에는 자가주택 건설을 촉진하는데 주안점을 둔 2차 주택법안을 통과시키기도 했다.[73]

결국 사회주택은 당시 집권여당이던 보수주의 정당의 지지를 받지 못했기 때문에 지속 가능한 모델이 아니라 한시적으로 존재하는 투자 모델로 남게 되었다. 2021년 현재 독일에서 사회주택의 비율이 5% 미만으로 남게 된 데에는 여러 가지 이유가 있지만 처음 기획 단계에서부터 사회주택이 기본적으로 한시적으로 존재하는 투자 모델로 고안되었던 데서 주된 이유를 찾을 수 있을 듯하다.

사회주택과 잘못된 점유

사회주택이 건설되기 시작하던 때부터 현재에 이르기까지 사회주택이 안고 있는 본질적인 문제는 "잘못된 점유"였다. 사회주택입주자격이 입주 시 단 한 번만 점검되기 때문에, 입주 이후에 소득이 향상된 가구들이 사회주택을 떠나지 않음으로써 신규입주를 막는 양상이 지속적으로 나타났다.

그러나 현실적으로 사회주택의 잘못된 점유 문제를 정치적으로 해결하기는 난망했다. 사회주택의 세입자를 몰아내거나 "잘못된 점유세Fehlbelegungsabgabe"를 거두는 방안 등이 논리적인 해결책일 수는 있었지만, 그에 따르는 엄청난 행정비용의 문제를 피할 길이 없었다. 사회주택에 비판적인 자유주의 경제학자들은 이 잘못된 점유를 해결할 "정치적인 의지" 자체가 없다는 비판도 제기하고 있다.[74] 엄청난 수의 세입자들을 분노케 할 정치적인 부담을 지고자 하는 정당을 찾기가 어렵다는 것이 놀라운 일은 아니다.

한 걸음 더 나아가 보다 근본적인 차원에서 사회주택의 효용성에 대한 의문이 제기되고 있기도 했다. 사회주택, 그리고 그와 더불어 인구 대부분을 대상으로 하는 주택 제공이 국가가 사회정책을 통해 담당해야하는 일인지에 정치권에서도 전문학자들 사이에서도 합의가 이루어지지 못하고 있었다. 한편에서는 독일이 표방하는 사회국가의 근본적인 목표가 상이한 사회 계급 간의 생활 환경 평준화에 있고, 이러한 목표를 주택 부문에서 실현하기 위해서는 주거보조금, 임대 계약에 대한 개입과 더불어 사회주택 건설이 필수적이라고 주장했다. 반대로 신자유주의 경제 이론에 따르면 사회주택은 불필요한 국가 개입에 불과했다. 사회주택이 주택시장 전체에 대한 가격 인하 효과를 가지기보다 그 자체로 분리된 별도의 영역으로 존재하고, 사회주택에 한번 입주가 이루어질 경우 세입자가 바뀌는 일은 드물었기 때문에 사회주택이 실제로 주택시장에 미치는 영향이 크지 않다는 것이 그 이유였다.

이처럼 사회주택이 점차 그 효용성을 의심받는 국면에서 사회주택 건설의 주요한 주체이던 공익주택회사 "노이에 하이마트" 스캔들이 터지게 되었고, 이는 사회주택 반대자들에게 있어 산타클로스의 선물이 되었다.

"노이에 하이마트" 스캔들

1982년 2월 14일에 발간된 슈피겔지의 표지는 슈피겔과 마찬가지로 함부르크에 본사를 둔 독일노총DGB 소유의 공익주택기업인 "노이에 하이마트 스캔들"이 차지했다.[75] 슈피겔은 13페이지를 할애하여 "노이에 하이마트" 대표 알베르트 비토Albert Vietor의 부정 축재에 대해 보도했다. 이 보도를 시작으로 연방의회 차원의 국정조사뿐만 아니라 노르트라인 베스트팔렌, 바이에른, 함부르크 등 연방주의회 차원에서도 세 차례에 걸쳐 의회조사가 이루어짐으로써 노이에 하이마트 스캔들은 1980년대 내내 언론을 도배하게 되었다.

당시 유럽에서 가장 큰 건설기업이던 "노이에 하이마트"는 바이마르 공화국으로 거슬러 올라가는 연원을 가진 여러 소규모 공익주택 회사들의 인수합병 결과로 1954년 탄생했다.

독일 노총DGB뿐만 아니라 산별노조가 주주로 참여하는 기업으로서 공익경제를 표방했던 "노이에 하이마트"는 1980년대에 이르러 5,700명의 피고용인과 150여 개의 자회사, 그리고 쇼핑센터, 병원, 컨벤션센터, 사회주택 42만호 등을 보유한 기업으로 성장했다. "알베르트 왕"으로 불리던 알베르트 비토는 1954년부터 이 회사 이사회의 구성원으로 활동했고 1963년부터 20년간 회사 대표였다.

그는 동업자 2인과 더불어 난방, 주방기구, 안테나 등 주거와 관련되는 여러 부문에 차명회사를 설립하여 공익기업인 "노이에 하이마트"가 관리하는 사회주택들에 기생하는 방식으로 개인적인 부를 축적하였다. 비토가 세운 여러 차명회사들은 공익기업 "노이에 하이마트"의 인맥과 기술력 등을 활용하고 내용적으로 독점 계약을 체결함으로써 엄청난 부를 쉽게 축적할 수 있었다. 그 결과 "노이에 하이마트"가 공익주택기업으로서 세금 감면 등 여러 혜택을 받고 있었음에도 이 주택의 임차인들은 다른 사회주택거주자들과 비교할 수 없이 높은 난방비를 지급해야 하는 등 고스란히 피해를 입고 있었다. 이 슈피겔 지의 "노이에 하이마트" 탐사보도 이전에도 "노이에 하이마트" 임차인들이 난방 및 온수 사용과 관련하여 제기한 소송이 독일 각지에서 벌어졌고, 노이에 하이마트 주택들에 난방 및 온수를 제공하던 텔레 텀Tele-therm의 경우 15차례의 재판에서 패배하던 상황이었다.[76]

당시 독일노총DGB 대표이던 하인츠-오스카 페터Heinz-Oskar Vetter 역시도 서베를린에서 의심스러운 사업에 연루되어 있었음이 슈피겔 지의 연이은 탐사보도로 밝혀졌다. 하인츠-오스카 페터는 일찍이 1952년부터 독일광산 에너지 노조 사무총장을 지냈고, 유럽노조 연맹European Trade Union Confederation의 의장, 유럽의회 의원으로 활동하는 등 독일뿐만 아니라 유럽 노동운동의 명망가였다는 점에서 큰 충격을 안겨주었다.

노조소유 기업은 우리에게는 매우 낯선 개념이지만 2차 대전 이후 서구 산업국가들에서는 분배정의를 자본주의 체제 내에서 실현하겠다는 정치적인 전략의 일환으로 세워진 여러 노조 소유 기업들이 존재했다. 독일노조만 하더라도 은행, 건설기업 등 여러 분야에 진출했으며, 이 가운데 '노이에 하이마트'는 가장 성공적인 사례로 인정받고 있었다.

당시 '노이에 하이마트'는 서독의 주택시장에서 가장 큰 건축주이자 임대인이었다. 주택이나 아파트뿐만 아니라 학교, 대학, 병원, 쇼핑몰을 여럿 건설했다. 이 회사의 수익은 엄청난 규모의 건설에서 왔을 뿐 사회주택 임대사업에서 얻는 수익으로는 회사를 장기적으로 유지할 수 없었다. 따라서 점차 도시 건설의 방향으로 나아가게 되었으며, 이는 원래의 창립 목적인 주택의 공익성이나 노조가 내세우던 "필요의 충족"이라는 목표와 거리가 멀었다.

"노이에 하이마트"사는 1966년부터 1973년 사이에 성공의 정점에 도달하였다. 사민당이 여당이 됨으로써 중앙정부에 대한 발언권도 확보하게 되었고, 해외사업에도 진출하였으며, 도심의 재개발사업을 위한 재정적인 지원을 정치적인 의제로 만들어냈다. 그러나 당시 건설비용이 증대하고[77] 주택에 대한 공적 지원이 줄어들게 됨에 따라 이 성장을 유지할 수 없다는 것이 점차 분명해지고 있었다.

그럼에도 불구하고 오랜 기간 보조금과 정치적인 통제로 점철된 주택시장에서 활동하는데 익숙해진 "노이에 하이마트"는 바뀌는 상황에 적응하기보다 정치적인 로비를 통해서 문제를 해결하고자 했다. 외부 투자를 받지 않으며 통제 없는 재정적인 자율성을 누린 끝에 경영진의 독립성만 높아지게 된 결과로서 부정부패는 이미 예견된 일이었다. 독일노총이 소유하고 관리하던 기업의 부패는 뒤에서 보게 되듯이 결국 노총이 대표하던 공유경제 부문 자체의 몰락을 가속화시키게 되었다.

공익주택기업의 중요성

독일의 임대주택은 민간주택, 공익주택, 조합주택, 공공 주택 등 네 가지 범주로 구분되고 있었다. 노이에 하이마트는 가장 규모가 큰 공익주택 회사였다. 공익주택은 1949년부터 1989년까지 도합 480만 호가 건설되었다. 공익주택 기업은 1949년에 2,116개에 달했고, 1975년에는 1,918개 회사가 320만 호의 주택을 보유하고 있었다. 주택공익성Wohnungsgemeinnützigkeit 범주 자체가 철폐되던 1990년 공익기업 소유 주택은 340만 호로서 전체 임대주택의 1/4에 달하고 있었다.[78]

1953년부터 1960년까지 신축주택의 건설 주체를 보면 공익주택 기업이 차지하는 비율은 35.8%로서 비중이 가장 높았다. 이 부류의 회사가 사회주택의 대부분을 건설하고 있었고, 정부가 건설하는 비율은 1.3%에 불과했다.[79] 1989년에도 전체 신축주택 가운데 8.5%를 건설하고 있었다. 따라서 이 공익주택 기업의 몰락은 독일 사회주택의 역사에서 매우 큰 장을 차지하고 있었던 셈이다. 노이에 하이마트 경영진의 부패를 통해 사회 안에서 어렵사리 유지되던 공익주택에 대한 지지기반이 무너지게 되었고, 그 피해는 주거약자들이 향후 누대에 걸쳐서 지게 되었다.

공익주택이라는 아이디어는 앞서 독일제국 장에서 언급한 바대로 19세기 중반으로 거슬러 올라간다. 1847년 베를린에 창설된 "베를린 공익건설회사Berliner gemeinnützigen Baugesellschaft"가 최초의 공익주택기업이었다. "서민을 위한 건강하고 넓은 주택"을 마련하는 것이 이 주식회사의 목표로서, 이 "베를린공익건설회사"가 만들어낸 원칙들이 이후 입법자들에 의해 공익주택의 틀로 자리 잡았다. 이윤이 아니라 비용을 확보하는 것을 목표로 하고 있었기 때문에 배당 몫은 이윤의 4~5%로 한정되었고, 사회적으로 차별받는 가구에 주택을 임대하며, 기업의 자산을 주택 건설 분야에만 투입하기로 한 것이 그 내용이었다.

점차 이 공익주택기업을 보다 체계적으로 관리하기 위한 법적인 규제가 필요하게 되었다. 이를 위한 법안은 나치 시기이던 1940년에 갖추어지게 되었다. 이 법은 이후 서독에서도 지속됨으로써 공익기업의 역사가 지속될 수 있었다.[80] 공익기업으로서의 지위를 유지하기 위해서는 임대료, 사업 범위, 건설 의무 등에 있어 규제를 받아야 했지만, 법인세, 재산세, 법원비용 등 각종 납부금 역시도 면제받았다. 몇몇 연방 주에서는 토지 취득세Grunderwerbsteuer도 감면받았다.

1970년대 이후 정부가 사회주택 건설에 대한 지원을 줄여감에 따라 공익기업에 대한 지원도 줄어들고 있었다. 따라서 1980년대 초부터 공익주택의 방향성에 대한 논의가 본격화되었다. 사민당의 건설부 장관이던 디터 학Dieter Haack은 1981년 "주택정책"이라는 전문가 위원회를 소집하였고, 이 위원회에서는 공익기업이 소유한 92만 호의 주택과 관련하여 "점유의무Belegungsbindung"를 부여할 것을 제안하였다. 기민련/기사련역시도 사회주택 거주 자격이 있는 가구에 먼저 임대하도록 하는 "점유의무"를 도입하도록 하였으나 의회에서 수용되지 않았다. 그 외에도 "주택공공성법"에 대한 "연방-주-위원회"가 만들어졌고, 이 위원회에서 사회주택의 규제를 더 이상 받지 않게 된 공익기업 소유 주택의 빈집을 대상으로 하여 법적으로

노조기업 '노이에 하이마트' 스캔들

제한된 소득 수준 이하 가구에만 임대하도록 하는 의무를 부여하고자 했다. 이로써 주택 건설의 의무를 지고 있던 공익기업 측에 사회주택 제공의 의무를 부여하고자 했던 셈이다. 그러나 공익기업연합회에서는 1983년 "자유로운 기업 활동에 족쇄"를 채우게 되며 "받아들일 수 없다"고 선언하였다.[81]

이러한 논의가 진행 중인 상황이던 1982년 2월 초, 대표적인 노조소유 공익 건설기업이자 당시 유럽에서 가장 큰 부동산 기업이던 "노이에 하이마트" 스캔들은 공익기업 전체에 대한 사회적인 평가에 매우 부정적인 영향을 미칠 수밖에 없었다. 공익기업이 세금 면제 혜택을 통해서 시장 경쟁에 노출되지 않을 수 있었고, 그 결과 부패 스캔들과 같은 문제가 생길 수밖에 없다는 인식이 확산되었다.

이 스캔들은 여러차례 국정조사를 받았고, 조사보고서의 최종결론은 노이에 하이마트의 문제점이 공익건설기업 전체로 확대되어서는 안 된다는 것이었다. 그러나 기민련으로 정권이 교체되고 난 이후 공익기업에 대한 보조금이 철폐되었고, 재무부 장관이던 게하르트 슈톨텐베르크Gerhard Stoltenberg 주도 하에 1983년 공익성 기업의 세금 관련 규정을 검토하기 위한 "독립적인 위원회"가 결성되었다. 이로써 주거 공공성의 문제가 일차적으로 재정적인 문제로 다루어지게 되었고, 그 결과도 분명했다. 이 위원회는 공익주택기업에 대한 세금 면제 혜택은 "국민 대다수에게 건강하고 적합한 주택을 제공"한다는 원래의 목표에 적합하지도 필요하지도 않기 때문에, 공익기업에 대한 세금면제 혜택을 중단해야 한다는 결론을 내렸다.[82]

노이에 하이마트 및 공익기업을 둘러싼 논의 자체는 1988년까지 지속되었다. 여권 내에서도 도시건설 장관이던 기사련CSU의 오스카 슈나이더Oscar Schneider의 경우 공익기업이 철폐되기보다 개선되고 강화되어야 한다는 입장을 피력했다. 그러나 기민련의 헬무트 콜Helmut Kohl 정부는 1988년 "주택공익성을 일반적인 주택시장으로 넘기기 위한 법안Gesetz zur Überführung der Wohnungsgemeinnützigkeit in den allgemeinen Wohnungsmarkt"을 통과시켰다.[83] 그 결과로 1990년부터 주택 부문의 공익성 개념이 철폐되었다. 주택 부문에서 많은 세금을 거둬들임으로써 연방 정부의 재정을 강화하겠다는 의도였다. 이를 통해서 연방 정부의 재정이 강화된 것은 말할 나위 없지만 1840년대부터 150년 가까이 존재해왔던 주택정책의 주요한 도구 가운데 하나가 사라지게 되었다는 점 역시도 부인할 수 없다.

이처럼 1980년대 들어서 사회주택에 대한 정부 지원이 줄어들게 되고 주택공익성 개념이 철폐되었다고 해서, 민간 부문이 저소득층을 위한 임대주택 건설에 나서지 않았다. 국가철수가 시장복귀를 의미하지 않는다는 것은 독일제국 시기에도, 바이마르 시기에도 이미 확인된 바 있는 사실이었다. 1979년 36만호가 건설되었지만 1988년의 신축주택은 21만 호에 불과했고 그나마 대부분 자가주택이었다.[84] 민간자본에게 있어 임대업은 건설비용이 높고 시장의 임대료가 비용을 충당하기에도 충분치 않은 정도인 경우가 많았던 반면, 단기채산성이 높아 매력적인 투자처가 될 법한 경제부문은 넘쳐나던 것이 1980년 대였다.

이 주거 공공성이 철폐될 무렵인 1988년 주택경제학자인 헬무트 엔키스Helmut Jenkis는 "주택공익성Wohnungsgemeinnützigkeit 이 철폐되고 난 이후에 이제는 더이상 법적으로 규정되지 못하는 주택 공공성에 대한 논의를 새롭게 활성화시키게 될 사회적 문제와 난관이 주택시장에 나타나게 될 가능성을 배제할 수 없다."고 언급한 바 있다.[85] 현재 독일에서 주거난이 심화되고 임대료가 치솟자 다시 이 주택 공공성 도입이 화두가 되고 있는 점을 생각하면, 그의 진단은 예언이 된 셈이었다. 물론 쉽게 가능한 예언이었을 것이다.

나가며

2차 대전 후의 독일 사회는 다시금 엄청난 주거난에 봉착하게 되었다. 이를 위해 서독 정부가 택한 주택정책은 1차 대전 후 바이마르 정부의 정책과 크게 다르지 않았다. '주택강제경제'를 통해 임대 계약에 대한 개입을 지속했고 사회주택 건설을 지원했다. 그리고 서독 정부 역시 바이마르 정부와 마찬가지로 시장을 통해 주택 문제를 해결해야 한다는 반대 목소리에 부딪혀 이러한 정책을 지속시킬 수가 없게 되었다. 특히 임대업자 귄터 카우센 스캔들은 이 반대 목소리에 힘을 실어준 대표적인 사건이었다.

이처럼 점차 주택 부문에 대한 정부 통제를 철폐하라는 거센 요구로 인해 서독 정부는 1960년의 뤼케 계획을 통해서 임대료 및 임대 계약 자유화에 나섰지만 이로 인한 임대료 폭등으로 인해 11년 만인 1971년 "임차인보호법"을 제정하여 임대 계약 해지 요건을 강화하고 임대료 인상도 비교임대료 수준까지만 인상될 수 있도록 했다. 3년 한시법으로 제정된 이 법이 1974년 일반법령으로 재확인됨으로써 1차 대전 당시 군인 가족을 보호하기 위해 시작된 임대 계약에 대한 국가 개입이 항구적인 주택정책으로 자리하게 되었다.

이 두 법령이 임대료 인상을 허용하고 있었음에도 절차상의 난관으로 인하여 임대료가 사실상 동결되는 결과가 나타났다. 그로 인해 충분한 정도로 주택신축이 일어나지 못하는 상황을 극복하고자 하는 사회적 논의의 결과 1983년 '임대료표'를 제도화하여 정기적으로 임대료 인상이 이루어질 수 있도록 했다. 이렇게 해서 임대 계약 해지 요건을 강화하여 임차인에게 주거안정성을 보장하는 동시에 정기적으로 임대료 인상이 쉽게 이루어질 수 있도록 함으로써 임대인의 이익을 보장하는 현재 독일의 시스템이 갖추어지게 된 셈이다.

노조기업 '노이에 하이마트' 스캔들

이처럼 임대 계약은 임차인과 임대인의 이익을 모두 보장
되는 방식으로 진화해갔지만, 임대주택 건설은 점차 답보상태
에 머무르게 되었다. 독일의 사회주택은 정부 지원을 받는 동
안만 정부의 규제를 받을 뿐 지원이 끝나면 일반주택으로 전환
되는 모델이었다. 적절한 이윤을 보장함으로써 주택 부문에 민
간자본이 유입될 수 있도록 하기 위한 모델로서, 사회주택이
민간주택과 별도로 존재하는 오스트리아, 영국 등과 전혀 다른
독일적인 임대주택 모델이었다. 이처럼 사회주택 자체가 시간
이 경과함에 따라 자연스럽게 감소할 수밖에 없었던 데 더해,
1990년에 이르면 사회주택의 중요한 건설 주체이던 공익기업
에 대한 정부 지원이 철폐되기에 이르렀다. 사회주택의 "잘못
된 점유" 문제를 피하기 어렵다는 본질적인 문제 뿐만 아니라
대표적인 공익기업이던 "노이에 하이마트" 경영진의 부패스
캔들로 인해 주택공공성에 대한 여론이 악화된 결과였다. 현재
다시 주거난을 겪고 있는 독일의 상황에서 시계 바늘을 거꾸로
되돌이킬 수 있다면, 누구도 150년 동안 진화, 발전해온 이 주
택공공성 철폐의 순간을 빠뜨릴 수는 없을 것이다.

1   Hans-Günther Pergande, *Deutsche Bau- und Bodenbank Aktiengesellschaft 1923~1973: 50 Jahre im Dienste der Bau- und Wohnungswirtschaft* (Weisbecker, 1973), 168.

2   Peter Kremper, *NEUE HEIMAT: Unternehmenspolitik und Unternehmensentwicklung im gewerkschaftlichen Wohnungs- und Städtebau 1950~1982*(Franz Steiner Verlag, 2008), 43.

3   Peter Kremper, *NEUE HEIMAT*, 44.

4   Axel Schildt, *Die Sozialgeschichte der Bundesrepublik Deutschland bis 1989/90*(R. Oldenbourg, 2007), 15.

5   Christoph Klessmann, *Die doppelte Staatsgründung*(V & R), 243.

6   Peter Kremper, *NEUE HEIMAT*, 49. 당시 정부의 직접 지원을 받는 사회주택 이외에 80 평방미터 이하 소형주택의 경우 토지세Grundsteuer 등 세금 감면 혜택을 받는 두 번째 유형이 있었다. 이 경우 주택관리의 측면에서 어떤 제한도 받지 않았고 비용임대료Kostenmiete를 청구할 수 있었다. 국가지원 없이 건설된 세 번째 유형의 경우 주택 관리나 임대료의 측면에서 어떠한 제한도 받지 않았다. 이로써 비록 일부이기는 하지만 완전히 자유로운 주택시장이 존재하게 되었고, 이는 1차 대전 중 주택강제경제 조치를 도입한 후 처음 나타난 현상이었다.

7   "Haus-Händler Kaußen: ≫Gewinne ohne Risiko≪," *Spiegel*(29/1977) https://www.spiegel.de/spiegel/print/d-40859088.html

8   "Haus-Händler Kaußen: ≫Gewinne ohne Risiko≪," *Spiegel*(29/1977).

9   "Nur noch Schrott," *Spiegel*(1985년 4월 22일). http://www.spiegel.de/wirtschaft/nur-noch-schrott-a-c6b31391-0002-0001-0000-000013513257

10 "W. German Landlord, Deep in Debt, Kills Self," *L. A. Times*(1985년 4월 16일) https://www.latimes.com/archives/la-xpm-1985-04-16-me-23346-story.html

11 Helmut Giradet, "Jetzt wird der "Hai" gejagt," *Zeit*(1974년 10월 18일). https://www.zeit.de/1974/43/jetzt-wird-der-hai-gejagt

12 "Haus-Händler Kaußen: Gewinne ohne Risiko," *Spiegel*(29/1977).

https://www.spiegel.de/spiegel/print/d-40859088.html

13 https://www.spiegel.de/spiegel/print/d-40859088.html

14 Haus-Händler Kaußen: „Gewinne ohne Risiko," *Spiegel*(29/1977).

https://www.spiegel.de/spiegel/print/d-40859088.html

15 "Haus-Händler Kaußen: ≫Gewinne ohne Risiko≪," *Spiegel*(29/1977).

16 Axel Schildt, "...für die breiten Schichten des Volkes: Zur Planung und Realisierung des Sozialen Wohnungsbaus in der Bundesrepublik Deutschland (1950 bis 1960)," *Comparativ*, Vol. 3(1996), 33.

https://www.comparativ.net/v2/article/view/1382/1223

17 Helmut Giradet, "Jetzt wird der "Hai" gejagt," *Zeit*(1974년 10월 18일).

18 독일 제국 시기 부동산의 과세 주체는 연방주 혹은 게마인데였고, 따라서 지역에 따라 매우 상이한 규정들이 존재했다. 바이마르 시기의 경우 통일적인 과세체제를 마련하고자 매년 실제적인 부동산 가치가 계산될 수 있도록 했다. 주택과 토지의 '교환가치Verkehrswert'에 대해 과세를 하거나 비용을 제외한 '순수익Reinertrag'에 대해 과세를 할 수 있도록 했다. 이 금액이 통일적인 가치로서 매년 징수될 토지세Grundsteuer와 재산세의 토대가 될 수 있도록 했다. 그러나 이러한 계획은 이미 바이마르 시기에 포기되었다. 1931년 브뤼닝 내각은 이 법을 개정하여 부동산에 대한 가치평가Wertermittlung를 매년이 아니라 6년마다 이루어지도록 했다. 정부는 과세체계의 단순화라는 이름으로 이를 정당화했지만, 대공황 이후 정부가 가장 세금이 필요하던 시점에서 정부의 재원을 줄이는 결과를 낳게 되었다는 평가를 받고 있다.

19 1995년 연방헌법재판소의 판결에 따르면 1974년의 과세액은 1964년 가치의 140%로 계산되고 있었다. Rechtsprechung BVerfG, 22.06.1995 - 2 BvR 552/91. https://www.bundesverfassungsgericht.de/SharedDocs/Entscheidungen/DE/1995/06/rs19950622_2bvr055291.html

20 투기에 대한 논의가 무르익었던 1970년대 초 화폐 재산과 마찬가지로 토지에 대해서 과세할 필요가 있다는 점에 대해 대다수 정치가들이 동의하고 있었다. 실제로 1971년 사민당 출신 건설부 장관이던 라우리츠 라우리첸Lauritz Lauritzen이 부동산에 대한 정확한 과세를 선언하기도 했다. 동시에 그는 토지소유자가 급작스럽게 세금을 내지 않을 수 있도록 10년 기한을 두고 단계적으로 과세하겠다는 원칙을 밝혔다. 1973년 사민당은 전당대회에서 모든 토지소유자들이 매년 토지의 실제 시장 가치에 대해 신고하도록 하되, 독립적인 조사위원회가 표본추출을 통해서 이 신고액에 대해 통제를 하겠다고 선언했다. '어느 정도 정상적인 가치 상승'의 경우에는 토지가격의

3
0
2

가치 상승에서 배제하고, 특히 소유주가 실거주하는 경우 과세를 강화하지 않겠다고 선언하였다. 이로써 사민당은 시민의 재산을 위협하고 있다는 비판에서 벗어나고자 하였으나, 정상적인 가치 상승과 예외적인 가치 상승을 어떻게 법으로 구분할 것인지에 대한 의문이 남을 수밖에 없었다. 또한 거래가 이루어지지 않아 실현되지 않은 가치 증식에 대해 과세하는 것이 바람직한가에 대한 의문도 남을 수밖에 없었다. 사민당의 '자가평가' 아이디어는 실현될 수가 없어서 결국 사라지게 되었다.

21 Rechtsprechung BVerfG, 22.06.1995 - 2 BvR 552/91.
    https://www.bundesverfassungsgericht.de/SharedDocs/Entscheidungen/
    DE/1995/06/rs19950622_2bvr055291.html

22 "Fall Kaußen: Eigentum verpflichtet zu nichts," *Spiegel*(1981.10.4.).
    https://www.spiegel.de/spiegel/print/d-14335215.html

23 "Nur noch Schrott," *Spiegel*(1985년 4월 22일).

24 https://www.hausundgrund-verband.de/fileadmin/root/media/downloads/
    Chronik_Kapitel_H.pdf. 142.

25 https://www.hausundgrund-verband.de/fileadmin/root/media/downloads/
    Chronik_Kapitel_H.pdf. 144.

26 https://www.hausundgrund-verband.de/fileadmin/root/media/downloads/
    Chronik_Kapitel_H.pdf. 154.

27 https://www.hausundgrund-verband.de/fileadmin/root/media/downloads/
    Chronik_Kapitel_H.pdf. 152.

28 Karl Christian Führer, *Die Stadt, das Geld und der Markt*(De Gruyter, 2015), 241-242.

29 이 부서는 원래 재건부Bundesministerium für Wiederaufbau라는 명칭으로 만들어졌다가 여러 차례 개칭되었다. 1950년부터 1961년에는 '주택 건설부Bundesministerium für Wohnungsbau', 1961년부터 1965년에는 '주택, 도시건설 및 공간조정부Bundesministerium für Wohnungswesen, Städtebau und Raumordnung'였고, 1965년부터 1972년까지 '공간조정, 건설 및 도시건설Bundesministerium für Raumordnung, Bauwesen und Städtebau부'로 불렸다. 1998년에는 교통부와 통폐합되어 '교통, 건설 및 주택부Bundesministerium für Verkehr, Bau- und Wohnungswesen'였다가 2013년부터 2018년 사이 건설부문이 '환경부Bundesumweltministerium'로 이관되었으며, 2018년부터는 '내무, 건설 및 통합부Bundesministerium des Innern, für Bau und Heimat'에 속하게 되었다. 2021년 사민-자민-녹색당 연정과 더불어 새롭게 '주거도시개발건설부Bundesministerium

für Wohnen, Stadtentwicklung und Bauwesen'라는 명칭의 독자적인 부서가 되었다.

30 "Warum sollen die Mieten erhöht werden," *Spiegel*(27/1958).
    https://www.spiegel.de/politik/warum-sollen-die-mieten-erhoeht-werden-a-
    ad5e56a0-0002-0001-0000-000041761759

31 Alfred C. Mierzejewski, *Ludwig Erhard: Der Wegbereiter der Sozialen
    Marktwirtschaft*(Pantheon, 2006), 255-256.

32 Karl Christian Führer, *Die stadt, das Geld und der Markt*, 255.

33 Max Welch Guerra, "Kampf gegen den Weissen Kreis," in: Philipp Mattern(ed.),
    Mieterkämpfe: Vom Kaiserreich bis heute(Bertz + Fischer, 2018), 127.
    그리고 1989년 1월의 베를린 의회 선거에서 좌파 정당들이 승리한 끝에
    사민당 출신의 시장이 선출되기에 이르렀다.

34 뤼케 계획의 556a, 사회조항Sozialklausel에 따라 논란이 있을 경우 법원은
    '임대인의 필요Belang des Vermieter'와 임차인의 사회적 난관을 고려하여 시비를
    가리게 되어 있었다. 1967년 이후부터는 '정당한 이해관계'라는 표현으로
    바뀌게 되었다. 이로써 임대인은 '변화통보Änderungskündigung'를 수단으로 하여
    임대료 이자를 인상할 수 있었다. 임대인들은 1970년대 초반 이 가능성을
    빈번히 활용하게 되었다.

35 https://dejure.org/gesetze/0BGB010901/556a.html

36 Barbara Dietrich, "Grundrente und Wohnungsfrage," *Kritische Justiz*, Vol. 7,
    No. 3(1974), 252.

37 Günther Schulz, "Wohnungspolitik und soziale Sicherung nach 1945: das
    Ende der Arbeiterwohnungsfrage," in: Klaus Tenfelde(ed.), *Arbeiter im 20.
    Jahrhundert*(Klett-Cotta, 1991), 501.

38 "300 Prozent Mieterhöhung sind kein Wucher," *Spiegel*(13/1966).
    https://www.spiegel.de/politik/300-prozent-mieterhoehung-sind-kein-
    wucher-a-eb460d87-0002-0001-0000-000046266070

39 Axel Schildt, "...für die breiten Schichten des Volkes," 40.

40 Axel Schildt, "...für die breiten Schichten des Volkes," 41.

41 예컨대 2021년 1월 6일 자 프랑크푸르트 알게마이네 차이퉁Frankfurter
    Allgemeine Zeitung, Faz은 이를 표제어로 삼고 있다. "Mietendeckel bringt keine
    einzige neue Wohnung," *FAZ*(2021년 1월 6일).
    https://www.faz.net/aktuell/rhein-main/wohnungsnot-in-hessen-warnung-
    vor-mietendeckel-einfuehrung-17131830.html

42 Stefan Kofner, "Housing Allowances in Germany," in: Peter A. Kemp, *Housing*

Allowances in Comparative Perspective(Bristol University Press, 2007), 162.

43 이 보조금은 대상을 소득 하위 계층으로 한정했으며 기간도 3년으로 제한했다. 따라서 그 효과는 미미한 수준이었다.

44 "Verordnung über die Gewährung von Miet- und Lastenbeihilfen vom 21. Dezember 1960," *Bundesgesetzblatt Teil I*(1960). https://www.bgbl.de/xaver/bgbl/start.xav?start=%2F%2F*%5B%40attr_ id%3D%27bgbl160s1056.pdf%27%5D#__bgbl__%2F%2F*%5B%40attr_ id%3D%27bgbl160s1056.pdf%27%5D__1635310687065

45 "Verordnung über die Gewährung von Miet- und Lastenbeihilfen vom 21. Dezember 1960," *Bundesgesetzblatt Teil I*(1960). https://www.bgbl.de/xaver/bgbl/start.xav?start=%2F%2F*%5B%40attr_ id%3D%27bgbl160s1056.pdf%27%5D#__bgbl__%2F%2F*%5B%40attr_ id%3D%27bgbl160s1056.pdf%27%5D__1635310687065

46 "Gesetz zur Änderung des Gesetzes über Wohnbeihilfen vom 23. März 1965," *Bundesgesetzblatt Teil I*(1965), 140-146. https://www.bgbl.de/xaver/bgbl/start.xav?start=%2F%2F*%5B%40attr_ id%3D%27bgbl160s1056.pdf%27%5D#__bgbl__%2F%2F*%5B%40attr_ id%3D%27bgbl160s1056.pdf%27%5D__1635310687065

47 Günther Schulz, "Wohnungspolitik und soziale Sicherung nach 1945," 500.

48 "Bekanntmachung des Neufassung des Wohngeldgesetz vom 1. April 1965," *Bundesgesetzblatt Teil I*, §1, 179. https://www.bgbl.de/xaver/bgbl/start.xav?startbk=Bundesanzeiger_ BGBl&jumpTo=bgbl165s0177a.pdf#__bgbl__%2F%2F*%5B%40attr_ id%3D%27bgbl165s0177b.pdf%27%5D__1635311818466

49 "Zweites Wohngeldgesetz vom 14. Dezember 1970," *Bundesgesetzblatt Erster Teil*, §1, 1639. https://www.bgbl.de/xaver/bgbl/start.xav?start=%2F%2F*%5B%40attr_ id%3D%27bgbl170s1637.pdf%27%5D#__bgbl__%2F%2F*%5B%40attr_ id%3D%27bgbl170s1637.pdf%27%5D__1635312290559

50 "Ich kann so viel herausholen, wie ich will," *Spiegel*(30/1970) https://www.spiegel.de/politik/ich-kann-so-viel-herausholen-wie-ich-will- a-c5128881-0002-0001-0000-000044418305

51 "Ich kann so viel herausholen, wie ich will", *Spiegel*(30/1970).

52 https://www.bgbl.de/xaver/bgbl/start.xav#__bgbl__%2F%2F*%5B%40attr_

id%3D%27bgbl171s1839.pdf%27%5D__1635316008479

53 "Bauen wurde ganz groß geschrieben," *SPD Pressedienst*(1972.12.19.), 6. http://library.fes.de/spdpd/1972/721219.pdf

54 "Zweites Gesetz über den Kündigungsschutz für Mietverhältnisse über Wohnraum vom 18. Dezember 1974," *Bundesgesetzblatt Teil I*(1974). https://www.bgbl.de/xaver/bgbl/start.xav?start=%2F%2F*%5B%40attr_id%3D%27bgbl174s3603.pdf%27%5D#__bgbl__%2F%2F*%5B%40attr_id%3D%27bgbl174s3603.pdf%27%5D__1635318741298

55 "Zweites Gesetz über den Kündigungsschutz für Mietverhältnisse über Wohnraum vom 18. Dezember 1974," *Bundesgesetzblatt Teil I*(1974), 3604.

56 Karl Christian Führer, *Die Stadt, das Geld und der Markt*, 327.

57 Karl Christian Führer, *Die Stadt, das Geld und der Markt*, 337.

58 자민당을 위한 이와 같은 타협안에 더해 임차인 보호를 중시하던 사민당이 중시하던 안도 두 가지 수용되었다. 먼저, 향후 10만 명 이상의 기초자치단체의 경우 "임대료표"를 만들어서 지속적으로 갱신해야 했으며, 이는 과거 5년간 합의된 임대료 가격에 근거해야 했다. 시장의 자율성을 강조하던 자민당은 원래 이 기간을 2~3년으로 설정하여 임대료 인상률을 높이고자 했다. 두 번째로 사민당은 "최고인상폭Kappungsgrenze"을 설정하였다. 임대료는 3년 이내에 최고 30%까지 인상될 수 있을 뿐이었고, 그 이상의 임대료 인상에 대해서라면 임차인의 거부권이 인정되었다. 2021년 현재 과거 4년의 자료가 이용되고 임대료 인상폭이 3년에 15~20%로 제한되는 수치상의 변화가 있을 뿐, 이 임대료 인상 규정은 큰 틀에서 보면 현재까지 지속되고 있다. 실제로 이 '비교임대료표'는 지역에 따라 매우 상이한 방식으로 작성되고 있다. 이 표는 주로 대도시에서 만들어졌으나 어떤 통일적인 형식은 갖지 않는다. 함부르크와 뮌헨 등의 경우 도시 자체가 이 과제를 떠안았고, 실제 시장 임대에 대한 정보가 부족한 다른 지자체의 경우 지역 임대인 단체나 임차인 단체가 가격 리스트를 만들었다. 비용상의 이유로 대부분의 비교임대료는 임대인 대표와 임차인 대표간의 합의의 결과로 만들어졌고 실제 자료에 근거하지 않았다. 이 경우는 '간단한 비교임대료표Einfache Mietspiegel'로 간주된다. 간단한 비교임대료표에 대한 관련 법 조항을 보기 위해서는 Bürgerliches Gesetzbuch (BGB) § 558c (1) https://www.gesetze-im-internet.de/bgb/__558c.html 베를린과 뮌헨 등 극소수의 지자체만 전문가들이 고용되어 '전문적인 임대료표Qualifizierter Mietspiegel'를 작성한다. https://www.gesetze-im-internet.de/bgb/__558d.html

306

59 물론 부분적인 개정이 이루어진 상태였다. 기민련의 주장에 따라 "정기인상임대료Staffelmiete"를 신축주택뿐만 아니라 구주택의 임대 계약이 신규로 체결될 경우에도 적용될 수 있도록 했다. 또한 자민당이 이미 주장한 것처럼 임대료표Mietspiegel 갱신 기간도 5년이 아니라 3년 단위로 축소되었으며, 임대료 인상 절차도 간소화되었다. 1974년 법 가운데 임대 계약해지보호Kündigungsschutzregel의 경우 기민련도 이 조항에 손대기를 원치 않았기 때문에 유지될 수 있었다. Gesetz zur Erhöhung des Angebots an Mietwohnungen vom 20. Dezember 1982. https://www.bgbl.de/xaver/bgbl/start.xav#__bgbl__%2F%2F*%5B%40attr_id%3D%27bgbl182s1912.pdf%27%5D__1640077997885

60 1971년과 1974년에 있었던 비교임대료는 실제로 임대료 동결과 같은 효과를 가졌지만, 이를 변화시킨 1981~82년 법안에 따라 임대료를 지속적으로 변화시킬 가능성이 제도화되었다. 결과적으로 1989년 가계소득에서 임대료가 차지하는 비율은 17%로, 1981년의 12%보다 현저히 높아지게 되었다. Karl Christian Führer, *Die stadt, das Geld und der Markt*, 346.

61 Axel Schildt, "...für die breiten Schichten des Volkes," 25.

62 법의 공식 명칭은 1차주택법(Erstes Wohnungsbaugesetz)(1950. 4. 24)이었다. https://www.bgbl.de/xaver/bgbl/start.xav?start=//*%5B@attr_id=%27bgbl150s0083a.pdf%27%5D#__bgbl__%2F%2F*%5B%40attr_id%3D%27bgbl150s0083a.pdf%27%5D__1635642429823

63 Deutscher Bundestag, *Plenarprotokoll*, No. 01/249(1949.12.16), 749.

64 문수현, "기민련 정권의 주택정책 분석," 『서양사론』 119호(2013), 105에서 재인용.

65 Georg Wagner, *Sozialstaat gegen Wohnungsnot*(Schöningh, 1995), 39.

66 Edgar Wolfrum, *Die Bundesrepublik Deutschland*(Klett-Cotta, 2005), 86.

67 Günther Schulz, "Wohnungspolitik und sozialeSicherung nach 1945," 492.

68 Axel Schildt, "...für die breiten Schichten des Volkes," 32.

69 게오르크 바그너는 사민당과 기민련 양당 모두 중간계급 지원을 우선시하고 있다는 점에서 근본적인 차이를 보이지 않고 있었다는 입장이다. Georg Wagner, *Sozialstaat gegen Wohnungsnot*, 10.

70 Michael Voigtländer, "Why is the German Homeownership Rate so Low?," *Housing Studies*, Vol. 24, No. 3(2009), 355-372.

71 Helmut Wollman, "Housing Policy: between state intervention and the market," in: Klaus von Beyme/Manfred G. Schmidt(eds.), *Policy and Politics in the*

Federal Republic of Germany(St. Partin's Press, 1985), 146. 사회주택이 노동자 가운데 상층의 주택이 되는 현상은 구조적인 원인을 갖고 있었다. 당시 독일 국가가 주택 건설에 직접 나서기보다 개인 혹은 공익주택기업이 건설하도록 했다. 각 지자체의 주택청들은 1950년의 법적인 규정에 따라 주택기업에 여러 임차인 후보자들의 리스트를 제공하고 그 가운데 고를 수 있도록 했다. 이 경우 임차인의 지불능력이 중요한 척도가 되었음은 물론이다. 특히 임차인들이 세전 연소득의 20%까지를 추가로 지불하는 것이 허락된 상황이었다.

1950년대는 모든 도시 사회주택의 1/5~1/3 정도가 이처럼 '건설비용보조금'을 지불하는 가구에 배당되었다. 이를 통해서 사회주택 건설이 촉진될 수 있었지만, 사회주택 거주 자격요건을 충족시키는 그룹 가운데서도 상층이 사회주택 거주자가 되도록 하는 구조였음은 물론이다.

72 S. Kohl, Otto Depenheuer et.al.(ed.), *Wohneigentum für breite Schichten der Bevölkerung*(Springer, 2020), 55에서 재인용. 토지 소유를 확산시켜서 공동체의 안정을 도모하고 검약 혹은 가족애 등의 가치를 촉진하자는 아이디어는 전근대 사회에도 존재했다. 전후에는 참전 군인들에게 토지를 분배하는 것이 사회정치적인 안전장치로 활용되기도 했었다. 이에 더해 산업화, 도시화, 그리고 엄청난 도시 빈민들을 목도한 19세기 초반부터 보수적인 개혁가들은 도시 변두리 정원이 딸린 가족 주택에서 사회 문제를 해결할 하나의 가능성을 발견했다. 이러한 아이디어들은 섬유산업, 석탄 산업 지대 사택들이 대규모로 건설됨으로써 실현되기 시작했다. 19세기 후반부터는 보수와 진보를 망라하여 다양한 집단들이 모든 노동자가 자본가가 되도록 함으로써 자본주의 사회의 일부로 만들 필요가 있다는 아이디어가 확산되어 갔다.

73 민간 부동산 금융 부문이 발전하지 않았기 때문에 건설주가 되고자 하는 경우 전체 비용의 35~40%를 확보하고 있어야 했다. 그러나 2차대전 후 민간 부문의 자본축적이 아직 이루어지지 못한 상태였기 때문에 지가가 낮은 지역에 건설하고자 하거나 사적인 지원을 확보할 수 있는 경우에만 자가주택을 건설할 수 있었다. 이에 따라 1960년대 초까지 사회주택 건설이 민간주택 건설을 앞지르고 있었다. Michael Voigtländer, "Why is the German Homeownership Rate so Low?," 359.

74 Michael Voigtländer, "Die Privatisierung öffentlicher Wohnung," *Wirtschaftsdienst*, Vol. 11(2007), 751.

75 "Affäre Neue Heimat: Es geht um das Renommee der Gewerkschaften," *Spiegel*(1982.2.14.).

76 독일노총이 유럽에서 가장 큰 건설기업을 보유할 수 있었던 것은 전후의

특수성에 기인한 것이었다. 19세기 후반으로 거슬러 올라가는 노동자들의
자조조직은 1920년대 이르러 자본주의 경제 체제의 전면적인 전환을 최종
목표로 하는 기업 운영을 낳기에 이르렀다. 여러 지역노조 조직들이 운영하는
기업들이 나치시기를 거치며 통폐합되었다가 전후 되살아나게 되었다.
전간기에도 이미 큰 기업이던 '폭스퓌어조르게Volksfürsorge'가 1947년 새롭게
설립되었고, 1954년에는 모든 노조소유 주택회사가 '노이에 하이마트'로
통폐합되었으며, 1958년에는 노동자은행, 혹은 지역의 공유경제은행들이
'공유경제은행Bank für Gemeinwirtschaft, BfG'으로 통폐합되었으며 1960년대 말과
70년대 초에 마지막으로 소비조합이 'co op AG'로 통폐합되었다. 이로써
전국적으로 매우 큰 역할을 담당하는 네 개의 기업이 생겨났고, 그 가운데
노이에 하이마트는 서독에서 압도적으로 가장 큰 주택기업이었다. 이들 기업은
노조가 규정하는 정치적인 목표를 실현하는 것을 목표로 하고 있었다. 전전에
이들이 자본주의 경제 체제의 대항 축을 구성하고자 했던 것과 달리 전후
노조소유 기업들은 사회적 시장경제의 확고한 일원이 되고자 하는 목표를
갖고 있었다.

77 1950년부터 1971년 사이 사회주택의 건설비용은 1만 마르크에서
88,200마르크로 급증하였다. 토지비용, 그리고 건설비용이 급격하게 인상되었기
때문이며, 또한 주택표준이 개선되었기 때문이기도 했다. 새로 건설된
사회주택은 1953년 53평방미터였다가 1971년은 79평방미터에 달했다.
중앙난방의 비율도 1953년 3.8%에서 1970년 95.3%에 달했다. Günther Schulz,
"Wohnungspolitik und soziale Sicherung nach 1945," 503.

78 Wolfgang Kiehle, "Wohnungspolitik," in: Uwe Andersen / Wichard Woyke (ed.),
*Handwörterbuch des politischen Systems der Bundesrepublik Deutschland. 7.,
aktual. Aufl.*(Springer, 2013).
https://www.bpb.de/nachschlagen/lexika/handwoerterbuch-politisches-
system/202215/wohnungspolitik

79 Günther Schulz, "Wohnungspolitik und soziale Sicherung nach 1945," 496.

80 이 공익주택회사는 원래 기민련에서는 선호하지 않던 형태였다. 반면, 사민당은
전통적으로 공익주택기업과 깊은 유대를 맺어왔다. 공익주택은 사민당 당원들이
기업의 이사회 등에 참여하는 경우가 많았다.

81 Andrej Holm et.al., *NEUE GEMEINNÜTZIGKEIT Gemeinwohlorientierung
in der Wohnungsversorgung*(2015.09), 11.
https://www.sowi.hu-berlin.de/de/lehrbereiche/stadtsoz/mitarbeiterinnen/
copy_of_a-z/holm/neue-gemeinnutzigkeit-gesamt-2015-09-16.pdf

82 콜 정부의 주택정책은 주택시장에 대한 국가 개입을 철회하는 쪽이었고, 이는 1970년대 이래 적합한 주택의 공급을 시장에 맡기고 주택 문제를 중앙정부에서 지방정부로 점차 이관해온 유럽 복지국가의 전반적인 재편 흐름과 일맥상통하는 내용이었다. 1984년에 이르면 콜 정부는 주택시장의 균형에 도달했다고 공식선언하기도 했다. Barbara Schönig, "Paradigm Shifts in Social Housing After Welfare-State Transformation: Learning from the German Experience," *International journal of urban and regional research*, Vol. 44, No. 6(2020), 1027.

83 https://www.gesetze-im-internet.de/wg_bfg/BJNR011360988.html

84 Karl Christian Führer, *Die stadt, das Geld und der Markt*, 347.

85 "Neue Wohnungsgemeinnützigkeit: Wohnungsunternehmen wollen keine Steuerbefreiung," *MieterMagazin*, 8+9/17. https://www.berliner-mieterverein.de/magazin/online/mm0917/inhalt0917.htm

제 5 부

'임차인 민족'의 근심

현대 독일

1장

21세기 독일의 주택 문제와 해결을 위한 모색들

흔히 '서구 자본주의'로 통칭되곤 하지만, 독일과 영국이 서로 다른 나라이듯이 독일 자본주의는 분명 영미권의 자본주의와 궤를 달리한다. '라인 모델'로 지칭되는 독일 자본주의의 경우 중소 가족 기업들이 많은 구조로서 단기적인 차액보다는 장기적인 투자수익을 중시하며 노조도 경영에 관여하기 때문에 높은 수준의 고용 안정성이 보장된다. 또한 임금협상을 통해서 임금 인플레이션을 차단하고 피고용인들 간의 불평등을 줄여 왔다. 반면, 소유 구조가 다변화되어있는 주식회사 구조인 영미권의 회사들은 경영진이 주주의 단기적인 이익을 중시할 수밖에 없는 가운데 노조는 약하고 회사 경영에 대한 발언권이 없다. 이에 따라 고용보장은 제한적이며 노동자들의 해고가 쉽고 피고용인들 간의 임금 격차가 크다.

결국, 상존하는 리스크를 견뎌내는 주주들의 이익을 중시하는 영국 기업들과 달리, 독일 자본주의 기업은 주주뿐만 아니라 피고용인들 등 이해 당사자들 전체의 이익을 중시하는 구조를 갖추고 있다는 평가를 받고 있다.[1]

이러한 경제 구조의 차이는 주거구조에도 반영된다. 영국의 경우 주택 소유 비율을 높이는 데 정책이 집중되어 있고 6개월 기준의 단기 임대가 일반적이지만, 독일식 주택 시스템은 민간 임대 부문의 수익성을 보장하기는 하되 퇴거가 어렵고 장기 임대가 주를 이루는 등 임차인의 이익을 보호함으로써 자가소유와 임대가 균형을 이루고 있다.

영국계 주택회사인 아닝턴Annington 그룹이 영국과 독일 자회사 운영방식을 비교한 최근 연구는 두 나라 주택체제의 차이를 잘 보여준다. 아닝턴 그룹의 독일 내 자회사인 "도이체 아닝턴Deutsche Annington"은 임차인의 이익을 보호하는 포괄적인 독일법의 적용을 받는 대신, 장기적으로 공실률을 낮추고 안정적인 임대료 수익을 보장받는 편을 택했다. 임대 계약을 일반 비즈니스 계약과 동일시하고 주택 임대보다는 매매에 집중하는 영국에서와는 전혀 다른 방식으로 운영하고 있는 셈이다.[2]

무엇이 이 거대 영국주택 기업으로 하여금 영국과 독일에서 각각 다른 운영방식으로 운영하도록 했는지, 구체적으로 '독일식'이란 무엇인지라는 질문을 던져볼 필요가 있다. 그리고 그 답은 결국 매우 강력한 임대차보호법과 임대료표를 통한 임대료 통제로 수렴될 수 있을 듯하다.

독일 주택정책의 네 가지 요소들

주택 문제와 관련하여 현재 독일에서 활용되는 제도는 네 가지 정도로 갈무리된다. 먼저 명령과 금지에 기초한 통제 정책의 측면에서 보자면, 민법에 규정된 임대권Mietrecht을 들 수 있다. 임차인과 임대인을 두 대등한 계약당사자로, 그리고 임대 계약을 일반적인 비즈니스 계약으로 간주하는 영국의 경우와 달리, 세입자와 주택소유자 간의 세력 불균형으로 인하여 세입자를 국가가 보호할 필요가 있다는 것이 이 법에 담긴 근본정신이었다. 독일 주택의 경우 일반적인 민법의 근본 원칙인 계약자유 원칙의 적용을 받지 않기 때문에, 임대료를 인상하거나 계약을 해지하는 데 있어 제한을 둘 수 있다.

그 결과 일반적으로 독일의 임대 계약은 원칙상 무기한이며 임대 기한이 정해진 임대 계약을 체결하기 위해서는 주택에 대한 개인적인 필요, 혹은 개보수 등 합법적인 사유가 필요하다. 무기한 계약인 상태에서 임대인이 임대 계약을 끝내기 위해서는 합법적인 사유가 필요할 뿐만 아니라,[3] 임대인이 합법적인 사유로 임대 계약을 끝내고자 할 경우에라도 임차인이 특별한 곤경에 처해 있는 상태라면 퇴거를 강제할 수 없다. 임신, 시험, 장애, 심각한 질환, 학교와 유치원을 바꾸기 어려운 상태, 고령인 세입자가 이미 장기간 거주한 경우, 단기간에 두 번 이사하는 경우, 세입자가 주택에 투자한 경우, 합리적인 조건의 적합한 대안적인 주거 공간을 마련할 수 없는 경우 등 그 곤경의 사유로 인정될 수 있는 상황들의 리스트는 '도대체 퇴거가 가능한가' 싶을 정도로 길다. 한국에서라면 매우 흔하고 일반적인 사유, 즉 주택을 매매하거나 혹은 임대료를 인상하려는 목적으로 세입자를 몰아내는 것은 불가능하다.

임대 계약이 갱신되는 경우 자유로운 임대료 인상도 불가능하다. 임대 계약 갱신으로 기존의 임대 계약이 지속되는 경우 지역의 비교 임대료가 임대 계약에 있어서 상한선으로 작용하고 있다. 지역의 '비교임대료'에서 20~50%까지를 더 요구할 수 있을 뿐이다.[4] 독일과 한국의 주거 여건에서 가장 큰 차이는 이처럼 강력한 임차인 보호조치인 것으로 보인다.

그러나 독일의 주택임대 정책이 전적으로 통제의 측면만 있는 것은 아니다. 임대 계약에 대한 규제는 영국, 스페인 등 여타 국가들에서도 제도화되어있었지만, 독일의 경우 이들과 달리 민간 임대 부문의 발전을 끌어낼 여러 제도적인 장치들이 있었기에 임대부문이 충분히 발전할 수 있었다. 신규 임대 계약의 경우 임대료가 비교적 자유롭게 결정될 수 있고, 임대인이 주택에 충분히 투자할 수 있도록 개보수 전체 비용의 11%

까지를 연간 임대료에 반영할 수 있도록 한 것은 그 대표적인 예이다. 이처럼 독일의 경우 개보수가 임대료를 인상시키는 합법적인 명분이 될 수 있도록 했기 때문에 적절한 때에 주택 개보수가 일어남으로써 임대주택이 질적으로 높은 수준을 유지하고 있다.

임대권을 통한 규제 이외에 다른 세 가지 수단은 모두 재정과 관련되는 것으로서, 객체 지원과 주체 지원으로 나뉘며 '금지'보다는 '견인'을 의도하고 있었다. 객체지원 방식은 자가주택 소유 및 사회주택 건설 촉진을 내용으로 하고 있다. 먼저 주택 소유를 촉진하기 위한 제도로 공적자금 대출 및 세제 혜택을 꼽을 수 있다. 초기에는 주로 세금 감면의 형태로 이루어졌다. 구체적으로 1949년부터 주택을 건설하면 첫 2년 동안은 건설비용의 10%에 해당하는 소득세를 감면받았고, 이후 10년 간은 3%씩 감면받을 수 있었다.

이에 더해 1982년부터는 자녀가 있는 건축주를 특별히 우대하는 "주택 건설 자녀수당Baukindergeld"이 도입되었고, 1996년에는 자가주택보조금Eigenheimzulage이 제도화되었다. 이는 중간계급이 국가의 지원을 받아 주택을 건축하거나 혹은 구매하도록 하는 방식으로서 주택 사다리의 상향 이동을 일으켜 주거조건이 개선되는 효과를 의도했다. 이 자가주택보조금은 2004년에만 114억 유로, 한화로 15조가 넘어서 연방 정부가 제공하는 가장 큰 보조금에 속했다.[5] 그러나 이 조치는 중간계급에 대한 지원일 뿐 낙수효과가 없다는 비판에 직면하였다가, 비용에 비해 효과가 작다는 판단 아래 2005년에 철폐되었다.[6] 그 외에도 1999년까지는 2년 이상, 그리고 1999년 이후부터 현재까지 10년 이상 거주한 주택의 판매로부터 얻어지는 자본이익의 경우 세금 면제 대상으로 삼은 것 등을 자가주택에 대한 지원책으로 볼 수 있다.

객체 지원의 두 번째 방식은 사회주택 건설로서, 국가가 민간 투자자에게 자금을 지원하거나 혹은 대출을 용이하게 하는 방식이다. 2차 대전 직후 사회주택 건설이 매우 활발했다가 1970년대부터 점차 축소되었고, 1980년대에는 연간 74,000호가 건설될 뿐이었다. 연방 정부는 당시 주택시장이 충분히 안정적이라 판단하고 있었기 때문에, 사회주택 건설에 적극적이지 않았다. 2002년부터 주로 주 정부 소관 사항이 되고 중앙정부는 2억 3,000만 유로로 책정된 금액을 지원하는 데 그쳤다가, 2007년 이후부터는 전적으로 주 정부 소관사항이 되었다.[7] 그 결과 사회주택이 급감하여 2020년의 경우 3만호가 신축되었을 뿐이고,[8] 사회주택 재고량은 2019년 기준 113만 호에 불과하다.[9]

마지막으로 주체 지원의 경우 주거보조금을 통해서 임대료 부담을 떨어뜨리는 방식이다. 현재 주거보조금은 가구 구성원 수, 전체 가족 수입, 임대료 혹은 담보대출비용 등 여러 요소에 따라 결정된다. 이 주거보조금을 통해서 주거비용이 지불되기는 하지만, '적합한 주택'의 경우에만 해당된다. 따라서 가족 수 등을 고려해 적합한 규모를 초과하게 되면 주택 일부를 임차하거나 혹은 저가 주택으로 이사할 것을 요구받는다. 2005년까지 이 주거보조금은 임차인뿐만 아니라 자가 소유자도 수령할 수 있었다. 2004년 통계에 따르면 3,910만 가구 가운데 350만 가구가 52억 유로, 7조 원 이상의 주거보조금을 수령하고 있었다. 이는 전체 가구의 9%에 해당하는 수치였다. 이 금액은 독일 GDP의 0.24%, 그리고 세금 감면을 제외한 전체 주택 보조 예산 가운데 27%를 차지하는 금액이었다.[10]

그러나 2005년 들어 이루어진 "하르츠Hartz IV" 개혁을 통해서 실업 보조금 안에 주택보조금이 포함된 "실업기금 IArbeit-slosengeld I" 그룹이 신설되고, 실업급여를 포함하여 여타의 사회복지 수혜자들이 주거보조금 수령자가 될 수 없도록 했다. 그 결과 주거보조금 수령 비율이 현저하게 줄어들어 전체 가구의 2%만 주거보조금을 받을 수 있게 되었고, 이에 해당하는 비용도 12억 유로, 1조6천억 원 정도로 급감하였다.[11]

결국 현재 독일의 주택정책은 사회주택 및 자가주택 건설 지원이라는 객체지원 방식은 점차 사라지고 임대차 규제와 주거보조금을 통한 주체 지원 두 가지에 수렴하는 양상이다. 독일 아닝턴 그룹의 경우에서 보듯이 독일의 임대차보호법은 여전히 임차인을 위한 강력한 보호 장치로 기능하고 있다. 그럼에도 불구하고 급격한 임대료 인상으로 인해 주택 문제가 다시금 심각한 사회문제로 인식되고 있는 현재의 상황은 주택 문제를 '통제'의 방식으로 접근할 경우 각종 회피를 통한 효율성 문제가 남을 수 밖에 없다는 점을 잘 보여주고 있다. 또한 주거보조금의 경우에도 시장에 간접적인 영향력을 행사할 수 있을 뿐이라는 문제가 남는다.

금융위기 이후 독일의 주택 문제

여러 선진국들에서 주택 문제는 점차 공공에서 민간 부문으로 이관되는 큰 흐름을 보여왔다. 사회주택 및 공공 주택은 민영화되며, 주택공급보다도 주거보조금이 중시되고, 민간주택 소유를 높이고 임대료 통제를 완화하는 방식으로의 변화가 누적되어 가고 있다. 독일도 마찬가지로 1980~1990년대 내내 주택정책의 시장 지향적인 경향이 강화되었고, 특히 1990년대 중반부터 2000년대 초반 사이에는 조합 및 지자체 소유 주택의 민영화가 급격한 속도로 이루어졌다. 각 지자체별로 시의 재정 건전성을 확보하고자 하는 의지가 강했고, 주택에 대한 투자는 과잉 상태인 것처럼 보였다. 이 민영화 과정에서 개인이나 소규모 투자가들보다 임대주택 포트폴리오를 가진 민간 사모펀드 투자가들이 중요한 행위자가 되는 주택의 금융화 과정이 본격적으로 나타났다. 베를린의 경우처럼 블록 전체를 그것도 최

고금액을 부르는 단기 사모펀드 투자가들에게 매매하는 경우도 흔했다.[12]

그 결과 대도시를 중심으로 하여 임대료가 치솟고 있다. 임대 계약이 지속되는 경우 2009년 이래 인상 폭이 9.2%로서 소비자물가 인상률이 8.7%인 점을 감안할 때 높다고 하기는 어렵지만, 신규계약의 경우 25% 인상된 것으로 나타났다. 특히 14개 대도시는 평균 24.1% 인상되었으며, 뮌헨과 슈투트가르트의 인상폭은 40%, 베를린은 67.8%에 달했다.

임대료보다 더 극적으로 증가했던 것은 부동산 가격이었다. 2007년부터 2017년 사이 임대료가 135% 인상되었다면, 주택가격은 180% 인상된 것으로 나타났다.[13] 대도시 집중도 뚜렷했다. 2010년을 기준연도로 하여 2019년까지를 다룬 연구에 따르면 전국 기준 인상폭이 60%일 때, 7대도시의 인상폭은 90%에 달했다.[14]

인구와 가족 구조의 변화로 인해 주택수요 자체가 증가한 것도 대도시를 중심으로 주택난을 가중시키는 주요한 이유가 되고 있다. 1991년부터 2017년 사이 인구는 3.5% 증가했지만 가구 수는 17% 늘었다. 그 결과 2016년 현재 독일 전체에서 1인 가구 비율은 41%에 달한다. 또한 2010년 이후 독일 대학생 숫자가 28% 증가하였고, 이는 대학이 소재한 대도시들의 인구를 증가시키는데 크게 기여했다.[15]

건설 자체가 적게 이루어지고 있었다는 점도 상황을 악화시켰다. 현재 독일의 주거수요를 만족시키기 위해서는 매년 35만~40만 호가 신설되어야 하는 것으로 추산되고 있지만, 이러한 목표는 지난 20년 동안 달성되지 못했다. 쾰른 독일경제연구소Institut der deutschen Wirtschaft의 2015년 연구 결과에 따르면 대도시의 경우 현재 필요한 주택의 절반만 건축되고 있다. 반면 부동산 전문가들이 "도넛 효과"를 얘기할 정도로 많은 주택들이 도시 외곽이나 농촌, 즉 주택수요가 그리 많지 않은 곳에 건설되었다.

이는 무엇보다도 도심의 택지가 부족한 탓으로 분석되고 있다. 택지의 경우 매우 제한된 자원으로서, 2010년부터 2019년 사이 택지 가격이 평균 50% 인상되었지만 대도시의 경우 최근 5년으로만 한정하더라도 두 배로 인상되었다.[16] 그런가 하면 화재방지 및 환경보호를 고려하여 건축법이 점차 강화되면서 주택 건설 비용이 지속적으로 인상되었다. 2000년의 건축비보다 2016년의 건축비가 45%가 더 높을 정도이다.[17]

그리하여 현재 독일에서 주택 문제는 매우 심각한 사회 문제 가운데 하나로 인식되고 있다. 슈피겔Spiegel 지가 2019년 의뢰한 설문 결과에 따르면 26%의 독일인들이 향후 5년 이내에 현재 살고 있는 지역에서 주택을 마련할 수 있는지 아닌지가 "심각하거나 매우 심각한 근심거리"라고 답했으며, 대도시의 경우 이 수치는 40% 이상이었다.[18] 2020년 현재 이 비율이 51.1%까지 올라간 것은 주거불안정성이 급속도로 확산되고

있음을 잘 보여주고 있다.[19]

많은 자본이 소요되는 주택 구매는 그렇다 치더라도, 임대차보호법이 매우 강력한 독일에서 임차인은 왜 계약 해지, 혹은 급격한 임대료 인상을 두려워하는가? 미디어에 흔하게 오르내리는 사연은 다음과 같다. 60년간 뮌헨의 한 임대주택에 거주해온 노부부는 주택이 개보수될 것이며 임대료가 700유로 이상 인상되리라는 통지를 받게 되었다. 이 노부부뿐만 아니라 인근의 230여 가구가 동시에 영향을 받게 된 이 통지는 임대주택 매입을 통해 새롭게 임대인이 된 부동산회사가 발송한 것으로, 이 사건은 임대권 분쟁과 관련된 최초의 집단소송 Musterfeststellungsklage 사례였다.[20] 앞서 언급된 것처럼 개보수의 경우 연간임대료 인상을 통해 전체 비용의 11%까지를 임차인에게 물릴 수 있도록 하는 조치가 1974년에 도입된 바 있었다. 이는 1,100만 호가 중앙난방을 갖추지 못했고, 300만 호가 욕조를 갖지 못한 상황에서, 임대인이 주택 상태를 개선할 수 있도록 유도하려는 조치였다.[21] 그러나 현재 이 개보수로 인한 임대료 인상은 여러 임차인을 퇴거시키는 장치로서 광범위하게 이용되고 있다.[22]

사회주택 및 공공 주택 민영화

독일에서 사회주택은 소유의 문제가 아니라 건설과 개보수에 보조금을 받는지 아닌지와 관련된다. 스웨덴 혹은 오스트리아 등의 경우 지자체 소유 주택은 기본적으로 사회주택이지만, 독일의 경우 지자체 소유의 주택이 사회주택에 속하지 않는 경우도 많다. 일반 기업도 민간 임대인도 모두 보조금을 받을 수 있었고, 보조금이 상환되지 않은 기간에만 사회주택의 의무를 지게 된다. 따라서 독일에서는 민간 임대인이 세놓은 사회주택도 존재하고 공공 임대인이 세놓은 민간주택도 존재한다.[23]

임대료 및 주택가격의 급격한 상승에 완충재 역할을 할 사회주택이 전체 주택 재고량에서 차지하는 비율은 점차 줄어들고 있다.[24] 매년 8만 호의 사회주택이 정부 보조금 대출 기간이 끝나게 됨에 따라 자동적으로 민간주택으로 전환되는 추세를 보이는 상황이다.[25] 이에 더해 각 연방 주와 지자체 소유 주택의 민영화도 대규모로 이루어져서 철도공무원사택 Eisenbahnerwohnung, 베를린의 공익주택기업인 GSW Gemeinnützigen Siedlungs- und Wohnungsbaugesellschaft 소유 주택 등을 위시하여 1997년부터 2007년까지 70만 호가 민영화되었다.[26]

구체적으로 노무라 뱅킹 그룹과 영국계 부동산 회사인 테라 퍼마Terra Firma에서 출발한 보노비아Vonovia가 단기간에 37만 호의 주택을 소유하게 되었던 것은 11개의 철도사택법인

Railway housing corporation, E.On 소유주택, 공익주택 기업이던 GAGFAHGemeinnützige Aktiengesellschaft für Angestellten-Heimstätten 주택 등 대단지를 확보한 덕분이었다.[27] 2014년 현재 주식회사 혹은 유한회사 형태의 전문적인 부동산업자들은 임대주택 가운데 13%, 그리고 전체 주택 가운데 8%를 차지하게 되었다.[28] 독일 주식시장 상장 주택기업 가운데 가장 큰 두 기업인 '보노비아Vonovia'와 '도이체 보낸Deutsche Wohnen'이 보유한 물량만도 2017년 현재 80만 호인데, 이는 독일 전체 주택 재고 물량의 2%에 가까운 수치이다.[29] 이러한 통계 앞에서 독일 도시들이 공공 주택 민영화를 통해 주택정책 "백 년의 성과"를 배반하고 있다는 세간의 평가를 과장으로 보기는 어려워 보인다.[30]

현재와 같은 주거난에 직면하여 불과 몇 년 전에 있었던 공공 주택의 대규모 민영화가 극히 어리석은 일로 보이지만, 구체적인 진행 과정을 살펴보면 상황은 그리 간단치 않다. 구체적으로 2006년 시 소유 주택 48,000호를 모두 미국 투자회사에 판매함으로써 "사회주택 제로"의 길에 들어선 드레스덴의 경우를 보면,[31] 시의 여론은 깊이 분열되어 있었다. 민영화를 지지하는 입장에서는 드레스덴 시가 시 소유 주택 매매를 통해 8억 유로, 1조 천억 원에 달하던 부채를 갚게 될 경우 이자와 상환을 위해 사용되던 비용을 사회복지 분야에 지불할 수 있게 된다는 점을 강조했다. 구체적으로 7,000~8,000만 유로, 즉 연간 천억이 넘는 예산이 확보된 셈이었다. 사회주택은 소수의 거주자에게 이로울 뿐이지만 지자체의 재정건전성을 확보함으로써 교육, 인프라 등에 집중할 수 있다는 논리가 가능해지는 것이다.[32]

이를 반대하는 독일노총, 사민당, 녹색당 등의 경우 임차인을 시장에 내맡겨서는 안 된다는 입장이었다. 시 재정의 구조적인 개혁 없이는 머지않아 다시 적자에 빠져들게 될 것인데, 그 경우에는 다시 내다 팔 대상조차 없게 된다고 주장하기도 했다. 이러한 논란이 가장 격렬하게 이루어졌던 그룹은 공산당PDS이었다. 시의회 공산당 의원 가운데 절반은 기민련과 더불어 이 주택 매매에 찬성했고, 나머지 절반은 이에 대해 반대했다. 베를린도 마찬가지로 시 소유 주택에 대한 대규모 매매가 이루어졌다. 같은 결정을 내린 정당은 이번에는 사민당과 공산당이었다. 무엇보다도 통일 이후 급증한 베를린 시의 높은 부채 탓이었다.[33]

공공 주택의 민영화를 지지하는 편에서는 공공 주택기업의 채산성이 민간 기업보다 2~3% 낮다는 등의 비효율성을 지적했고, 이에 더해 2006년 현재 43%의 지자체 소유 주택회사들이 민간 임대업자들과 같은 조건으로 임대하고 있다고 주장하기도 했다.[34] 그러나 지자체 소유 주택기업들이 민간 임대업자들과 다른 측면이 분명 존재한다는 점을 부인하기는 어려워 보인다. 과거 사회주택이다가 복무 기간을 마친 주택의 경우일지라도 지자체 소유인 경우 2005년 현재 과거 사회주택 거주

자격 기준을 충족시키는 거주자의 비율이 74.4%로, 민간 임대주택의 58.7% 보다 현저히 높다.[35]

결국, 사회주택 유지에 대한 가장 강력한 반대 논거는 비용이 많이 들면서도 주택시장 전체로 보면 소수만 혜택을 보게되는 사회주택 건설 및 유지보다 주거보조금이 더 효과적이라는 것이다. 그러나 사회주택 없이 주거보조금이 성립될 수 없고, 주거보조금 없는 사회주택도 성립될 수 없으며, 양자가 서로 길항관계에 있다는 판단이 합리적인 것으로 보인다.[36]

임대료표Mietspiegel

한국의 자유로운 임대시장과 비교할 때 가장 눈에 띄는 독일적인 임대료 통제 기제는 임대료표이다. 1971년 임대차보호법을 통해서 임대료 인상을 위한 임대 계약 해지는 금지되었던 반면 합법적인 범위 내의 임대료 인상은 허용되었다. 이로써 사유재산 보장이라는 기본법 14조 1항의 원칙을 유지하면서도 "재산의 사회적 구속성Sozialpflichtigkeit des Eigentum"이라는 기본법 20조와의 타협점이 만들어지게 되었고, 이 한시법이 1974년 일반법이 되어 현재까지도 지속되고 있다. 이 법들은 임대료 인상이 가능한 구체적인 조건으로 세 가지 비교 대상 주택을 언급하는 것, 전문가 소견서 그리고 임대료표를 제시했다.[37]

그 가운데 현재까지도 널리 활용되는 방식은 각 행정 단위 들에서 제공하는 임대료표이다. 1974년 프랑크푸르트에서 최 초로 시 자체의 임대료표를 만들어낸 이래 이 임대료표는 독 일 전역으로 확대되었다. 임대료표의 적용 대상은 계약이 지속 되는 경우로서 신규 임대 계약의 임대료 산정에는 계약 자유의 원칙이 보장되고 있다.

이 임대료표를 작성하는 데 있어 과거 4년간 민간 임대주 택의 임대료에 근거함으로써 임대료의 급격한 인상도 인하도 막도록 고안되었다. 민법 558조에 따르면 비교 가능한 임대료 는 주택의 "종류, 크기, 내부구조, 상태 및 위치" 등 5가지 주택 의 특징에 따라 구분되고 있다.[38] 그러나 2009년부터 베를린의 임대료표가 에너지 절감 조치를 임대료표에 반영하는 등 최근 들어 환경에 대한 사회적 관심도 임대료표에 반영되는 추세이 다.[39]

임대료표를 작성하는 주체는 시나 게마인데Gemeinde 등 지 방 정부일 수도 있고 혹은 임차인과 임대인 대표단체일 수도 있다. 임대료표를 작성하는 방식도 각각의 범주에 속하는 주택 들에 대한 실제 조사에 기초한 임대료현황표Tabellenmietspiegel 방 식이 일반적이다가 1990년대 들어서 하나의 종속 변수와 한 개 혹은 복수의 독립 변수들 간의 관계를 분석하는 통계분석방 식인 회귀분석을 활용한 회귀모델 방법도 널리 활용되고 있다. 이 방법을 임대료표에 적용하자면 종속 변수인 한 주택의 임대료를 독립 변수들인 다양한 주거가치 특징들의 상호작용으로 설명하는 것이다.

예컨대 2010년 프랑크푸르트의 임대료표가 결정되는 방식을 보자. 먼저 프랑크푸르트시의 주관하에 임차인과 임대인이 동수로 참여하고 부동산 평가 분야 전문가들도 참여하는 도시의 임대료표 위원회Mietspiegelkommission가 임대료표를 작성했다.[40] 프랑크푸르트의 임대료표는 임차인 설문 조사에 근거해 있다. 전체 가구 가운데 81,000개의 주소가 랜덤하게 선택이 되고 그 가운데 1차 조사를 거쳐서 18,000가구를 선발한 다음 적합도를 가리는 간단한 조사 끝에 3,239가구가 선택되었다. 이 설문 조사에 근거하여 모든 주택들의 전체 평균 임대료를 간단히 산출하고 여기에 회귀모델을 활용하여 가감하는 방식으로 임대료표를 만들어내고 있다.

그런가 하면 베를린의 경우 부동산 전문가, 통계 전문가와 시가 주관이 되어 임대료표를 만들어내고 임대인 및 임차인, 주택 건설 기업 등 관련 협회들의 추인을 얻는 방식으로 임대료표가 작성되고 있다.[41]

물론 이 임대료표에 위반되는 임대 계약이 체결되는 경우도 부지기수일 수 밖에 없다. 원칙상 임대료표를 넘어서는 임대료가 부과될 경우 주택청Amt für Wohnungswesen에 알리고 실제 과다 청구된 것으로 인정되면 반환받을 수 있다. 예컨대 2010년 프랑크푸르트의 통계에 따르면 17건에 대해 과다 청구된 임대료 반환이 일어났고, 25건의 경우 벌금이 부과되었다.[42] 개별적으로 이러한 인정을 받기까지 지난한 과정이 노정되어 있으며, 임차인 다수가 택하기는 어려운 길일 수 밖에 없다.

임대료 통제를 둘러싼 논란:
경제학자 vs. 헌법재판소?

주거난 해소를 위한 즉각적인 처방은 임대료 통제일 수 있을 것이다. 원래 독일법에 따르면 기존 임대 계약이 지속되면 임대료 인상은 3년간 최대 20%, 특정한 지자체의 경우 최대 15%까지만 허용되고 있다. 그러나 신규 임대 계약의 경우 인상폭을 도시 내 비교임대료표 범위 안에서 자유롭게 결정할 수 있도록 했다.

그러나 이러한 상황도 점차 과거가 되어가고 있다. 사민당이 주장하던 임대료통제법Mietpreisbremse이[43] 연정 협약을 거쳐 2015년 임대차법 개정으로 구체화되기에 이르렀다. 이 개정안에 따르면 임대료 인상이 가파르다고 판단되는 주나 지역의 경우, 새로운 세입자에게 지역 평균 월세보다 10% 이상 높은 월세를 부과할 수 없다. 이 법에 따라 독일의 16개 연방주 정부는 2020년 말까지 그들의 관할 내 "과잉임대료 지역Gebieten mit angespanntem Wohnungsmarkt"을 찾아낼 것을 요구받았다. 이에 따라 1,800만 명에 가까운 인구를 가진 독일 최대 연방 주인 노르트라인-베스트팔렌NRW 주 정부는 쾰른, 본, 뮌스터 등 22개 지자체를 이러한 지역으로 선포하였고, 이 지역은 적어도 5년간 임대료통제법의 적용을 받게 되었다.[44] 신축건물이나 포괄적인 개보수가 이루어진 경우 이 법의 적용 대상에서 제외되었지만, 어떻든 수십 년간 신규 임대 계약의 경우 임대료를 자유롭게 결정할 수 있도록 했던 관행으로부터 선회가 이루어진 것은 분명하다.

이 법의 효과에 대해서는 논란이 분분하다. 베를린의 경우 많은 집주인들이 이 법이 통과되기 전에 임대료를 올렸고, 임차인들도 거주지를 잃을 것을 우려하여 비합법적인 가격에 대해 문제를 제기하지 않는 경향을 보였다.[45] 개보수나 신축주택의 경우 임대료 통제의 예외 사례로 인정을 받았기 때문에 불필요한 개보수를 통해서 이 임대료 통제의 적용을 받지 않으려 하는 임대인들이 늘고, 그 결과 소득 취약 계층들의 경우 더욱 주택을 구하기 어렵게 되었다. 또한 매매 가격의 경우 통제 대상이 아니기 때문에 임대주택에 대한 매매도 증가하게 되었다.

이와 관련하여 2018년 '연방 학문 및 에너지부Bundesministerium für Wirtschaft und Energie'가 "사회적 주택정치Soziale Wohnungspolitik"라는 제목의 전문가 소견서를 발간한 바 있다.[46] 이 보고서는 2016년 말까지 11개 연방주의 308개 도시가 임대료 동결 조치를 도입했지만, 소기의 성과를 거두지 못했다는 결론을 내리고 있다. 임대료 동결 조치는 실제로 작동하지 않으며 만일 임대료 동결 조치가 작동하면 이로 인해 신규주택 건설이 거의 일어나지 않게 됨으로써 소득 하위 계층이 주택을 찾는 것이 더욱 어려워지리라는 것이 34명의 경제학자로 구성된 자문단의 판단이었다. 이를 막기 위해 정부가 사회주택 건설에 나서게 되더라도 "잘못된 점유"의 문제를 지속적으로 통제하는 것은 지나친 행정비용으로 인하여 불가능하다는 것이었다. 게다가 이 사회주택이 지대가 싼 도시 외곽에 대규모로 건설됨으로써 게토화를 초래하게 될 수밖에 없다는 점도 지적되었다.

자문단이 이러한 진단에 근거하여 제시하는 처방에는 특별할 것이 없다. 이들에 따르면 정부는 "얼핏 보기에 정당해 보이나 효과적이지 않거나 혹은 심지어 문제 해결에 저해되는 것으로 입증된 현재의 시장 개입을 철폐할 용기를 가져야 한다." 구체적으로 반드시 필요하지 않은 건설규정을 완화하거나 취득세Grunderwerbsteuer 등 각종 세금 부담을 완화하는 방식으로 주택건설 시장을 활성화하는 것, 사회주택건설은 최소화하되 반드시 필요한 경우 적합한 과세를 통해 '잘못된 점유' 문제가 나타나지 않도록 하고 사회주택과 일반주택이 섞일 수 있도록 하는 것, 그리고 소득하위 계층의 주거문제는 주거보조금을 통해 해결하는 것이 바람직하다는 것 등이었다. 마지막으로 "지역 임대료, 부동산가격과 주거 공간 활용에 대한 정보, 그리고 개별 가구의 재산 및 부채상황에 대한 정보"를 확보함으로써

"주택시장에 대한 국가개입의 효과에 대해 즉각적으로 파악" 할 수 있도록 할 것을 강조했다.[47]

　　물론 이러한 주장은 전혀 새롭지 않다. 19세기 후반부터 2021년 현재까지 지난 150년 동안 독일 주택시장에 대한 정부 개입을 반대하는 측에서 항상 주장해왔던 바에서 한 치도 벗어나지 않는다. 그리고 같은 결론이 여타 유럽 국가들의 경험에 근거한 연구에서도 반복되고 있다. 그에 따르면 임대료를 통제할 경우 먼저 임대인들은 부동산에 대한 투자를 줄였고 따라서 주택의 질은 시간이 지날수록 낮아졌다. 두 번째로 임대인들은 임대료 이외에 추가 지불액을 요구함으로써 규정을 회피했다. 세 번째로 임대인들은 세를 놓기보다 매매를 하는 편을 선택하였고, 그 결과 주택 소유의 비율은 늘어나고 임대시장은 축소되는 결과를 낳았다. 아이러니하게도 1960~80년대에 임대료 통제가 강했던 국가 대부분이 현재 높은 자가주택 보유율을 보이고 있으며 신규 임대 계약에 대해 자유로운 태도를 취했던 독일의 경우 임대시장이 가장 큰 국가에 속하는 결과를 낳게 되었다. 또한 임대료가 낮게 유지됨에 따라 수요는 증가하고 공급은 축소되었기 때문에, 임차인들의 유동성이 감소하게 됨으로써 주택시장에서 적합한 주택을 찾아낼 가능성이 더 줄어들게 되었다는 것이다.[48]

　　독일 경제학자들의 주장이 스페인, 영국 등의 경험을 통해서 재확인되었다고 결론을 내려야 할 것인가? 이들의 주장에 대한 경제학자들의 반론을 찾기는 매우 어렵다. 북유럽 경제학자들조차 주택 부문의 시장 자유화를 지지하는 것이 현실이기 때문이다.

독일 사회가 임대료 통제 문제와 관련하여 표방하는 또 다른 입장을 보고자 한다면 헌법재판소의 판결문을 들춰보아도 좋다. 헌법재판소는 2019년 9월 "임대료 제한Mietpresbremse"이 합헌임을 만장일치로 선언함으로써 2015년 임대법 개정을 통해 유발된 사회적 논란에 종지부를 찍었다. 이 재판은 임대 계약의 임대료가 지역에 일반적인 비교임대료ortsübliche Vergleichsmiete의 10%를 넘어서는 안 된다는 규정에 근거하여 한 임차인이 초과로 지불된 임대료를 반환할 것을 요구하면서 시작되었다. 헌재는 임대료 제한 규정이 재산권 보장이나 계약 자유의 원칙 혹은 평등의 원칙에 위배되지 않음을 선언하였다. "경제적인 능력이 부족한 인구 집단이 수요가 높은 도시 구역에서 쫓겨나는 것을 막는 것은 공적인 이해에 부합"하며, 이러한 목표에 도달하기 위한 임대료 규제는 합헌이라는 것이었다.[49]

보다 구체적으로는 임대료 규제를 통한 재산권 침해는 헌법이 허용하는 재산권 제한 규정을 통해서 정당화될 수 있다는 것이었다. 임대료에 대한 법적인 통제가 임대인에게 부과될 수 있는 범위 안에 있으며, 보호가 필요한 사유재산 소유자의 이해와 공공이익Gemeinwohl 상의 필요 사이에서 합당한 균형점을 찾은 것으로 판시했다.

기본적으로 계약자유의 원칙 역시도 헌법에 합치되는 법질서의 제한 하에서 유지될 수 있으며 "상황에 걸맞음Verhältnis-mässigkeit"이라는 원칙에 부합해야 한다는 것이 헌재의 입장이었다. 보다 인상적인 것은 사유재산권의 보장과 관련되는 부분이다. "사유재산권 보장이 모든 미래의 법적인 판단에 있어 그 내용을 전혀 건드려서는 안 된다는 것을 의미하지 않으며, 입법부는 법 규정 변화로 인해 기존의 재산권 소유자의 활용 가능성을 악화시킨다 하더라도, 한번 제정된 규정을 나중에 변화시킬 수도 발전시킬 수도 있다." 즉 "사회정치적으로 논란의 여지가 많은 임대권의 영역에서 임대인들은 빈번하게 법 규정이 변화할 수 있다는 사실을 고려해야 하며 그 자신에게 유리한 법 상황이 지속될 것이라 믿어서는 안 된다."는 것이었다. "주택을 통해서 가능한 최대치의 임대소득을 올릴 수 있으리라는 믿음"을 사유재산권 보장이라는 헌법상의 가치를 통해서 보호해야 할 의무가 있지는 않다고 덧붙이기도 했다.[50] 곱씹어볼만한 문장들임에 분명하다.

지자체의 주택정책들

앞서 언급한대로 주택정책이 지방정부로 이관되고 있기 때문에 주택 문제에 대한 대응책은 각 지자체에 따라 다를 수밖에 없다.[51] 보수적인 기사련이 통치해온 바이에른 주의 주도임에도 불구하고 뮌헨 시는 전혀 다른 정치적인 성향을 보여왔다. 1945~1948, 1978~1984년 등 예외적인 경우를 제외하고는 사민당이 줄곧 시정부를 장악하고 있었던 것이다. 뮌헨의 경우 '도시계획부가가치부담금Planungsmehrwertabschöpfung'을 부과하고 신규주택 건설을 허가의 조건으로 일정한 비율의 사회주택 건설을 포함시키는가 하면 과거 사회주택단지 일부를 영구적인 사회주택으로 만드는 등 사회주택을 지속적으로 촉진해온 도시로 유명하다. 반면, 1995년부터 2012년 사이 매우 보수적인 시장이 주택 건설을 도외시하고 투자유치를 통해 오피스 빌딩 도시로서의 명성을 유지하는 데 관심을 기울인 끝에 주거난이 매우 심각한 수준에 이른 프랑크푸르트의 경우도 있다.[52]

그런가 하면 주택정책에 대한 논의가 가장 활발한 도시 가운데 하나인 베를린의 경우 2014년 "협력적인 택지개발을 위한 베를린 모델Berliner Modell der kooperativen Baulandentwicklung"을 채택했다. 이는 "사회적으로 합당한 토지 활용"의 일환으로서 뮌헨이 20년 전부터 도입하는 등 여러 지자체들에서 활용하고 있는 제도이다.[53]

구체적으로 과거 12개 각 구청Bezirksamt에서 담당하던 건설 허가를 베를린 시 정부가 담당하도록 권한을 이관한 가운데, 50호 이상 대규모 주택 건설 계획의 승인을 받고자 하는 개발업자들의 경우 유치원과 학교 건설을 위한 비용을 부담하고 개발된 지역의 30%를 20년간 사회주택 건설에 할애하는 조건으로 주 정부와 계약을 체결하도록 했다.[54]

이 규정은 베를린에 존재하는 주택조합들과 5개의 베를린 연방주소유 건설회사뿐만 아니라 민간 개발업자들도 적용받도록 했다.[55] "모두를 위한 주거"라는 목표에 따라 "소셜 믹스"를 상위의 목표로 설정한 것이다. 또한 이러한 절차를 간소화할 수 있도록 구와 무관하게 베를린 전역에서 녹지의 경우 평방미터당 60유로, 도로는 150유로, 초등학교의 경우 37,000유로, 유치원의 경우 평방미터당 25,000유로를 균일하게 부담하도록 했다.

2000년부터 사민당이 시 정부를 장악하고 있기도 했거니와 2016년 12월부터는 좌파당Die Linke이 시 정부에 합류한 가운데 도시개발 및 주택 관련 부서의 경우 좌파당 몫이 되었다. 그 결과 2017년부터는 사회주택 비율 목표치를 기존의 25%에서 30%로 높이는 등[56] 보다 적극적인 조치를 취하기에 이르렀다. 이와 관련하여 도시 행정당국에서는 개발업자들을 대하는 데 있어 "좋은 협상의 위치"를 가질 수 있게 되었다는 점에서 이 조치를 긍정적으로 평가하고 있다.[57]

반면, 이 모델에 참여한 개발업자들의 경우 불만을 피력했다. 먼저 건설업자들은 "적으로서가 아니라 파트너로서 진지하게 고려되기를" 원한다고 표현함으로써 사회적으로 적대시되고 있다는 점에 대한 불만을 표했다.[58] 두 번째로 주거 면적 가운데 30%에 사회주택을 건설하느라 생기는 적자를 메꾸기 위해 건설업자들로서는 중산층이 거주하는 다른 주택의 임대료를 높이지 않을 수 없게 되리라는 점을 지적하였다. 결국 전형적인 중산층 베를린 시민들인 "경찰관과 간호사" 부부가 함께 베를린 모델의 부담을 함께 지게 된다는 것이었다. 세 번째는 높은 지대와 관련되는 것으로, 베를린시 정부가 고정되고 표준화된 지대를 상정하고 있을 뿐 시장의 변동 상황을 제대로 반영하지 못하고 있기 때문에, 지대가 급격하게 오르기 전인 1990년대나 2000년대에 토지를 이미 구매한 경우가 아니라면 주택 건설에서 이익을 얻기 어렵다는 것이었다.[59]

이러한 찬반 논의가 진행되는 가운데, 2020년 65건의 계약을 통해 31,433호 주택이 건설되었으며 그 가운데 7,410호가 임대료 제한을 받거나 혹은 거주 자격 제한을 받는 사회주택에 속한다.[60] 이러한 노력의 결과를 제대로 평가하기 위해서는 좀 더 시간이 필요할 것이나, 이를 제도화한 한 정치가의 운명은 주택시장에 대한 국가의 개입이 얼마나 어려운 일인지를 잘 보여주고 있다.

카트린 롬프셔Katrin Lompscher는 동독 출신의 정치가로서 베를린 시정부를 사민당, 녹색당 및 좌파당 연정이 장악하게 된 2016년부터 2020년까지 "도시건설 및 주택담당자Senatorin für Stadtentwicklung und Wohnen"로 일했다.[61] 그는 이 기간에 "베를린 모델"을 강화하였고, 임대료 동결조치를 도입하였으며, 사민당의 반대에도 베를린의 거대 임대주택 기업을 대상으로 하는 "몰수" 운동에 지지를 보냈다. 베를린에서 최근에 도입된 모든 주택 관련 개혁 조치들에 적극 참여한 셈이다. 포괄적인 국가의 통제를 통해서 주택 문제를 해결할 수 있다는 것이 그의 기본적인 입장이었다. 그 결과 그는 "베를린에서 그 누구도 그만큼 퇴진 압박을 받은 적이 없는" 정치가였고, 실제로는 베를린이 독일의 다른 어느 도시보다도 많은 주택들이 신축되는 도시였음에도 불구하고 "충분한 주택 신축이 일어나지 않는다는 이유로 실패한 정치가라는 비난을 받지 않은 날이 단 하루도 없을 정도"였던 끝에 사임하게 되었다.[62]

2장

통일 이후
동독 주택 문제:

반환, 민영화, 공가

통일 이후 재산 반환 문제

통일 이전 동서독 간의 외교관계를 정립한 1972년 기본조약 Grundlagenvertrag은 동독 내 서독인들의 소유권 문제를 미해결인 상태로 남겨두기로 결정했다. "재산문제에 대한 상이한 법적인 태도로 인해 이 문제는 규정될 수 없다."는 문구가 프로토콜에 삽입되었던 것이다.[63] 이에 따라 통일에 대한 논의가 급속히 진행되던 1989년 말과 1990년 초 엄청난 시간 압박이 존재하는 가운데 부랴부랴 이 난제에 대한 해결책을 찾아 나서는 상황이 빚어졌다. 결국 두 독일 정부는 1990년 6월 15일에 발표된 "동서독 정부 간의 공동 선언Gemeinsame Erklärung der Regierungen der

Bundesrepublik Deutschland und der Deutschen Demokratischen Republik zur Regelung offener Vermögensfragen에서 "보상보다 반환"을 원칙으로 선언하였다.

물론 "반환" 원칙이 천명되기까지의 논의과정은 간단치 않았다. 당시 동독 측에서는 현재 동독 시민들의 권리가 존중되어야 한다는 전제하에, 몰수된 재산을 반환하는 것도 몰수된 재산에 대해 보상하는 것도 불가능하다는 입장이었다. 특히 국가소유에 준하는 인민소유로 이관되어 동독 시민들이 토지는 아닐망정 건물에 대한 소유권을 확보한 경우 완전한 소유권이 인정되어야 한다는 입장이었다.

반면 보상이 실현 불가능하다고 본 서독 측에서는 재산 반환을 요구했다. 특히 기민련과 함께 연정을 하던 자민당 정치가들 대부분은 보상을 원칙으로 삼을 경우 사유재산권을 보장하는 기본법 정신에 위배될 뿐만 아니라 통일 독일 국가가 이를 재정적으로 감당할 수 없다는 입장이었다. 자민당 출신으로 당시 교육부 장관이던 위르겐 묄레만Jürgen Möllemann이 예외적으로 "이로써 우리가 정의를 얻게 되지 않으"며, 결국 "하늘을 찌르는 분노를 감수하게" 될 것이라고 반대하는 입장을 피력한 바 있었다. 그러나 그 역시도 당의 압력으로 인해 머지않아 침묵하게 되었다. 1945~1949년 시기 소련군정이 행한 몰수 재산의 반환 문제에 대해서라면 동독 측으로서는 일고의 가치도 없다고 보고 있었음에도 불구하고, 서독의 일부 정치가들은 심지

어 이조차도 인정하기 어렵다는 입장이었다.[64]

논의가 진행됨에 따라 전면적인 반환이 불가능하다는 점을 서독 측이 받아들이게 되었고, 동독 측도 경우에 따라 보상이 불가피하다는 점을 수용하게 되었다.[65] 그러나 동독 측에서는 동독법에 따라 "정당하게 취득한Redlicher Erwerb" 재산에 대한 반환이 불가능하다는 입장이었고, 서독 측에서는 그 경우일지라도 50년으로 제한된 "지상권Erbbaurecht"을 인정하여 이자를 지불하도록 하거나 혹은 선매권Vorkaufsrecht 인정을 통한 상호 이해 조정Interessenausgleich을 선호하고 있었다. 서독 측에서는 공동선언 초안에서도 정당한 취득의 경우 지상권을 보장하도록 하는 안을 포기하지 않고 있었다. 반면 동독 측에서는 반환이 불가능한 경우에라도 지상권은 인정할 수 없다는 것을 분명히 했다.

결국 6월 15일에 발표된 공동선언에서 원소유자에 대한 반환을 원칙으로 하되 반환이 불가능한 경우 보상이 이루어지도록 했다. 그 경우 동독 측의 강경한 요구대로 지상권은 인정되지 않았다. 그러나 서독 측 협상 대표이던 클라우스 킨켈Klaus Kinkel은 순수하게 보상을 선호하던 동독에 맞서 반환을 원칙으로 선언한 것은 "엄청난 성과"였다고 자평하고 있었다.[66]

1990년 6월 15일의 이 공동선언은 1990년 9월 29일 동독 의회Volkskammer가 제정한 재산법Vermögensgesetz의 내용이 되었고 이후 통일 조약에 의해 연방법으로 다시금 확정되었다. 그러나 이 반환 원칙이 구 동독 지역의 투자 장애 요인으로 작용하게 되자 점차 별도의 법률 제정을 통해 반환 원칙을 크게 제한하고 투자자 보호를 중시하게 되었다. 구체적으로 1992년 7월 14일 투자우선법Investitionsvorranggesetz이 제정되어, 경우에 따라서는 반환청구권자, 즉 원소유주의 의사에 반하게 된다 할지라도 재산 매각이 이루어질 수 있게 되었다. 고용창출, 주거환경 보장, 기반시설 확충 등이 투자목적의 사유로 간주될 수 있었고, 원소유자는 매각대금 또는 시가Verkehrswert의 지불을 청구할 수 있었다.

그런가 하면 보상이 어떤 형식으로 이루어질지를 다루는 "보상법"은 1994년 9월 23일에야 제정되었다.[67] 모든 정치가들이 이에 따르는 정치적 책임을 감당하고자 하지 않았기 때문에 생겨난 일이었다. 이 법에 따르면 보상은 현재의 가격이 아니라 1935년의 가치Einheitswert를 기준으로 하여 지가에 일정한 비율이 곱해지는 식이었다. 이처럼 보상과 반환 사이의 경제적 격차가 매우 컸기 때문에 반환을 둘러싼 갈등이 더 치열할 수밖에 없었다. 1994년부터 2005년까지 보상청구 건수는 524,487건이었고, 그 가운데 17%가 기각되었다.[68]

이처럼 합의가 불가능해 보이는 긴 협상 과정에서 최종적으로 "반환"이 원칙으로 천명될 수 있었던 이유는 여러 가지로 분석될 수 있을 것이다. 먼저, 경제적인 고려가 중시되고 있었다. 당시 내무부 장관으로서 공동선언에 참여한 당사자이던 볼프강 쇼이블레Wolfgang Schäuble의 회고록에 따르면 그 자신이 "보상"이라는 단어를 쓰는 것에 대해 격렬히 반대하며 "조정Ausgleichsleistung"을 강조했다고 한다. 관련되는 보상액이 너무 높아서 감당할 수 없게 되리라는 우려 때문이었다. 쇼이블레에 따르면 만일 보상을 하게된다면 결국 일반 재정 수단을 활용하지 않을 수가 없었지만, 이 금액은 서독의 납세자가 기꺼이 감당하기 어려운 금액이었다. 그는 특별법을 통한 해결에 대해서도 부정적이었다. 서독에서 1952년의 "부담조정법Lastenausgleich"을 통해 수십 년에 걸쳐 전쟁과 관련된 부동산 자산 상실에 대해 부분적으로 보상금을 지불한 사례가 있기는 했지만, 쇼이블레는 1990년대에 일반납세자들에게 다시 한번 같은 부담을 지울 수는 없다고 판단하고 있었다.[69]

통일 논의의 주체가 자민당과 기민련이었던 것도 재산권 문제가 반환을 원칙으로 삼게 되는 데 중요한 역할을 담당하고 있었던 것으로 보인다. 당시 야당인 사민당 측에서는 소련 군정기 뿐만 아니라 1949년 이후에 몰수된 재산도 반환되어서는 안 되고 원소유자에게 보상이 이루어져야 한다는 입장이었다. 이와 관련하여 볼프강 쇼이블레는 그의 회고록에서 "기본법 14조의 소유권 보장은 통일의 경우일지라도 무효화될 수 없으며", 따라서 "소유권의 재구성에 대한 전체적인 포기는 불가능하다."라고 썼다.[70]

그런가 하면 반환 원칙을 경로의존성으로 해석하는 경우

도 있다. 기실, 나치시기에 행해진 불법적인 재산 몰수와 관련하여 군정 측에서 이미 '보상 이전에 반환' 원칙을 천명한 바 있었다. 서독 정부는 연합군정 측에서 부과한 이 협약을 수용하여 1957년에 반환법Rückstattungsgesetz을 제정하였고, 신청기한이 경과하였을 때 그 기한을 연장시킨 바 있었다.[71] 자민당과 기민련이 소련 군정 시기의 토지개혁에 대해서도 반환이 이루어져야 한다는 입장이었던 것은 이러한 논리의 연장선에서였다.

마지막으로, 동독 측 참여자들이 협상 과정에서 충분히 주체적이기 어려웠기 때문에 가능한 결과였다는 해석도 있다. 당시 동독뿐만 아니라 서독 언론 역시도 동독 측 참여자들에게 제대로 된 협상이 아니었다고 보고 있다. 당시 "차이트Zeit"지의 보도에 따르면, 이 과정에서 로타 드 메지에르Lothar de Maizière를 위시하여 동독의 고위 정치가들이 슈타지 협력 의혹, 동독 경제 붕괴, 내분 등으로 인하여 "카드의 약한 패를 낼 수밖에 없었"고, 오로지 디테일에서 양보를 얻어내기 위해 노력할 수밖에 없었다. 다수의 서독 언론들은 통일 협정이 협상의 결과이기보다는 "본Bonn 정부 측의 해결"일 뿐이라는 입장이었다.[72]

원칙상 "보상보다는 반환"이 선언되었다고 해서, 공동선언이나 재산권 논의에서 동독 측의 이익이 완전히 무시되고 있었다고 보기는 어렵다는 점을 지적할 필요가 있다. 동독 측에서 본 실제적인 효용의 측면에서 보자면, 반환과 관련하여 무수한 예외 조항이 인정되고 있었다. 자연인, 종교단체 혹은 공익 재단들이 정당한 사유로 소유권 및 활용권을 취득한 경우, 공적인 용도로 활용되는 경우, 혹은 주거단지로 활용되고 있는 경우 등이 배제 사유로서 언급되었다. 그리고 바로 그러한 이유로 뒤에서 보게 되듯이 실제 반환율을 22%로 현저히 낮출 수 있었다.

소유권 분쟁의 양상

1992년 말까지 반환신청이 허용된 끝에 230만 건의 반환이 신청되었고,[73] 그 가운데는 거리 전체, 마을 전체, 심지어 한 도시 전체에 대한 반환요구도 있었다. 브란덴부르크의 한 마을에서는 학교, 교회, 종이 공장 등을 포함하는 마을 전체에 대해 바이에른의 상속인 단체에서 소유권을 주장하고 나섰고, 슈페히트하우젠Spechthausen의 경우 기업가 가문인 한크비츠Hankwitz 가 게마인데 전체 토지에 대한 소유권을 갖고 있었다. 푸트부스Puttbus라는 도시의 경우 1945년 토지개혁의 결과로 몰수되었다는 이유로 반환이 받아들여지지 않았지만, 그 최종적인 결론이 연방행정법원에서 내려진 것은 1998년 5월 29일이었다.[74] 거의 10년 동안 도시 전체의 경제활동이 정체될 수밖에 없었음은 짐작할 수 있는 일이다.

개별적인 도시의 사례를 보면 로스톡에서 1만 건의 재산권 분쟁이, 라이프치히의 경우 24,000건, 동베를린의 경우 11만 건의 재산권 분쟁 사례들이 있었다. 1992년 당시 언론은 이 모든 작업이 다 끝나기까지 82.5년이 소요되어 2075년에야 마무리되리라는 암울한 전망을 제시하기도 하였다. 다수의 서독인들을 "보물찾기"에 몰입하게 만든 결과였다. 160 페이지에 달하는 전문서적인 "새로운 연방주에서 토지에 대한 나의 권리 Mein Recht an Grund und Boden in den neuen Bundesländern"가 베스트 셀러가 되었는가 하면,[75] 서베를린 주택 및 토지소유자 협회는 잡지만 세 가지 종을 발간하고 있었다.

그러나 초기의 격앙된 대결 분위기와 달리 최종적으로 반환이 일어난 경우의 비율은 예상보다 낮았다. 최종적으로 부동산 반환신청의 기각률은 49%에 달했고, 14%가 철회되었으며, 22%만 반환되었다.[76] 기각 사유는 소유자이거나 소유자의 법적인 후계자Rechtsnachfolger임을 입증하지 못할 때, 그리고 동독의 건설법에 따른 토지 수용의 경우처럼 법에 따라 이미 보상이 이루어졌을 때였다. 반환된 경우는 대부분 공적인 관리하에 있는 경우로서, 이미 개인의 손으로 넘어간 재산의 경우 정당한 취득자 보호의 차원에서 반환이 매우 제한적으로만 이루어졌다.

물론 이는 다층적이고 치열하게 이루어진 동독인들의 활동에 기인했다. 동독인들의 집단적이고 지속적인 노력의 결과

1992년 개정된 재산법을 통해서 동독에 거주하는 현 주민들의 정당한 법익 보호 및 투자 활성화라는 원칙이 널리 수용되었다. "정당하게 취득"된 경우 반환배제 대상이었다는 공동선언의 원칙이 다시 확인되었을 뿐만 아니라, 고용창출, 주거환경 보장, 기반시설 확충 등의 "투자우선" 조항을 통해서 원소유주의 "처분금지" 제한을 받지 않게 되었다.[77]

이러한 최종 과정에 도달하기까지 엄청난 혼란이 있었다. 예컨대 분쟁이 치열했던 독일 북부 뤼겐 지역의 재산 관련 부서장인 만프레트 스트로벨Manfred Strobel은 8명의 직원들과 함께 5천 건의 신청서를 다루어야 했다. 과중한 업무 부담이 기다리고 있었을 뿐만 아니라 직무유기로 1992년까지 세 번이나 고소를 당하기도 했다. 예외적인 사례가 아니었음은 물론이다. 이와 관련하여 "국가가 자기 자신을 블로킹하고 있는 상황"이라는 한 언론은 표현은 매우 적확하다 할 것이다. 토지등기소Grundbuchamt, 부동산관청Liegenschaftsamt, 재산청Vermögensamt, 건설청Bauamt 등 다양한 행정 기구들을 오가는 가운데 시간이 속절없이 흘러가는 경우가 많았다.

보다 근본적으로는 소유권 자체의 중층성이 난관을 증폭시키고 있었다. 범주상 "푸른 문서"와 더불어 국가소유와 유사한 인민소유 재산에 대해 주어진 이용권Nutzungsrecht의 경우 통일 이후에도 고스란히 소유권을 인정받을 수 있었다. 설문조사에 따르면 이들은 임차인으로 거주를 시작했다가 추후에 동독-

과세표준가격DDR-Einheitswert인 15,000~20,000마르크로 집을 구매했다.

동독처럼 거주권이 보장되던 사회에서 주택 소유가 짐이 될 뿐인데도 이들이 주택을 구매하고자 한 이유는 주택과 토지에 대해 "보다 높은 처분권erhöhte Verfügungsgewalt"을 갖고자 해서였다. 한 인터뷰 대상자에 따르면 지역 주택청Kommunale Wohnungsverwaltung, KWV이 또 다른 세입자를 밀어 넣으려 하는 것에 대해 불만을 품고 주택 소유자가 되었다. 소유자가 될 경우에는 이러한 절차에서 면제될 수 있었다. 그러나 개보수로 인한 과도한 채무가 토지몰수를 낳고 판매로 이어지는 경우가 많았던 점을 고려할 때, 소유를 유지하는 것도 쉬운 일이 아니었음을 알 수 있다.

반면, 동독 시기에 "푸른 문서"와 유사하게 다루어졌던 사례인 "양도 계약Überlassungsvertrag"의 경우, 이 양도권을 획득하기 위해서는 "유사-구매가격Quasi-Kaufpreis"을 지불해야 했고, 이로써 생애 기간 내내 토지 혹은 건물을 활용할 수 있게 되었다. 흥미롭게도 이 가격은 15,000~18,000마르크로서 앞서 주택 구매가격과 큰 차이를 보이지 않고 있었다. 그러나 통일 이후 이양도 계약은 일반 임대 계약Miet- und Pachtvertrag으로 간주될 뿐이었다.

"푸른 문서"는 인민소유재산에 주어졌고, "양도 계약"은 소유권이 개인에게 남아있되 국가 관리 하에 있는 재산을 대상으로 하고 있었다. 전자의 경우 소유권을 쉽사리 인정받을 수 있었지만, 후자인 양도 계약 대상자의 경우 합법적인 소유주로서 주관적으로 느끼고 있었던 것과 달리 반환 과정에서 이들이 가졌던 양도권은 "고양이를 위한 것Für die Katz"일 뿐이었다.[78]

이처럼 합당하게 취득하였으나 등기부에 등재되지 못하여 반환배제의 보호를 받지 못하는 경우 1994년 물권해결법Sachen-rechtsbereinigungsgesetz을[79] 통해서 50%의 가격에 원소유주Alteigentümer로부터 구매가 가능할 수 있도록 매수청구권買受請求權을 부여받게 되기까지 어떠한 법적인 안정성도 누릴 수 없었다.

가장 문제가 되었던 것은 이용권도 양도권도 없는 임차인이었다. 동독 시절에 이들이 소유주처럼 느끼고 행동했던 것은 자명한 일이었지만, 통일 이후에는 법적인 차이가 분명했다. 서독의 원소유자들이 가장 거친 방식으로 처신했던 것도 이들 그룹에서였다. 통일 이후 여러 임대주택이 반환 요구에 직면하게 되었다. 이 문제가 지자체에서 사회주택을 건설하여 해결이 되는 경우도 있었지만 지자체가 충분한 토지를 확보하지 못한 경우 임차인들의 주거권은 심각한 문제가 될 수밖에 없었다.

이처럼 소유의 범주가 가진 다양성 그 자체도 문제였지만, 동독의 현실에서 누가 "푸른 문서"를 가질 수 있는 주택을 획득할지 여부가 순수하게 우연이거나 운에 따를 수밖에 없었다는 점도 큰 문제였다. 문제를 한층 더 복잡하게 한 것은 이 우연적인 범주 구분마저도 엄격하게 지켜지지 않았다는 점이었다. 1953년 초 베를린 변두리 젤스도르프Selsdorf에 거주하던 프리츠 개르트너Fritz Gärtner는 매우 흥미로운 사례를 보여준다. 이 부부는 각자 집을 소유하고 있었는데, 프리츠 게르트너는 전출 신청을 하고 떠났기 때문에 그 주택이 국가의 관리 하에 들어가게 되지만, 신고 없이 떠난 부인 소유 주택은 보상 없는 몰수의 대상이 되는 것이 원칙이었다. 그러나 실제로는 두 주택 모두 국가 행정의 관할 하에 놓이게 되었고, 통일 이후 법에 따라 국가 행정이 정지되었기 때문에 모두 게르트너 가족에게 반환되었다.[80]

결국 사례마다 구체적이고 개별적인 검토가 필요할 수밖에 없는 셈이다. 그러나 어떤 특정 그룹이 반환을 받았는지, 예컨대 과도한 채무로 인해 주택을 빼앗긴 경우 실제로 반환을 받았는지 등에 대한 정확한 통계는 2018년의 연구에서도 찾을 수 없는 상황이다.[81]

이러한 혼란 가운데 개인이 소유권을 두고 벌인 투쟁의 치열함은 상상을 초월하는 정도였다. '유럽인권법원European Court of Human Rights'에 제소된 "비텍Wittek 對 독일"의 경우는 대표적인 사례였다. 그가 동독 이탈 허가를 공식적으로 신청한 것은 1989년 10월 26일이었고, 선물이나 매매를 통해서 그들의 재산을 이전시키지 않으면 떠날 수 없다는 행정당국의 설명에 따라 공증가격보다 저렴한 가격에 넘긴 것은 1989년 12월 8일로,[82] 1989년 11월 9일 장벽이 붕괴하고 한 달이 지난 후였다. 통일 이후인 1991년 3월 21일 비텍이 이 문제를 구법원Kreisgericht에 제소한 것을 시작으로 지방법원Bezirksgericht, 미해결재산문제처리청Landesamt zur Regelung offener Vermögensfragen, 라이프치히 행정법원Leipzig Verwaltungsgericht, 연방행정법원Bundesverwaltungsgericht, 헌법재판소Bundesverfassungsgericht를 거쳐서 유럽연합의 유럽인권법원European Court of Human Rights에까지 밀고 갔다. 당시 유럽인권법원은 이와 관련하여 "모든 고려사항들, 특히 독일 통일이라는 예외적인 상황Exceptional circumstances of German reunification을 고려"할 때 독일 국가가 "이의 제기자의 이익과 독일 사회의 일반적인 이익 사이에서 합당한 균형을 이루는 데 성공했다."며 그의 문제제기를 받아들이지 않았다. 이 결정이 내려진 것은 2003년으로, 그가 최초로 문제를 제기한 1991년 3월 21일부터 12년이 경과한 후였다. 소유권 분쟁을 둘러싼 개개인의 상황이 얼마나 다양한가, 그 투쟁이 얼마나 처절할 수 있는가를 더할 나위 없이 잘 보여주고 있는 셈이다.

동독 주택 문제: 반환, 민영화, 공가

동독인들이 통일 이후 겪어야 했던 난관들로 매체에서의 왜곡된 이미지, 정치지도부에서 과소대표, 실업 등의 문제가 꼽히지만, 해당자에게라면 주택 문제가 가장 심각한 문제로 다가왔을 법하다. 동독인들의 주거 경험을 특별히 어렵게 만든 요인으로 "반환"과 더불어 "구채무원조법"을 꼽을 수 있다.

먼저 앞서 언급된 바대로 반환율이 높지 않았지만, 반환된 부동산 대부분이 1년 이내에 다시 판매된 것으로 평가되고 있다. 이렇게 매매된 부동산은 주로 부동산 개발 회사에 매매되었고 이들은 여러 세제 혜택을 받아 매우 높은 수익을 올릴 수 있었다. 이 과정과 관련하여 동독 출신의 도시사회학자이자 정치가로서 주거 문제에 대해 무수한 저작을 쏟아내고 있는 안드레이 홀름Andrej Holm은 이 과정에서 동독인들의 재산이 서독으로 대거 이전됨으로써 "서독인 소유자"와 "동독인 임대인"이 맞서는 불평등한 관계가 고착화되었다고 주장하고 있다. 그가 230만 건의 부동산 반환신청이 있었음을 강조하는 가운데 실제로 반환되는 비율이 낮았다는 사실도 동시에 고려하고 있는지는 의문이다. 그러나 최종적으로 동독인들이 소유자로 인정받게 되었다고 할지라도 긴 결정 과정에서 엄청난 주거불안을 느낄 수밖에 없었다는 점, 그리고 주로 서독이나 해외자본일 부동산 개발업자들이 누렸던 경제적 이익을 향유하기 어려웠으리라는 점은 분명해 보인다.[83]

원소유주에 대한 반환과 더불어 동독인들의 주거를 어렵게 만든 또 다른 구조적인 요인은 "구채무원조법Altschuldenhilfegesetz"이었다. 동독에서 주택 건설은 국가은행으로부터 장기적인 신용대출을 통해 이루어졌다. 이는 실제적인 채권계약이라기보다 "화폐 유통을 분배하고 통제하기 위한 국가의 메커니즘"이었지만, 동독의 국가은행이 민영화되어 서독의 상업은행에 넘어가면서 전혀 다른 상황이 발생하게 되었다. 동독 시기 주택 건설기업과 은행 사이에 실제적인 거래 관계가 전혀 없었음에도 불구하고 민영화된 은행이 주택 건설기업에 대해 채권자로 등극하여 1991년 초부터 지불을 요구하게 되었던 것이다.

이로써 동독의 주택기업 부문은 갑자기 374억 마르크, 한화로 수십조에 달하는 부채를 지게 되었다. 연방 정부는 일시적으로 모라토리엄을 선포함으로써 지불을 유예했다가 최고부채율을 평방미터당 최고 150마르크로 설정하고 나머지 금액에 대해서는 연방 정부가 부담하기로 하되 주택기업들은 10년 이내에 최소 15%의 주택을 현재 거주하는 세입자를 위시한 삼자에게 매매할 의무를 지게 되었다. 동독의 세입자들 가운데 이금액을 감당할 저축을 가진 경우가 드물었기 때문에 세금 감면을 노린 투자자들만 이 매매로부터 이득을 취할 수 있었다고 평가되고 있다.

그 결과 1990년대 말까지로 한정하더라도 120만 호에 달하는 코뮨과 조합주택들이 민영화되었고, 이는 동독 전체 주택 재고량의 20%에 달하는 규모였다. 안드레이 홀름은 이를 두고 "소유구조의 탈지역화Entlokalisierung der Eigentümerstruktur"로 표현했다.[84] 원거주자가 내쫓기게 되는 현상에 대한 분노를 담은 표현이었다.

　"반환"과 "구채무원조법"을 통해서 동독인들은 주택 소유 여부와 무관하게 누리던 높은 주거안정성을 통일과 더불어 상실하게 되었다. 안드레이 홀름의 글에서는 구동독 지역 대도시 구도심의 경우 원소유자에게 반환이 되고 동독 시기에 건설된 신도시의 경우 금융자본에 팔려갔다는 비통함이 가득하다. 그에 따르면 "무수한 저서들에서 언급되고 있는 (동독인들에 대한) 평가절하Abwertungsgefühl의 감정"의 "실제 사회적인 토대"는 이 주택 문제였다.[85]

　그러나 안드레이 홀름의 판단과는 달리 반환이건 민영화이건 일군의 서독 자본가들이 이 과정에서 아무런 난관 없이 재산만 불릴 수는 없었다. "조립식 주택과 더불어 파산"이라는 2002년 3월 12일 자 슈피겔 지의 기사 제목이 잘 보여주듯이[86] 동독의 조립식 주택을 대거 사들여 개보수한 후 비싼 값에 판매한다는 간단한 수익성 모델은 여러 가지 이유로 난관에 봉착할 수밖에 없었고 그 과정에서 여러 기업이 파산했다. 따라서 '치부에 능한 서독 주택 자본가'라는 스테레오 타입으로는 통일 이후의 주택 문제를 제대로 파악하기 어렵다. 그럼에도 불구하고 어떻든 주거안정성이 체제 안정성의 근원임을 생각한다면 소위 "동독 문제"는 동독의 주택 문제에 대한 고려 없이 이해될 수 없는 문제임에 분명하다.

　그런가 하면 특히 동독 지역에 매우 높은 비율로 존재하는 공가 역시도 큰 문제로 대두되고 있다. 대도시의 주거난이 심화되고 많은 가구들의 임대료가 소득의 30~40%에 달하는 현실은 동시에 2018년 현재 170만 호가 빈집인 상황과 공존하고 있다.[87] 공가는 전체 독일 주택 가운데 4.2%에 달하고, 구 동독의 경우 10%가 빈집인 지역이 대부분이다. 이에 더해 2030년까지 150만호의 빈집이 더 생겨나게 될 것이라는 전망도 제시되고 있는 상황이다.[88] 이 빈집들이 정치적으로 무해할 리는 만무하다. 공가의 비율이 높은 지역들은 극우 정당인 "독일을 위한 대안AfD" 지지율도 높다.[89] 예컨대 15%가 공가인 구 동독 튀링엔 주의 알텐부르거 란트Altenburger Land와 작센 주의 포크트란트크라이스Vogtlandkreis의 경우 2021년 선거에서 독일을 위한 대안 지지율이 각각 29%와[90] 27.7%로[91] 1당을 차지했을 정도이다.

나가며

현재 독일은 다시 주택난에 봉착해 있다. 대도시를 중심으로 한 임대료 및 주택 가격의 가파른 인상이 10여 년 전부터 지속적으로 문제시되고 있다. 1970년대 이래 사회주택 건설이 감소되었을 뿐만 아니라 대규모로 이루어진 공공 주택의 민영화로 인해 주거안정성을 위해 정부가 쓸 수 있는 도구가 별로 없는 상황이라는 점은 문제를 더욱 심각하게 만들고 있다. 실질적으로는 대상 범위가 현저히 축소된 주거보조금과 임대권 통제 조치가 남아있을 뿐이다. 그러나 주거보조금은 주택시장에 매우 간접적인 영향을 미칠 수 있을 따름이고, 임대권 통제도 주택 개보수를 통한 임대료 인상이라는 샛길을 통해서 그 효용성을 위협 받고 있는 상황이다.

구 동독 지역의 경우 주택 문제를 한층 심각하게 했던 것은 통일 이후 수십 년간 동독 부동산의 소유권 분쟁을 야기한 "보상 이전에 반환" 원칙과 더불어 대규모로 공공 주택을 민영화하도록 강제했던 "구채무원조법"이었다. 이에 더해 농촌지역을 중심으로 100만 호 이상의 빈집들이 생겨나는 정반대의 문제 상황이 공존하고 있다.

이런 상황임에도 불구하고 주택정책을 점차 지방정부로 이관했기 때문에 중앙정부의 운신의 폭도 매우 좁은 상황이다. 지방정부 차원의 조치들은 구체적인 상황에 걸맞을 수 있겠지만 가시적인 성과를 낳는데 매우 더딜 수밖에 없다. 구체적으로 신규주택 건설이 더딘 이유 가운데 하나로 각 연방주마다 다른 건축법이 지목되고 있는 것을 생각할 때 중앙정부 차원의 노력이 더 이어져야 하리라는 점은 분명해 보인다.

2021년 새롭게 들어선 사민-자민-녹색당 연정에서는 주택 건설 촉진과 임대료 통제 강화를 큰 틀로 하는 주택정책을 내세우고 있다. 먼저 1998년부터 교통부와 더불어 존재했던

데서 벗어나 독자적으로 주거·도시개발·건설부Bundesministerium
für Wohnen, Stadtentwicklung und Bauwesen가 2021년 신정부 출범과
더불어 새롭게 조직되어서 주택 건설 부문을 담당하게 되었다.
새롭게 들어선 사민-자민당 정부는 연간 40만 호를 신축하되
그 가운데 10만 호를 공공 주택으로 건설하겠다는 계획을 발표
했다. 1990년에 사라진 주택 공익성을 부활시켜서 세제혜택과
더불어 투자보조금을 지불하도록 한 것도 큰 변화이다. 그런가
하면 임대료 통제를 강화하여 기존에 20% 인상을 허용하다가
15%로 하향 조정된 임대료 인상 최대치를 다시 11%로 낮추기
로 했다. 임대료표의 경우에도 과거 4년 자료를 기반으로 하던
데서 2020년 1월부로 과거 6년으로 늘렸던 데서 한 걸음 더 나
아가 과거 7년 자료에 근거하여 작성하도록 했다. 물론 임대료
인상폭을 낮추기 위해서이다.[92] 정책 목표가 어느 정도로 실현
될지는 아직 알 수 없지만, 지난 150년의 독일 주택정책사에서
임차인 보호를 위한 제도적 진전을 이루는데 사민당이 적극적
이었다는 점을 고려할 때 이전 정부보다 적극적인 주택정책이
기대되는 것도 사실이다.

1   Willem K. Korthals Altes, "Annington versus Deutsche Annington: Private Equity and Housing in the Anglo-Saxon and Rhenish Contexts," *Housing, Theory and Society*, Vol. 36, No. 2, 228-253.

2   Willem K. Korthals Altes, "Annington versus Deutsche Annington," 245.

3   Bürgerliches Gesetzbuch (BGB) § 573 Ordentliche Kündigung des Vermieters. https://www.gesetze-im-internet.de/bgb/__573.html

4   Stefan Kofner, "The German housing system: fundamentally resilient?," *Journal of Housing and the Built Environment*, Vol. 29, No. 2, 261.

5   자가주택의 건설 및 구매를 촉진하기 위한 이 보조금을 통해서 가구당 매년 1250유로가 지불되었고 자녀당 800유로가 추가되었다. 단일 항목으로는 연방 정부 예산 가운데 가장 큰 보조금에 속하던 이 항목이 철폐된 이유는 예산 부족이었다. 1995년에 제도화된 지 10년 만이었다. "Eigenheimzulage zum 01.01.2006 abgeschafft," StGB NRW-Mitteilung 79/2006(2006.1.11.). https://www.kommunen.nrw/informationen/mitteilungen/datenbank/detailansicht/dokument/eigenheimzulage-zum-01012006-abgeschafft.html

6   *Björn Egner*, "Housing Policy in Germany – A Best Practice model?," Briefing Paper, Vol. 29, No. 2(2014), 7.

7   Wolfgang Kiehle, "Wohnungspolitik," in: Uwe Andersen/Wichard Woyke(ed.): *Handwörterbuch des politischen Systems der Bundesrepublik Deutschland. 7., aktual. Aufl.*(Springer VS 2013). https://www.bpb.de/nachschlagen/lexika/handwoerterbuch-politisches-system/202215/wohnungspolitik

8   https://de.statista.com/statistik/daten/studie/1054904/umfrage/neubau-von-mietwohnungen-im-sozialen-wohnungsbau-in-deutschland/

9   https://de.statista.com/infografik/12473/immer-weniger-sozialwohnungen-in-deutschland/

10 Stefan Kofner, "Housing Allowances in Germany," in: Peter A. Kemp(ed.), *Housing Allowances in comparative perspective*(Bristol University Press,

2007), 159.

11 2005년 하르츠 개혁안과 주거보조금법 개정을 통해서 크게 변화되었다.
    실업기금과 사회보험수령자를 합쳐서 '실업기금 Ⅱ' 수령자라는 단일한
    그룹을 만들었고, 이 범주 하에서 주거비용을 보조받는 대신 주거보조금
    수혜 대상에서 제외되었다. 이를 통해서 2005년 들어 주거보조금 수령자가
    350만 가구에서 81만 가구로 급감하게 되었다. 이에 따라 주거보조금을 받는
    범주는 '실업기금 Ⅱ' 수령자, 자녀수당을 받는 주거보조금 수령자,
    자녀수당을 받지 않는 주거수당 수령자 등으로 삼분되었다. Stefan Kofner,
    "Housing Allowances in Germany," 160.

12 Desiree Fields/Sabina Uffer, "The financialisation of rental housing:
    A comparative analysis of New York City and Berlin," *Urban studies*, Vol. 53,
    No. 7(2016), 1497.

13 Bundesministeriums für Wirtschaft und Energie, *Soziale Wohnungspolitik:
    Gutachten des Wissenschaftlichen Beirats beim Bundesministerium für
    Wirtschaft und Energie*(2018), S. 4.

14 Stephan L. Thomsen et.al., *IZA Institute of Labor Economics Standpunkte,
    Nr. 97: Wohnungsmarkt und Wohnungspolitik in Deutschland: Situation und
    Optionen*(2019.10), 7. https://docs.iza.org/sp97.pdf

15 Stephan L. Thomsen et.al., *IZA Institute of Labor Economics Standpunkte,
    Nr. 97: Wohnungsmarkt und Wohnungspolitik in Deutschland: Situation und
    Optionen*, 12. 독일 대학생 수는 2003년에 200만 명을 넘어섰다.
    https://www.welt.de/wirtschaft/karriere/bildung/article149263418/
    Studenten-Rekord-ist-das-wirklich-gut-fuer-uns.html 2019/20의 경우 그 수는
    290만 명에 달하고 있다.
    https://de.statista.com/infografik/12037/zahl-der-studenten-an-hochschulen-
    in-deutschland/

16 Stephan L. Thomsen et.al., *IZA Institute of Labor Economics Standpunkte,
    Nr. 97: Wohnungsmarkt und Wohnungspolitik in Deutschland: Situation und
    Optionen*, 14.

17 "Erfolge in der Wohnungspolitik? Sich dafür zu feiern ist vermessen,"
    Handelsblatt(2021.2.23.).
    https://www.handelsblatt.com/meinung/kommentare/kommentar-erfolge-
    in-der-wohnungspolitik-sich-dafuer-zu-feiern-ist-vermessen/26943568.
    html?ticket=ST-407160-t4QgxjbZOojJYGWlsfbT-ap3

18 "So leiden die Deutschen unter den hohen Wohnkosten," *Der Spiegel*(2019.4.12)

https://www.spiegel.de/politik/wie-deutschland-unter-den-hohen-wohnkosten-leidet-a-00000000-0002-0001-0000-000163403845

19 EMF, *HYPOSTAT 2021: A Review of Europe's Mortgage and Housing Markets*, 86.

https://eurodw.eu/wp-content/uploads/HYPOSTAT-2021_vdef.pdf

20 "729 Euro mehr: Münchner zittern vor Kostenexplosion nach Modernisierung," *tz*(2019.4.11.).

https://www.tz.de/muenchen/stadt/schwabing-west-ort62363/mietwahnsinn-in-muenchen-729-euro-mehr-miete-sollen-bewohner-zahlen-12182466.html

21 "Brutale Modernisierung: Münchner zahlen über Nacht doppelt so viel Miete," *tz*(2018.2.6.).

https://www.tz.de/muenchen/stadt/sendling-ort43335/brutale-modernisierung-muenchner-zahlen-ueber-nacht-doppelt-so-viel-miete-9589744.html

22 물론 독일 법 체제 하에서 임차인을 퇴거시키는 것은 쉽지 않은 것이 사실이다. 기존 주택을 철거하고 비싼 건물을 짓고자 하는 많은 부동산 개발업자들이 주거 여건이 열악해져서 세입자들이 자발적으로 이사하도록 하염없이 기다리는 방식을 택하는 경우도 많다. 2021년 여름에는 함부르크의 한 공동주택에서 지난 10년간 건물주가 세 번이 바뀌고 우체국이 배달원의 건강을 염려하여 우편배달을 거부할 정도로 건물이 열악해졌지만, 재건축이 추진되지 못하고 있다. "Ein Leben zwischen Schimmel und Dreck," *Der Spiegel*(2021.7.1)

https://www.spiegel.de/panorama/gesellschaft/horror-haus-in-hamburg-leben-zwischen-schimmel-und-dreck-spiegel-tv-a-97b00013-397e-4c3f-990e-d5ed19326061

23 1950년에 만들어진 사회주택법에 따르면 사회주택 건실은 연방 정부, 주 정부, 시자치체 등 정부 모든 부문이 공동으로 담당해야 할 의무였다. 연방 정부와 주 정부 모두 재정지원에 참여하여 최대 80%까지의 재원을 정부를 통해 조달할 수 있었다. 그렇게 건설된 사회주택의 경우 주로는 20~30년에 달하는 정해진 기간에 특정 계층에의 임대를 의무화했고, 임대비용도 실비를 중심으로 하는 비용 월세만 허용되었다. 따라서 이 사회주택 소유자는 계약 기간 동안 어떤 이익을 기대하기 어려웠다.

사회주택 건설에 참여하게 할 추가적인 유인은 비영리 주택 건설회사에 주어졌다. 이들은 사회주택 건설에서 얻는 이익을 이후 새로운 사회주택 건설에 재투자할 경우, 세금 감면 혜택을 받을 수 있도록 했다. 이 비영리 주택 건설협회는 시자치체에 속하는 경우가 많았다.

1950년대 건설된 670만 호 주택 가운데 55%가 공적 자금의 지원을 받은 경우였다. 기간을 넓혀 1950년대에서 2000년대 사이 2,130만 호가 건설되었고, 그 가운데 42%인 9백만 호가 공적 지원을 받았다. 이처럼 높은 비율은 독일 정부가 얼마나 사회주택 건설을 중시했는지를 보여준다.

그러나 사회주택 건설은 콜 정부 들어서 시장에 전적으로 맡겨지게 되었고, 1998년 정권교체가 일어났음에도 불구하고 사민당 정부가 이를 다시 중시하지 않았다. 1980년대에 이르러 주택, 특히 사회주택이 남아도는 상태에 이르게 되었다. 그 결과 신축도 줄어들게 되어 1980년 36만 호가 건설되던 데서 1988년에 이르면 신축주택이 18만 호로 급감하였다. 1989년에는 주택 공익법이 철폐되었고, 이로써 사회주택이 현저히 감소하게 되었다. 당시에는 주택시장을 자유화함으로써 민간 투자가 증대되고 그 결과 중장기적으로는 임대료의 감소가 나타나게 되리라는 기대가 있었다. Stephan L. Thomsen et.al., *Wohnungsmarkt und Wohnungspolitik in Deutschland: Situation und Optionen*, 4.

24 http://wohnkrise.de/situation-deutschland/wohnungsgemeinnuetzigkeit

25 ""Perverser Effekt": Wie der Staat von der Wohnungsnot der Deutschen profitiert," *Business Insider Deutschland*(2018.8.1.).

26 Michael Voigtländer, "Die Privatisierung öffentlicher Wohnung," *Wirtschaftsdienst*, Vol. 87, No. 11(2007).

27 Willem K. Korthals Altes, "Annington versus Deutsche Annington: Private Equity and Housing in the Anglo-Saxon and Rhenish Contexts," 241.

28 Robert Kaltenbrunner/Matthias Waltersbacher, "Besonderheiten und Perspektiven der Wohnsituation in Deutschland," *APuZ* No. 20-21(2014), 7.

29 Stephan L. Thomsen et.al., "Wohnungsmarkt und Wohnungspolitik in Deutschland: Situation und Optionen," 각주 4.

30 Roland Kirbach, "Wenn der Investor klingelt," *bpb*(9.7.2007) https://www.bpb.de/politik/innenpolitik/stadt-und-gesellschaft/ 64426/einblicke

31 Joachim Kirchner, "The declining social rental sector in Germany," *European Journal of Housing Policy*, Vol. 7, No. 1(March 2007), 95. 다른 언론보도에

따르면 이 숫자는 46,000이다. "Privatisierung von Wohnungen: Dresden hat 2006 alle verkauft und baut nun neu," *Deutschlandfunk Kultur*(14.01.2020). https://www.deutschlandfunkkultur.de/privatisierung-von-wohnungen-dresden-hat-2006-alle-verkauft.1001.de.html?dram:article_id=467843

32 Deutscher Städte und Gemeindebund(DStGB), *Dokumentation No. 70: Privatisierung kommunaler Wohnungen*(2007), 7.
https://www.dstgb.de/publikationen/dokumentationen/nr-70-privatisierung-kommunaler-wohnungen/doku70.pdf?cid=6ko

33 Roland Kirbach, "Wenn der Investor klingelt," *bpb*(9.7.2007),
https://www.bpb.de/politik/innenpolitik/stadt-und-gesellschaft/64426/einblicke?p=2

34 Michael Voigtländer, "Die Privatisierung öffentlicher Wohnung," 11.

35 Joachim Kirchner, "The declining social rental sector in Germany," 95.

36 Stefan Kofner, "Housing Allowances in Germany," 184.

37 하노버의 경우 임대료 데이터베이스를 갖추고 있어서 임대료 데이터베이스가 활용되기도 했다. Jürgen Schardt, *Forum Humangeographie 8: Vergleichsmietensystem und Frankfurter Mietspiegel 2010*, 23.
https://www.uni-frankfurt.de/47267680/FH-8.pdf

38 https://www.gesetze-im-internet.de/bgb/__558.html

39 *Berliner Mietspiegel 2009*, 14.
http://www.hugtegel.de/mediapool/93/931074/data/Mietspiegel2009.pdf

40 Jürgen Schardt, *Forum Humangeographie 8: Vergleichsmietensystem und Frankfurter Mietspiegel 2010*, 31.

41 *Berliner Mietspiegel 2009*.
http://www.hugtegel.de/mediapool/93/931074/data/Mietspiegel2009.pdf

42 Jürgen Schardt, *Vergleichsmietensystem und Frankfurter Mietspiegel 2010*, 18.

43 이 법의 공식 명칭은 임대료통제법(Gesetz zur Dämpfung des Mietanstiegs auf angespannten Wohnungsmärkten und zur Stärkung des Bestellerprinzips bei der Wohnungsvermittlung)이다. 법조문 전체를 보기 위해서는 다음을 참조. *Bundesgesetzblatt*(2015), Vol. I, No. 16, 610-612.
https://www.bgbl.de/xaver/bgbl/start.xav?start=%2F%2F*%5B%40attr_id%3D%27bgbl115s0610.pdf%27%5D#__bgbl__%2F%2F*%5B%40attr_id%3D%27bgbl115s0610.pdf%27%5D__1641517120632

44 Philipp Deschermeier et.al., "A first analysis of the new German rent

regulation," *International Journal of Housing Policy*, Vol. 16, No. 3(2016), 297.

45 Björn Egner/Katharina J. Grabietz, "In search of determinants for quoted housing rents: Empirical evidence from major German cities," *Urban Research & Practice*, Vol. 11, No. 4(2018), 461.

46 Bundesministeriums für Wirtschaft und Energie, *Soziale Wohnungspolitik: Gutachten des Wissenschaftlichen Beirats beim Bundesministerium für Wirtschaft und Energie(2018)*.
https://www.bmwk.de/Redaktion/DE/Publikationen/Ministerium/
Veroeffentlichung-Wissenschaftlicher-Beirat/gutachten-wissenschaftlicher-
beirat-soziale-wohnungspolitik.pdf?__blob=publicationFile&v=11

47 Bundesministeriums für Wirtschaft und Energie, *Soziale Wohnungspolitik: Gutachten des Wissenschaftlichen Beirats beim Bundesministerium für Wirtschaft und Energie*(2018), 19.

48 임대료 통제라는 아이디어 자체는 일견 매우 급진적인 조치인 것으로 보이지만 실제로는 이미 널리 활용되는 조치였다. 독일의 경우 2015년의 개정안을 통해 신규 계약에 대한 임대료 통제를 신설한 셈이었지만, 그러한 임대료 통제는 독일뿐만 아니라 이미 다른 유럽 국가들에서 널리 활용되고 있었다. 그리고 1980년까지 대부분의 임대료 통제는 임대료 동결을 의미했다. 2차 대전 이후 엄격한 임대료 통제를 도입한 스페인의 경우 지역에 따라 임대료 동결 조치가 1980년대까지 지속되었다. 영국의 경우 1960년대 소위 '합당한 임대료fair rent'가 도입되어서 임대료 동결을 철회하게 되기는 했지만, 이 '합당한 임대료fair rent'는 주거 부족이 없는 경우라야 도입될 수 있었고, 그나마도 시장 임대료보다 훨씬 낮은 가격이어서 임대료 동결과 구분되지 않을 정도였다. 네덜란드, 스웨덴, 프랑스를 포함하여 여타 국가들도 임대료에 대한 엄격한 통제를 가하고 있었다. 오히려 1960년대 뤼케 계획을 통해 임대료 동결 철폐를 결정한 독일은 예외적인 경우에 속했다. Philipp Deschermeier et.al., "A first analysis of the new German rent regulation," 295.

49 https://www.bundesverfassungsgericht.de/SharedDocs/Pressemitteilungen/
DE/2019/bvg19-056.html

50 https://www.bundesverfassungsgericht.de/SharedDocs/Pressemitteilungen/
DE/2019/bvg19-056.html

51 지자체가 주택정책을 관장하기 위해 활용하는 주된 세수는 취득세였다. 취득세의 경우 소유주가 바뀔 때 납세를 하게 되지만 다른 소득과 달리 중앙정부가 개입하여 연방주의 취득액을 조정하지 않고, 코뮌과 연방 주가

전적으로 취득하는 세금이었다. 바이에른과 작센 주를 제외하고 각 연방 주들이 취득세를 인상하여 불과 몇 년 안에 취득세가 두 배로 급증하였다. 2017년으로 한정하더라도 17조원에 달하는 엄청난 금액이었다. 지방정부로서는 "하늘에서 떨어지는" 세수였다. 이에 대해 거주 목적인 경우 세금 감면을 받을 수 있도록 예외 조치를 마련해야 한다는 주장이 제기되기도 했다. ""Perverser Effekt": Wie der Staat von der Wohnungsnot der Deutschen profitiert," *Business Insider Deutschland*(2018.8.1.).

지방정부 차원에서 주택난을 완화하기 위한 방식으로서 대도시로의 출퇴근 가능성을 개선할 것, 토지를 민간에 매매하기보다 지상권을 부여할 것, 거주 밀도를 높이고, 건축법을 강화하여 신축이 빨리 일어날 수 있도록 할 것, 공공 주택기업을 지렛대로 활용할 것 등이 제안되고 있다. Björn Egner, "Wohnungspolitik in Deutschland Schleichender Tod und Wiederauferstehung eines Politikfeldes"(2019.11.26.). https://www.fes.de/public/FES/Newsletter-Bilder_Landesbuero_NRW/02_Bilder_Newsletter/2019-11-26_VortragEgner_FES_Koeln.pdf

52 Barbara Schönig, "Paradigm Shifts in Social Housing After Welfare-State Transformation: Learning from the German Experience," *International journal of urban and regional research*, Vol. 44, No. 6(2020), 1033.

53 Grit Schade, "Das Berliner Modell der kooperativen Baulandentwicklung," in: Barbara Schönig/Justin Kadi/Sebastian Schipper, *Wohnraum für alle?! : Perspektiven auf Planung, Politik und Architektur*(transcript, 2017), 234.

54 프랑스 파리도 이와 마찬가지로 2015년 임대료 동결 조치를 취했다가 2017년 법원 명령으로 중단된 바 있다. 그리하여 현재 파리시가 채택하고 있는 방식은 더 많은 사회주택을 짓거나 기존 주택을 사회주택으로 전환시킴으로써 2030년까지 파리 전체 주택 가운데 30%를 사회주택으로 만드는 것이다. 그 경우일지라도 파리 전체 시민 10명 가운데 7명이 사회주택 거주 자격을 갖추고 있고, 그 결과 '잘못된 점유'의 문제를 해소하지는 못하고 있다. https://www.france24.com/en/20200311-paris-seeks-to-double-down-on-new-public-housing-to-offset-soaring-rents

55 Rainer Wehrhahn et.al.(eds.), *Housing and Housing Politics in European Metropolises*(Springer, 2019), 104.

56 https://gruene.berlin/erfolge/berliner-modell-der-kooperativen-baulandentwicklung_1836

57 Rainer Wehrhahn et.al.(eds.), *Housing and Housing Politics in European Metropolises*, 112.

58 Rainer Wehrhahn et.al.(eds.), *Housing and Housing Politics in European Metropolises*, 108-111.

59 https://gruene.berlin/erfolge/berliner-modell-der-kooperativen-baulandentwicklung_1836

60 https://www.stadtentwicklung.berlin.de/wohnen/wohnungsbau/de/vertraege/

61 카트린 롬프셔Katrin Lompscher는 1962년 동베를린에서 출생한 독일좌파당의 정치가이다. 2006년부터 베를린 시의회의 상원에서 활동했고, 2016년부터는 베를린 시 정부의 부서인 '도시개발및 주택과Abteilung für Stadtentwicklung und Wohnen'에서 활동했다. 1978년부터 1991년까지 건설 전문직의 훈련을 받은 후에 바이마르의 건축학교에서 학사와 석사를 마쳤다. 동독 시절인 1987년 건축아카데미의 조교로 활동하였다. 1981년 사통당에 가입하였고, 통일 이후에는 PDS, 그리고 2007년부터는 좌파당에 소속되어 있다. 당 및 베를린시 의회에서 여러 가지 직책을 통해 베를린시의 주택 및 건설 관련 분야에서 활동했다.

62 2000년 8월 각종 자문 활동에 대해 신고하지 않았을 뿐만 아니라 해당되는 소득에 대한 세금을 납부하지 않은 혐의를 받아 급작스럽게 사퇴하게 되었다. 자신의 해명에 따르면 납부고지서가 날아오지 않았기 때문에 잊었다는 것이었다. 해당 금액이 7,000~8,000유로로, 1,000만 원 안팎인 이 금액은 많다고도, 적다고도 말할 수 있는 금액이다. 그러나 급성장하는 베를린의 부동산 시장에서 그가 관여하던 임대료 동결과 결부된 금액만 해도 25억 유로, 한화로 3조가 넘는 돈임을 생각할 때, 그가 스스로에게 부패를 허용했다면 취할 수 있는 경제적 반대급부라고 보기는 어려워 보인다. 그리하여 베를린의 좌파 신문인 'taz'에서는 "시대착오적인 명예심 때문에 퇴진한 것이고 극우인 AfD만을 이롭게 했다."고 비판하기도 했다. rbb24의 경우 7천 유로로 주장하지만, taz의 경우 8,000유로로 추산하고 있다. "Ein Rücktritt von jetzt auf gleich," *rbb24*(3.8.2020), https://www.rbb24.de/politik/beitrag/2020/08/berlin-ruecktritt-katrin-lompscher-bilanz-portraet.html
"Rücktritt von Berlins Bausenatorin: Keine Frage der Ehre," *taz*(4.8.2020), https://taz.de/Ruecktritt-von-Berlins-Bausenatorin/!5700098/

63 https://www.1000dokumente.de/index.html?c=dokument_de&dokument=0023_gru&object=translation&l=de

64 https://www.kas.de/de/web/geschichte-der-cdu/kalender/kalender-

detail/-/content/unterzeichnung-des-vertrags-ueber-die-herstellung-der-
einheit-deutschlands-in-ost-berlin

65 이처럼 타협점을 찾기 어려워 보이는 논의가 진행되는 사이 동독 측에서는
    자체적으로 이 문제를 해결하고자 새로운 법을 독자적으로 제정하기도 했다.
    1990년 3월 7일 동독은 "모드로프 법Modrow Gesetz"으로 불린 "인민소유
    토지 매매를 위한 법Gesetz zum Verkauf volkseigener Gebäude"을 제정하였다.
    동독 행정부이던 내각회의Ministerrat의 마지막 수반이던 한스 모드로프Hans
    Modrow가 후일 행한 인터뷰에 따르면 "동독인들이 소유 없이 통일로 가기를
    원치 않았기" 때문이었다. 이 모드로프 법에 의거하여 동독 시민들은 최초로
    인민소유 토지를 구매할 수 있게 되었다. 당시의 가격 체계를 유지하는 가운데
    매우 낮게 유지된 토지 대금만으로 건물만을 확보하고 있던 동독 시민들이
    택지까지도 구매할 수 있게 되었다. 법안이 의결된 지 불과 6주가 지났을 때
    30만 건의 구매신청이 쏟아졌고, 이 가운데 80~90%는 신청자가 이미 실제적인
    '물적 이용권Dinglicher Nutzungsrecht'을 확보했다. 당시 서독은 이를 두고 동독의
    특권층을 보호하기 위한 시도로 간주하여 즉각 중단할 것을 요구하고 나섰다.

66 Anke Kaprol-Gebhardt, *Geben oder Nehmen: zwei Jahrzehnte
    Rückübertragungsverfahren von Immobilien im Prozess der deutschen
    Wiedervereinigung am Beispiel der Region Berlin-Brandenburg*
    (Wissenschaftsverlag, 2018), 126에서 재인용.

67 https://www.gesetze-im-internet.de/ealg/BJNR262400994.html

68 한정희, "구 동독지역 몰수부동산의 처리원칙 및 실태," 『EU학연구』 Vol. 11,
    No. 1(2006), 59.

69 Wolfgang Schäuble, *Der Vertrag: Wie ich über die deutsche Einheit
    verhandelte*(DVA, 1991), 256.

70 Wolfgang Schäuble, *Der Vertrag: Wie ich über die deutsche Einheit
    verhandelte*, 259.

71 Hartmut Häußermann/Birgit Glock/Carsten Keller, "Rechtliche
    Regelungen und Praxis der Restitution in Ostdeutschland seit 1990 unter
    besonderer Berücksichtigung sozialräumlicher Differenzierungen,"
    Working paper(1999), 38.

72 "Der Häuserkampf: die Blockade," *Die Zeit*(1992.3.20.).

73 최종적인 신청 건수는 2,374,205건이었지만, 베를린 주Land Berlin가 관련
    수치를 제공하지 않은 상태에서 나온 수치였기 때문에 실제 수치는 이보다
    더 높을 수 있다는 평가이다. Anke Kaprol-Gebhardt, *Geben oder Nehmen:*

zwei Jahrzehnte Rückübertragungsverfahren von Immobilien im Prozess der deutschen Wiedervereinigung am Beispiel der Region Berlin-Brandenburg, 233.

74 Bundesverwaltungsgericht Pressemitteilung Nr. 17/98 vom 29.05.1998. http://archiv.jura.uni-saarland.de/Entscheidungen/pressem98/BVerwG/putbus.html

75 Werner Klumpe/Ulrich A. Nastold, Mein Recht an Grund und Boden in den neuen Bundesländern(Müller Jur.Vlg., 1996).

76 최신 통계는 다음에서 찾을 수 있다. https://www.badv.bund.de/DE/OffeneVermoegensfragen/Statistik/start.html

77 한정희, "구 동독 지역 몰수 부동산의 처리 원칙 및 실태," 55.

78 Hartmut Häußermann/Birgit Glock/Carsten Keller, "Gewinner und Verlierer in Kleinmachnow," Working Paper(1999), 195.

79 https://www.gesetze-im-internet.de/sachenrberg/index.html 이 번역어는 한정희의 다음 논문의 번역을 따랐다. 한정희, "구 동독지역 몰수부동산의 처리원칙 및 실태," 54.

80 Kerstin Brückweh, Die lange Geschichte der "Wende"(CH. Links Verlag, 2020), 198.

81 Anke Kaprol-Gebhardt, Geben oder Nehmen: zwei Jahrzehnte Rückübertragungsverfahren von Immobilien im Prozess der deutschen Wiedervereinigung am Beispiel der Region Berlin-Brandenburg (Wissenschaftsverlag, 2018), 236.

82 Scott Leckie, Housing land property restitution rights(Cambridge University Press, 2007), 477-483.

83 Matthias Bernt/Andrej Holm, "Die Ostdeutschlandforschung muss das Wohnen in den Blick nehmen Plädoyer für eine neue politisch-institutionelle Perspektive auf ostdeutsche Städte," sub\urban. Zeitschrift für kritische stadtforschung, Vol. 8, No. 3(2020), 104.

84 Matthias Bernt/Andrej Holm, "Die Ostdeutschlandforschung muss das Wohnen in den Blick nehmen Plädoyer für eine neue politisch-institutionelle Perspektive auf ostdeutsche Städte," 108.

85 Matthias Bernt/Andrej Holm, "Die Ostdeutschlandforschung muss das Wohnen in den Blick nehmen Plädoyer für eine neue politisch-institutionelle Perspektive auf ostdeutsche Städte," 109.

86 "Pleite mit der Platte," Der Spiegel(11/2000).

https://www.spiegel.de/politik/pleite-mit-der-platte-a-6b7b9c26-0002-0001-0000-000015930875?context=issue

87 Wohnungsleerstände(2021.5.10).

https://www.bbsr.bund.de/BBSR/DE/forschung/fachbeitraege/wohnen-immobilien/immobilienmarkt-beobachtung/Wohnungsleerstand/wohnungsleerstand.html

88 Wohnungsleerstände(2021.5.10).

https://www.bbsr.bund.de/BBSR/DE/forschung/fachbeitraege/wohnen-immobilien/immobilienmarkt-beobachtung/Wohnungsleerstand/wohnungsleerstand.html

89 "Germany's AfD: How right-wing is nationalist Alternative for Germany?," *BBC*(2020.2.11.) https://www.bbc.com/news/world-europe-37274201

90 https://www.bundeswahlleiter.de/bundestagswahlen/2021/ergebnisse/bund-99/land-16/wahlkreis-194.html

91 https://www.bundeswahlleiter.de/bundestagswahlen/2021/ergebnisse/bund-99/land-14/wahlkreis-166.html

92 https://www.haufe.de/immobilien/wirtschaft-politik/koalitionsvertrag-aus-immobiliensicht_84342_553592.html

369

맺는 말

"집을, 필요로 하는 사람에게"

인간의 근본적인 필요에 속하는 주거의 문제는 모든 역사적인 국면에서 정치 체제 안정의 근간이었다. 이는 20세기의 파국을 주도했다 할 독일사의 몇몇 페이지를 들춰보는 것으로도 분명히 드러난다. 나치의 집권을 가능케 한 경제공황은 임금이 삭감되고 일자리를 잃게 되고 저축과 연금이 경제적으로 무의미해지는 현실뿐만 아니라, 무수한 도시의 중산층 임차인들이 단칸방, 길거리 혹은 빈민 거주지로 나앉게 되는 현실과 맞물려 있었다. 브레히트의 희곡 '서푼짜리 오페라'에서 유래했던 바, "먼저 먹을 것, 월세는 그 다음!"이라는 구호는 나치 집권 직전의 열악한 경제 상황을 생생히 보여준다. 그런가 하면 최근 들어서는 동독 체제 붕괴 역시도 주택난과 결부되어 설명되고 있다. 코트버스, 아이젠휘텐슈타트 등 상대적으로 주거 조건이 좋은 신도시가 아니라 라이프치히, 드레스덴 등 구도시, 구도심의 열악한 주거 조건이 1989년 반체제 시위의 주요한 배경이 되었다는 것이다.

그리하여 어느 시대 어느 정치 세력이건 주거안정이 가지는 정치적인 의미를 외면할 수는 없었다. 한국 사회에서 바라본 독일은 강력한 국가 개입을 통해 임대와 소유가 균형을 이룸으로써 주택이 상품이 아니라 거주지라는 이상이 가장 잘 실현된 곳이다. 반면 각종 세금 감면 조치 및 고도로 발전한 주택금융시스템에 근거하여 자가보유가구 비율이 전체 가구의 2/3에 달하는 미국이나 사회주택의 비율이 전체 주택의 17%를 차지하는 프랑스는 한국이 전범으로 삼기에 부적합해 보였을 법하다. 실제로 독일의 자가소유비율은 51.1%로서 유럽 국가들 가운데서도 스위스를 제외하고는 가장 낮다.[1]

이러한 독일의 주택 시스템은 한국의 좌우 양 세력에 의해 주요한 전거로 활용되었다. 문재인 정부 초기의 주택정책 기조 자체가 독일 모델에 근거해 있었던 가운데, 이에 반대하는 측에서는 2010년 금융위기 이후, 특히 2020년 베를린의 임대료 동결 이후 주거난이 심화되었다는 일부 언론보도에 근거하여 주택시장에 대한 정부 개입이 '선의의 역설'임을 보이기 위해 적극적이었다.

그러나 임차인의 주거안정성을 강화하기 위해 임대료 규

제를 넘어 임대료 동결을 선언한, 아니 선언할 수 있었던 독일의 경우로 한정하더라도 상황은 간단하지 않다.[2]

주택시장에 대한 국가 개입이 매우 강력한 사회인 듯한 이미지와 달리 실제 독일 주택정책의 역사를 면밀히 검토하면 전혀 반대의 결론도 가능하다. 1950년에 만들어진 제1차 주택법안에 따라 수백만 호가 건설된 사회주택은 처음부터 '투자모델'로 고안되었다. 즉, 주택 건설에 투입된 공적자금을 상환하면 일반주택으로 전환되도록 기획된 것이다. 당시 여당이던 기민련이 표방한 질서자유주의Ordoliberalismus에 따르면 국가 개입은 시장이 제대로 작동하지 않거나 혹은 사회적 안정성을 보장해야 할 긴박한 필요성이 있을 때만 정당화되었다.[3] 이를 사회주택에 대입하자면 주택시장에 대한 국가 개입은 주택 부족이 심각하고 주택시장에 뛰어들 민간자본이 부족한 경우로 제한되어야 했다.[4]

이처럼 '복무기간'이 제한적인 사회주택에 대한 투자마저도 지속적으로 축소시켜갔고 '노이에 하이마트' 스캔들을 빌미로 1990년부터는 사회주택 건설의 주요 주체이던 공익기업들에 대한 지원을 철폐하였다. 이에 더해 2001년 주거공간촉진법Wohnraumförderungsgesetz을 통해서 '폭넓은 인구 집단에 주거를 제공'한다는 과거의 사회주택 목표에서 벗어나서 '특별한 필요를 지닌 집단과 저소득층 가구'를 위한 주거공간 마련을 목표로 삼기로 함으로써 사회주택의 정의 자체를 축소시켰다.[5] 2021년 독일의 사회주택은 5% 미만이다. 현재 17%로서 30%를 목표로 하는 이웃나라 프랑스보다 현저히 낮거니와 뒤늦게 공공 주택 건설에 나선 한국의 7.4%에도 미치지 못하는 상황이다.[6] 결국 1965년에 제도화된 주거보조금과 1971년 및 1974년 법을 통해서 임차인 보호를 법제화한 것을 제외하자면, 2008년 금융위기 이후 주거난이 심각해지기 전까지 수십년 간 독일 정부의 주택정책은 주거보조금과 임대차 보호라는 기존의 제도를 유지하는 선에 머물러 있었다고 볼 수 있는 것이다.

그렇다면 '독일의 주택정책사에서 한국사회가 참고할 구체적인 정책이 무엇인가'라는 질문이 제기될 수 밖에 없다. 그에 대한 이 글의 답은 "모든 것"이면서 "아무 것도 아니다."이다. 주택 문제는 불투명성과 복합성을 그 본질로 하기 때문에 다양한 역사적 국면에서 다양한 행위자들에 의해 논의되고 제도화되었던 주택정책들을 살펴봄으로써 이 불투명성과 복합성에 한걸음 가까이 갈 수 있는 지혜를 얻을 수 있다는 점에서 독일 주택 정책사에서 있었던 모든 실험들은 큰 의미를 지닌다고 볼 수 있다. 반대로, 독일주택정책사에서 한국사회가 참고할 정책은 전혀 찾을 수 없다고도 말할 수 있다. 현재 독일의 '역사적 주택체제'를 이루는 여러 요소들은 지난 150년간 여러 역사적인 국면에서 누적, 진화 발전해온 결과로 만들어진 지층이며, 그 지층 가운데 어느 한 단면을 잘라내서 시공간적인 맥락이 전혀 다른 사회에 그대로 이식할 수 있으리라고는 생각하기 어렵다는 점에서 그러하다. 예컨대 현재 독일 아닝턴 그룹이 영국 아닝턴 그룹과 전혀 다른 경영을 해야 하는 이유는 독일에서 매우 강고한 임대차보호법 때문이지만, 그 임대차보호법은 연이은 세계대전으로 인해 혹은 양차 세계대전에도 불구하고 치열한 다툼 끝에 가까스로 제도화될 수 있었다. 재연이 불가능한 것이다. 무엇보다 현재 고도화된 한국 자본주의 사회가 타산지석으로 삼을 정책을 해외 각국의 경험에서 찾을 수 있는 단계를 벗어난 지 오래이기도 하다.

현재 '역사적 주택체제'로서 독일의 주택체제가 보이는 가장 두드러지는 특징으로서 주목하고자 하는 것은 어떤 구체적인 정책이기보다는 "주택이란 무엇이라야 하는가"라는 본질적인 문제제기가 끊임없이 이루어지는 담론 문화이며, 주택이 상품이기만 하게 내버려 둘 수 없다는 집단적 분노이다.

2019년 8월 베를린의 한 주택 앞에서 학생 시위가 벌어졌다. "집을, 필요로 하는 사람에게Häuser denen, die sie brauchen"라는 것이 이 시위의 구호였다. 주택의 강제 철거를 앞두고 이 건물에 자리한 대학생 주거 공동체 거주자들, 그리고 이 학생들의 친구들이 몰려와 수십 명 규모의 시위를 했다. 이들은 기본적으로 '주택은 인권'에 속하며 '세입자를 쫓아내는 것은 부도덕'일 뿐이라고 주장했다. 이 장면은 독일 공영방송 아에르데ARD가 제작한 다큐멘터리 "임대료냐 도덕이냐 ― 상품으로서의 주거 공간Miete oder Moral -Wohnraum als Ware"에 담겼다. 인터뷰에 응

374

한 거주자들은 월세를 다 냈고 이웃에 해를 끼치지 않았는데 왜 쫓겨나야 하는지를 물었다. 자신들이 누군가의 이윤Profit을 위해서 쫓겨나는 상황, 즉 한국에서라면 당연하게 여겨지는 이 상황을 엄청난 사회부정의로 표현하고 있었다.

그런가 하면 베를린의 시민운동인 "도이체 보넨 몰수 Deutsche Wohnen & Co enteignen"는 주민투표를 통해서 3천 호 이상의 주택을 보유한 기업들을 국유화하고자 한다. 베를린의 총 주택이 190만 호이고 그 가운데 150만 호가 임대주택이며, 이 시민운동의 목표에 해당하는 주택은 243,000호로 추정되고 있다. 이를 위한 법적 토대인 독일 헌법 15조는 토지의 경우 정당한 보상을 통한 몰수를 보장하고 있지만,[7] 이 조항이 실제로 적용된 경우는 전무했다.[8] 이 주민투표안은 놀랍게도 베를린시 전체 유권자 7% 이상의 지지를 얻어서 주민투표에 부쳐졌고, 더욱 놀랍게도 과반수 득표를 하기에 이르렀다. 주민투표에서 과반을 얻게 되더라도 시의회가 몰수를 위한 법안을 제정할 의무는 없으며, 기민련, 자민당 등 베를린 시의회의 야당뿐만 아니라 사민당 역시도 몰수에 반대하는 입장이다.[9] 무엇보다도 이 주택회사에 대한 국유화가 실제로 이루어지게 될 경우 그 보상비용은 32조 원 이상으로 추정되고 있어서 실효성이 의심스러운 상태이다.[10]

그럼에도 불구하고 이 베를린 주민투표 결과는 독일 시민들이 주거권을 확보하기 위해 얼마나 적극적인지를 보여주는

지표로는 충분해 보인다. 설문조사 결과 응답자의 40%가 이처럼 급진적인 조치가 실현 가능하다고 답하기도 했다.[1] 놀라운 사실은 과반수가 반대했다는 것보다 40% 정도가 가능하다고 보았다는 사실이다. 독일인들에게 있어 임차인이 주택시장의 약자로, 혹은 패배자로 내몰리는 것은 두말 못하고 받아들여야 하는 자연의 섭리가 아니다. 그리고 이러한 인식이 주택시장의 금융화라는 글로벌 트렌드 가운데서 독일의 주거구조를 독일적일 수 있게 하는 강고한 보루가 되고 있다.

이처럼 공고한 인식은 지난 150년 독일 주택을 둘러싼 긴 싸움의 역사 속에서 생성되고 무르익었다. 19세기 후반 이후 최소 150년간 독일 주택정책을 둘러싼 쟁점은 결국 하나, 즉 주택을 시장에서 매개되는 여타의 상품과 마찬가지로 다루어야 할지 혹은 국가가 나서서 보장해야 할 인권으로 다루어야 할지의 문제였다.

시작은 우리와 같았다. 독일 제국시기에 주택은 자동차나 전화 등과 다를 바 없는 상품으로 다루어졌다. "임대병영"으로 상징되는 저소득층의 주거 여건이 말할 나위 없이 심각했어도 시장에서 해결되어야 할 개인의 문제일 뿐이라는 인식이 강했다. 점차 주택 문제에 대한 국가 개입을 요구하는 개혁가들, 임차인 단체들, 합리적인 관료들 등의 목소리가 커져간 끝에, 전국차원의 주택법안을 통해 국가가 주택 문제에 개입할 법적인 근거를 마련하고, 공익주택, 조합 주택 등을 통해 저소득층을 위한 주택 건설에 나서며, 토지투기를 막기 위한 과세안을 마련하는 등의 해결책이 제시되기에 이르렀다. 이러한 노력이 눈에 띄는 성과로 이어졌다고 보기는 어렵지만, 이 시기에 열심히 논의되었던 고층아파트를 중심으로 한 고밀도 도심 개발의 문제점, 토지 투기에 대한 과세 문제, 공익주택기업 및 주택조합의 운영방식 등에 대한 논의 등은 결국 향후 주거권으로서 주택을 바라보도록 하는데 필요한 강력한 논거들을 제공해주었다.

바이마르 국가는 시민들에게 합당한 주거 공간을 제공하는 것이 국가의 과제임을 헌법에 보장했고, 구체적으로는 '주택강제경제' 정책을 통해 임차인 편에 서서 임대계약에 개입했고 '주택이자세'를 재원으로 주택 건설을 지원했다. 이로써 임대 계약을 임차인과 임대인이라는 두 대등한 당사자 간의 계약으로 간주할 수 없으며 임차인이 약자로서 국가보호의 대상이라는 것, 그리고 주택을 시장 메커니즘에 전적으로 맡기기 보다 국가가 공적 자금을 투입해서라도 생산에 개입해야 한다는 것 등 독일주택시장을 독일적이게 하는 원칙들이 가시화되고 제도화되었다.

2차 대전 후 동서독은 여타의 문제들에서와 마찬가지로 주택 문제에 대한 정부 개입의 정도에 있어서도 큰 차이를 보였다. 동독 국가는 주택이 상품이 되는 것을 금지하고 전적으로 주거권의 관점에서 이에 접근했다. 경제적으로 지속가능하지 않다는 것이 모두에게 분명했음에도 불구하고 평방미터당 임대료를 1마르크로 고정시킨 채 40년간 유지시켰으며, 동독 말기 신도시의 조립식 주택에 인구 절반이 거주하고 있을 정도로 주택 건설에 집중했다. 그럼에도 불구하고 동독 체제 붕괴의 대표적인 원인으로 열악한 주거 여건이 꼽히고 있었던 것은 주택 문제가 주거권의 측면에서만 접근해서 해결될 수 있는 문제가 아니라는 점을 잘 보여준다.

　서독의 경우 1차 대전에 기원을 둔 '주택강제경제' 정책을 지속시켜 주택의 상품성을 극도로 제한했다가, 1960년 "뤼케계획"을 통해 한국과 마찬가지로 임대료 인상을 위한 임대 계약 해지를 허용하는 등 일시적으로 주택의 상품성을 강화하기도 했지만, 이러한 상황은 불과 10여년 간 지속되었을 뿐이다. 결국 독일 시민사회는 주택을 상품으로, 임대 계약을 일반적인 계약으로 바라보기를 거부했다. 그 결과 임대 계약 해지 요건을 매우 제한하고 임대료 역시도 임대료표가 허용하는 범위 안에서 머무르도록 하는 독일적인 임대 계약 체제가 마련되었다. 주택 건설의 측면에서도 공적자금을 투입하여 주택 건설을 촉진하는 바이마르 이래의 전통을 이어갔다. 공적자금이 제공되는 동안만 임대료 및 임차인 선발에서 제한을 받는 사회주택을 대규모로 건설함으로써 전후의 주거난에 맞섰고, 특히 이윤 추구를 제한하는 대신 세제 혜택을 받는 공익건설기업이 사회주택 건설의 주역을 담당했다.

결국 지난 150년간 독일 사회가 주택을 일반 상품처럼 다룬 경우는 독일 제국시기 뿐이었던 셈이다. 1차 대전 발발과 더불어 시작된 임대 계약에 대한 통제는 1960년까지 반세기간 지속되었고, 1971년부터 현재까지 독일에 존재하는 임대 계약은 임대 가격 인상의 측면에서나 계약 해지 요건의 측면에서 일반 상품 계약과는 전혀 궤를 달리하고 있다. 주택 건설의 경우에도 독일 제국 이래 국가가 세금 감면을 통해서이건 직접 공적 자금을 지원함으로써건 주택 건설에 개입하고 책임져온 강고한 전통이 있다. 그리고 이 전통은 임대차보호법, 임대료표, 사회주택, 주택공익성, 공익주택회사, 주거보조금, 자가주택보조금, 주택조합, 임대료통제, 임대료동결 등 구체적인 제도뿐만 아니라 주거권에 대한 다수 시민의 의식 속에 굳건하게 뿌리내리고 있는 셈이다. 그 결과 독일에서 주택마련은 '내 탓이오'할 문제가 아니다.

빌헬름 뢰케Wilhelm Röpke, 루드비히 에어하르트와 더불어 독일 경제의 근본 원칙인 '사회적 시장경제'의 창시자로 꼽히는 알프레트 뮐러-아르막Alfred Müller-Armack은 생전 마지막으로 쓴 논문에서 사회와 시장의 관계를 다음과 같이 명징한 언어로 표현했다. 시장은 "사회를 하나로 통합하고 그것 없이는 사회가 존재할 수 없는 공통의 태도와 가치 체계를 만들어낼 능력이 없"으며, "사회의 응집력이라는 역사적 힘의 실체를 야금야금 먹어 치우고 개인을 고통스러운 고립 가운데 놓는다."[12] 사회를 통합하고 유지하기 위한 의식적인 노력이 없이 시장이 자체의 효율성으로 사회를 보호할 결론을 내리지는 않을 것이다. 어느 카피라이터가 더할 나위 없이 분명한 언어로 표현한 것처럼 '자본주의가 "이제 됐으니 그만해라"라고 말하는 법은 없'다.[13]

그리고 이는 주택 문제도 마찬가지이다. 상품이면서 동시에 주거권을 의미하는 주택을 상품으로만 보도록 강제하는 힘이 나날이 커지는 현실이지만, 독일의 주택정책을 둘러싼 지난 150년에 걸친 여러 실험들은 주택의 두 가지 측면을 동시에 바라보는 것이 필요하고 또 가능하다는 점, 그리고 상품과 인권 사이의 투쟁이 완결되는 법이 없이 계속해서 다양한 방식으로 요동친다는 점을 분명히 보여주고 있다.

주택 문제는 하나의 "정책"의 대상이 아니라 "체제"의 문제일 수밖에 없다. 이는 독일에서는 4년, 한국에서는 5년 계약의 특정 정권이 해결할 수 있는 문제가 아니라는 의미이다. 2021년 현재 여당이 된 사민당의 선거공약을 분석한다고 해서 독일 주택정책의 성격이 드러나지 않으며, 짧게는 2차 세계대전으로, 길게는 독일 제국으로 거슬러 올라가야 "임대와 소유가 (아직은) 균형"을 이루는 독일의 주택체제를 설명할 수 있다. 지난 150년간 독일 사회는 주택 문제를 다루는 데 있어 주거권 강화를 중시할 것인지 상품성을 강화할지를 둘러싸고 베를린, 뮌헨, 라이프치히 등 여러 도시의 거리에서, 여러 신문들과 방송화면들에서, 하부행정에서 중앙정부에 이르는 여러 단위의 행정기구에서, 기초자치단체 의회, 시의회, 제국 의회 및 연방 의회 의사당에서, 지방법원에서 헌법재판소에 이르는 법원들에서 끝없는 싸움을 해왔다.

물론 동독의 경우에서 잘 드러나듯이 정권이 주거권에 명운을 건다고 해서 이상적인 주거 여건이 마련되지 않으며, 바이마르 말기와 1960년대 서독의 경험에서 보이듯 국가 철수가 반드시 시장 회복을 의미하지도 않는다. 주택 건설은 주택수요가 존재할 때가 아니라 이윤이 보일 때 일어나기 때문이다. 의도에 상응하는 결과가 나오기에 주택 문제는 너무도 복잡하고, 장기적이고, 다층적이다. 우리 사회의 문제는 이 문제가 간단하고 분명한 것처럼 다루어지고 있다는 점이다. 낡은 아파트를 부수고 새 아파트를 더 짓는 것에만 집중하는 정부가 가고나면, 종부세를 강화하겠다는 정부가 나타났다 조세저항에 부딪혀 사라지는 식이다.

주택체제는 사회 전반의 의식을 반영할 수밖에 없다. 예컨대 한국에서는 베를린과 파리의 공공 주택 30% 규정보다 현저히 낮은 10%를 의무화하고 있음에도 불구하고 "국토부가 토지개발독점권을 휘두르며 정권의 목표인 공공임대주택 건설과 관련된 사회적 비용을 민간에 넘기고 있다"거나 "민간 팔 비틀기만 한다"는 민간의 강한 비판에 직면했다.[14] "민간 팔 비틀기"를 해서 "소셜 믹스", 그리고 그와 더불어 "전체적으로 안정적인 인구 구조"를 유지하는 것은 주거권을 둘러싼 오랜 싸움을 해온 독일에서는 당연하고, 한국 언론에서는 중시되지 않은 상황이다. 이러한 현실은 과연 당연한가.

"세월은 가도 옛날은 남듯이" 정권은 가도 집은 남는다. 사회 전체의 유지를 위해 장기적으로 지속될 수 있는 한국형 주택체제가 무엇일지에 대해 시민사회가 고민하고 요구하지 않는다면, 정부는 지금껏 해왔던 대로 아파트를 끝없이 부수고 지으며 주택에 대한 과세를 약속하고 철폐하기를 반복하는 궤도에 머무를 수밖에 없다. 주택 문제를 정부가 해결하기 바라는 것은 민주 국가에서 당연한 일일 테지만, 곰곰 생각하면 시민사회가 집을 상품으로만 바라보는데 정부가 집을 인권으로 바라보기를 기대할 수 없다는 것도 분명하다.

주택에 대한 우리의 갈망은 궁극적으로 재생산에 대한 본능과 결부된다. 그러나 우리 후손들의 미래를 보장해주기 위해 '죽은' 집을 물려주는 것으로는 충분치 않으며, '살아있는' 동시대 구성원들이 건강한 미래사회를 물려주어야 한다는 사회 전반의 인식이 절실히 필요해 보인다. 개인의 소유욕을 극한으로 밀어붙이는 것만이 자본주의일 수 없으며, 국민의 소유욕을 부추기고 그에 기생하고 아부하는 것만이 민주주의일 수는 없다. 집이 상품이기만 한 것이 아니라 동시에 인권이며 재산을 물려주는 것만큼이나 안전한 사회를 물려주는 것도 중요하다는 인식이 사회 안에서 공고히 자리하지 못한다면, 어떠한 정부 정책도 소기의 목적을 달성할 수 없는 것이다.

　독일로 이민을 간 서른의 제자는 어느덧 세 아이의 아버지가 되었지만, 그가 한국에 계속 살았더라면 많은 그의 친구들처럼 결혼조차 꿈꾸지 않았을 것 같다. 세계 10대 무역대국이라지만, 많은 청년들에게 '불모의 땅'이 된지 오래다. 출산율 0.81, 근본적으로는 집의 문제이기도 할 것이다. 집의 소유에 따른 책임을 당연히 여기고, 집의 소유로 급작스럽게 생겨나는 이익을 부러워하기보다 부끄러워하며, 더 많은 부동산을 소유할 경제적인 여력이 있더라도 감히 그렇게 하지 않는 시민 사회, 사회적 분업 체계 하에서 자기 몫의 노동을 충실히 담당하는 시민으로서 사회 인프라일 수밖에 없는 주택에 대한 정부 개입을 적극 주장하는 시민들의 목소리가 절실히 필요해 보인다. 이러한 결론이 '정신승리'를 외치는 백면서생의 무력함으로 읽힐 수 있을 것이다. 그러나 시장을 규제할 힘이 정부에서 올 수 밖에 없고, 정부의 행동반경은 결국 다수 시민의 의식 범위일 수 밖에 없다는 것 역시 우리가 직시해야 할 또 하나의 '정치적'이면서 '경제적'인 사실인 것도 분명하다.

1   EMF, *HYPOSTAT 2021: A Review of Europe's Mortgage and Housing Markets*, 47.
    https://eurodw.eu/wp-content/uploads/HYPOSTAT-2021_vdef.pdf

2   2020년 2월 23일 베를린의 주 정부가 2019년 6월의 임대료를 기준으로 향후 5년간 임대료를 동결하기로 결정하였지만, 불과 1년 후인 2021년 4월 15일 연방헌법재판소는 이 조치가 위헌이라는 결정을 내렸다. 이는 임대료 관련 법령을 만들 수 있는 권한이 각 주가 아니라 연방에 있다는, 즉 법 제정 주체와 관련되는 법리상의 판단이지만, 이 법 제정을 주도한 사민당 역시도 이 임대료 동결을 5년 이상 지속시키려는 의지를 보이지는 않았다. 헌재의 판결문은 다음에서 볼 수 있다.
    https://www.bundesverfassungsgericht.de/SharedDocs/Pressemitteilungen/DE/2021/bvg21-028.html

3   https://www.kas.de/de/web/geschichte-der-cdu/kalender/kalender-detail/-/content/verabschiedung-der-duesseldorfer-leitsaetze-zur-verwirklichung-der-sozialen-marktwirtschaft-durch-die-cdu-csu-arbeitsgemeinschaft

4   Barbara Schönig, "Paradigm Shifts in Social Housing After Welfare-State Transformation: Learning from the German Experience," *International journal of urban and regional research*, Vol. 44, No. 6(2020), 1026.

5   독일어 원문은 다음과 같다: "Zielgruppe der sozialen Wohnraumförderung sind Haushalte, die sich am Markt nicht angemessen mit Wohnraum versorgen können und auf Unterstützung angewiesen sind. Unter diesen Voraussetzungen unterstützt 1. die Förderung von Mietwohnraum insbesondere Haushalte mit geringem Einkommen sowie Familien und andere Haushalte mit Kindern, Alleinerziehende, Schwangere, ältere Menschen, behinderte Menschen, Wohnungslose und sonstige hilfebedürftige Personen, 2. die Förderung der Bildung selbst genutzten Wohneigentums insbesondere Familien und andere Haushalte mit Kindern sowie behinderte Menschen, die unter Berücksichtigung ihres Einkommens und der Eigenheimzulage die Belastungen des Baus oder

Erwerbs von Wohnraum ohne soziale Wohnraumförderung nicht tragen können."
https://www.gesetze-im-internet.de/wofg/__1.html

6   https://www.index.go.kr/potal/main/EachDtlPageDetail.do?idx_cd=1232

7   15조항은 다음과 같다. "Grund und Boden, Naturschätze und Produktionsmittel
   können zum Zwecke der Vergesellschaftung durch ein Gesetz, das Art und
   Ausmaß der Entschädigung regelt, in Gemeineigentum oder in andere Formen
   der Gemeinwirtschaft überführt werden."
   https://www.gesetze-im-internet.de/gg/art_15.html

8   "Die Profiteure der Wohnungsnot," *Die Zeit*(2021.5.6.).
   https://www.zeit.de/wirtschaft/unternehmen/2021-05/immobilienkonzerne-
   berlin-enteignung-mietendeckel-profit-kritik

9   "Berliner Enteignungs-Initiative hat bereits 130.000 Unterschriften gesammelt,"
   Der Spiegel(26.4.2021).
   https://www.spiegel.de/wirtschaft/soziales/deutsche-wohnen-und-co-
   enteignen-berliner-initiative-nimmt-kurs-auf-volksentscheid-a-07536610-
   88ca-41fa-af37-96c58e468306

10 베를린의 두 주택회사를 몰수하고 손해배상을 할 경우 한화로 32조 원 이상의
   금액이 필요할 것으로 추산되고 있다. "In Berlin 85% of people rent their
   homes — and prices are spiralling," *Financial Times*(2021.10.22.).
   https://www.ft.com/content/4f02ecb1-31cf-4125-b482-478b031d2e8d

11 "Enteignung von Wohnungskonzernen - Mehrheit ist dagegen,"
   Morgenpost(2019.4.19.).
   https://www.morgenpost.de/politik/article216877437/Enteignung-von-
   Wohnungskonzernen-Mehrheit-ist-dagegen.html

12 Alfred Müller-Armack, "The social market economy as an economic and
   social order," *Review of social economy*, Vol. 36, No. 3(1978), 327.

13 "퇴사하고 깨달았다... 지금 안 놀고 대체 언제 놀 건가", 『한국일보』(2021.8.6.).
   https://news.v.daum.net/v/20210806090003750

14 "양질의 임대주택 짓겠다더니 대형건설사도 다세대, 다가구 지어라?",
   『중앙일보』(2020.11.26.).
   https://www.joongang.co.kr/article/23931112#home

주택, 시장보다 국가:
독일 주택정책 150년

©문수현 2022

지은이 문수현

펴낸이 주일우
펴낸곳 이음
출판등록 제2005-000137호 (2005년 6월 27일)
주소 서울시 마포구 월드컵북로1길 52 운복빌딩 3층
전화 02-3141-6126 팩스 02-6455-4207
전자우편 editor@eumbooks.com
홈페이지 http://www.eumbooks.com

편집 강지웅
아트디렉션 박연주 | 디자인 권소연
마케팅 이준희·추성욱
인쇄 삼성인쇄

처음 펴낸날
2022년 5월 31일

페이스북
@eum.publisher
인스타그램
@eumbooks

ISBN 979-11-90944-66-3 93920

값 25,000원